PSICOTERAPIA E EXISTENCIALISMO
Textos selecionados em logoterapia

Copyright © Viktor E. Frankl published by arrangement with the Estate of Viktor E. Frankl
Copyright da edição brasileira © 2020 É Realizações Editora
Título original: *Psychotherapy and Existentialism: Selected Papers on Logotherapy*

Editor
Edson Manoel de Oliveira Filho

Produção editorial e projeto gráfico
É Realizações Editora

Preparação de texto
Eliel S. Cunha

Revisão
Otacilio Palareti

Capa
Pedro Lima

Reservados todos os direitos desta obra. Proibida toda e qualquer reprodução desta edição por qualquer meio ou forma, seja ela eletrônica ou mecânica, fotocópia, gravação ou qualquer outro meio de reprodução, sem permissão expressa do editor.

CIP-Brasil. Catalogação-na-Fonte
Sindicato Nacional dos Editores de Livros, RJ

F915p

Frankl, Viktor, 1905-1997
    Psicoterapia e existencialismo : Textos selecionados em logoterapia / Viktor Frankl ; tradução Ivo Studart Pereira ; revisão técnica Heloísa Reis Marino. - 1. ed. - São Paulo : É Realizações, 2020.
    248 p. ; 23 cm.

    Tradução de: Psychotherapy and existencialism - Selected papers on Logotherapy
    Inclui bibliografia e índice
    ISBN 978-65-86217-07-0

    1. Logoterapia. 2. Psicoterapia. 3. Psicologia existencial. I. Pereira, Ivo Studart. II. Marino, Heloísa Reis. III. Título.

20-64288
CDD: 616.8914
CDU: 615.851

Leandra Felix da Cruz Candido - Bibliotecária - CRB-7/6135
08/05/2020   12/05/2020

É Realizações Editora, Livraria e Distribuidora Ltda.
Rua França Pinto, 498 · São Paulo · SP · 04016-002
Telefone: (5511) 5572 5263
atendimento@erealizacoes.com.br · www.erealizacoes.com.br

Este livro foi impresso pela Edições Loyola em junho de 2020. Os tipos são da família Minion Pro e Freebooter Script Regular. O papel do miolo é o Lux Cream 70 g, e o da capa cartão Ningbo C2 250 g.

VIKTOR FRANKL

Tradução
Ivo Studart Pereira

Revisão técnica
Heloisa Reis Marino

(SOBRAL – Associação Brasileira de
Logoterapia e Análise Existencial Frankliana)

PSICOTERAPIA E EXISTENCIALISMO
Textos selecionados em logoterapia

É Realizações
Editora

EM MEMÓRIA DE RUDOLPH ALLERS

SUMÁRIO

Prefácio do tradutor 9
Agradecimentos 13
Prefácio do autor 17

I. Os Fundamentos Filosóficos da Logoterapia 21
II. Dinâmica Existencial e Escapismo Neurótico 39
III. Para Além da Autorrealização e da Autoexpressão 57
IV. Logoterapia e Existência 71
V. Dinâmica e Valores 77
VI. Psiquiatria e a Busca do Homem por Sentido 87
VII. Logoterapia e o Desafio do Sofrimento 103
VIII. Experiências Psicoterapêuticas de Grupo em um Campo de
 Concentração 111
IX. *In Memoriam* 121
X. Neuroses Coletivas dos Dias Atuais 127
XI. Análise Existencial e Ontologia Dimensional 145
XII. Intenção Paradoxal: uma Técnica Logoterapêutica 155
XIII. Psicoterapia, Arte e Religião 175
XIV. Um Estudo Experimental no Âmbito do Existencialismo: A Abordagem
 Psicométrica do Conceito Frankliano de Neurose Noogênica 191
XV. O Tratamento do Paciente Fóbico e Obsessivo-Compulsivo por Meio da
 Intenção Paradoxal Segundo Viktor E. Frankl 205

Bibliografia sobre Viktor Frankl em língua portuguesa...........................227
Índice onomástico...229
Índice remissivo..233

Prefácio do tradutor

A presente tradução da obra *Psychotherapy and Existentialism* pretende representar um marco na divulgação do pensamento de Viktor Emil Frankl no Brasil. É certo que, nos últimos dez anos, a obra do icônico psiquiatra vienense tem atraído uma atenção cada vez maior do público brasileiro. Nesse contexto, cumpre observar o papel notável da É Realizações Editora, casa que tem sido responsável pela publicação de títulos fundamentais no campo da Logoterapia e Análise Existencial.

Em 1957 Frankl iniciou uma intensa agenda de conferências e seminários pelos Estados Unidos, o que lhe rendeu, até o fim da vida, 92 viagens ao país, além de seis doutorados *honoris causa*,[1] dos 29 que conquistou pelo mundo. Este volume, lançado originalmente em 1967, constitui o primeiro dos três livros americanos de Frankl, que foram escritos diretamente em língua inglesa. Os dois últimos, *The Will to Meaning*[2] (1969) e *The Unheard Cry for Meaning*[3] (1978) já contavam com traduções em nosso país, de modo que esta publicação significa o preenchimento de uma importante lacuna editorial.

Os textos aqui reunidos são frutos, em grande parte, da atividade intelectual de Frankl nos Estados Unidos durante a década de 1960: o livro se estrutura em quinze capítulos, doze dos quais derivam de conferências e palestras. Conta-se,

---

[1] Frankl recebeu doutorados honorários das seguintes universidades americanas: Loyola University, Chicago (1970); Edgecliffe College, Cincinnati (1970); Rockford College, Illinois (1972); Mount Mary College, Wisconsin (1984); University of Santa Clara, California (1991); e Ohio State University, Columbus (1997).

[2] FRANKL, V. E. *A Vontade de Sentido – Fundamentos e Aplicações da Logoterapia*. Trad. Ivo Studart Pereira. São Paulo, Paulus, 2011.

[3] FRANKL, V. E. *Um Sentido para a Vida – Psicoterapia e Humanismo*. Trad. Victor Hugo Silveira Lapenta. Aparecida, Ideias e Letras, 2005.

ainda, com um interessante estudo de caso (cap. XIII) e duas contribuições de outros autores (James Crumbaugh, Leonard Maholick, cap. XIV; Hans O. Gerz, cap. XV). Pode-se, com segurança, afirmar que *Psicoterapia e Existencialismo* possui uma relevância teórica particular, tanto no que concerne à dimensão filosófica do pensamento de Frankl quanto no que diz respeito às aplicações clínicas da Logoterapia e da Análise Existencial.

Em sua dimensão filosófica, a obra revela, com significativa profundidade, os contornos fundamentais do existencialismo frankliano. O pai da logoterapia apresenta, em detalhe, sua teoria do sentido, cujo caráter de objetividade se propõe a refutar os dilemas do monadologismo psicologista. Rechaçando a tese de que o homem é "nada mais que" um autômato preocupado com a manutenção de um equilíbrio homeostático, Frankl defende uma visão antropológica de cunho biopsicoespiritual, que enxerga na liberdade, na responsabilidade e na autotranscendência os elementos-chave para a compreensão digna do fenômeno humano. Aqui o leitor se familiarizará com discussões fundamentais que envolvem os conceitos logoterapêuticos de potencialismo, epistemologia caleidoscópica, noodinâmica, ontologia dimensional, vontade de sentido e tríade trágica, para citar apenas alguns dos principais.

A dimensão clínica da obra também merece destaque. Integrando-se, harmoniosamente, aos fundamentos filosóficos franklianos, vários aspectos fundamentais da prática logoterapêutica são discutidos pelo autor. É assim que Frankl apresenta sua original perspectiva acerca da dicotomia entre técnica e encontro no processo terapêutico, discutindo, ainda, o papel metodológico da improvisação e da individualização no relacionamento terapeuta/paciente. A obra oferece, também, dois momentos dedicados, especificamente, à elucidação da teoria e da prática que envolvem a técnica logoterapêutica da Intenção Paradoxal. Tanto no capítulo escrito por Frankl (XII) quanto no escrito por Gerz (XV), o leitor terá acesso a importantes *insights* acerca da patogênese e do tratamento de transtornos fóbicos e obsessivo-compulsivos, ilustrados por uma rica casuística. A contribuição de Crumbaugh e de Maholick também se insere no âmbito clínico da obra, na medida em que apresenta e discute o Teste *Purpose in Life*, como instrumento que busca demonstrar a realidade da neurose noogênica, como fenômeno psicopatológico distinto das classificações convencionais.

A obra *Psicoterapia e Existencialismo* foi dedicada ao filósofo e psiquiatra Rudolf Allers (1883-1963), personagem cujo papel na vida de Frankl merece menção especial. O fundador da logoterapia considerava Allers um mestre respeitado e um amigo paternal, com quem trabalhou, entre 1925 e 1926, em seu laboratório de fisiologia dos sentidos. No ano seguinte, ao tomar parte na controvérsia intelectual entre Allers e Alfred Adler, o jovem Viktor é expulso da Sociedade de Psicologia Individual de Viena. Nesse contexto, é importante ressaltar que Allers, voraz crítico da psicanálise, também foi o responsável por apresentar a Frankl o pensamento de Max Scheler (1874-1928), decerto o filósofo que mais viria a influenciar o desenvolvimento posterior da Logoterapia. Com a anexação nazista da Áustria em 1938, o pensador homenageado neste volume migra para os Estados Unidos, onde passa a lecionar filosofia na Catholic University of America e, posteriormente, na Georgetown University, onde recebe o título de professor emérito. Allers faleceu quatro anos antes do lançamento original desta obra. Frankl, apesar da distância geográfica, manteve-se em contato com seu mestre, encaminhando-lhe cada artigo e livro que publicava. Allers, por sua vez, compartilhava com o célebre psicólogo de Harvard Gordon Allport o material que recebia, o que veio a ter especial relevância para a ulterior penetração de Frankl nos Estados Unidos.

Por fim, nesta tradução, busquei introduzir um número adequado de notas a fim de situar o leitor quanto a eventuais detalhes conceituais, históricos ou biográficos necessários à compreensão de passagens específicas. Os estudiosos da Logoterapia, bem como os interessados no pensamento frankliano em geral, têm em mãos uma obra rica e desafiadora, que inspira leitura atenta e cuidadosa.

Fortaleza, dezembro de 2019
Ivo Studart Pereira*

---

* Psicólogo, mestre e doutor em Filosofia pela Universidade Federal do Ceará. Membro do Conselho Científico da Associação Brasileira de Logoterapia e Análise Existencial (Ablae).

Agradecimentos

O autor deseja expressar às pessoas e instituições referidas abaixo sua gratidão pela permissão para reproduzir, no todo ou em parte, artigos que se encontram nesta coletânea.

Ao periódico *American Journal of Psychotherapy* pelo artigo "Paradoxical Intention: a Logotherapeutic Technique" [Intenção Paradoxal: uma Técnica Logoterapêutica], publicado no vol. 14, n. 3, jul. 1960, p. 520-35.

À Christian Century Foundation pelo texto "The Will to Meaning" (*A Vontade de Sentido*), © 1964 Christian Century Foundation, aqui reproduzido da revista *The Christian Century*, vol. 71, 22 abr. 1964, p. 515-17, como parte do capítulo "Os Fundamentos Filosóficos da Logoterapia".

Ao Dr. James C. Crumbaugh e ao Dr. Leonard T. Maholick pelo artigo "An Experimental Study in Existentialism: The Psychometric Approach to Frankl's Concept of Noögenic Neurosis" [Um Estudo Experimental no Âmbito do Existencialismo: A Abordagem Psicométrica do Conceito de Neurose Noogênica de Viktor Frankl], de autoria de ambos.

Ao Dr. Joseph Fabry e a sua esposa pela tradução de "Psychotherapy, Art, and Religion".

Ao Dr. Hans O. Gerz por seu artigo "The Treatment of the Phobic and the Obsessive-Compulsive Patient Using Paradoxical Intention Sec. Viktor Frankl" [O Tratamento do Paciente Fóbico e Obsessivo-Compulsivo por Meio da Intenção Paradoxal Segundo Viktor Frankl].

À revista *Group Psychotherapy*, a seu editor, Dr. J. L. Moreno, e à Editora Beacon House pela reprodução do artigo "Group Psychotherapeutic Experiences in a Concentration Camp" [Experiências Psicoterapêuticas de Grupo em um Campo de Concentração], publicado em *Group Psychotherapy*, vol. 7, 1954, 1, p. 81-90.

Ao periódico *International Journal of Neuropsychiatry* pelo artigo "The Treatment of the Phobic and the Obsessive-Compulsive Patient Using Paradoxical Intention Sec. Viktor Frankl" [O Tratamento do Paciente Fóbico e Obsessivo-Compulsivo por Meio da Intenção Paradoxal segundo Viktor Frankl], publicado no vol. 3, n. 6, jul.-ago. 1962, p. 375-87.

À revista *The Jewish Echo* pelo artigo "In Memoriam", publicado no vol. 5, n. 6, p. 11.

Ao periódico *Journal of Clinical Psychology* pelo artigo "An Experimental Study in Existentialism: The Psychometric Approach to Frankl's Concept of Noögenic Neurosis" [Um Estudo Experimental no Âmbito do Existencialismo: A Abordagem Psicométrica do Conceito de Neurose Noogênica de Viktor Frankl], publicado no vol. 20, n. 2, abr. 1964, p. 200-07.

Ao periódico *Journal of Existentialism*, da Editora Libra Publishers, Inc. pelo artigo "Beyond Self-Actualization and Self-Expression" (Para Além da Autorrealização e da Autoexpressão), publicado no *Journal of Existential Psychiatry*, vol. 1, número 1 (Primavera de 1960), páginas 5 a 20; "Dynamics, Existence and Values", publicado no *Journal of Existential Psychiatry*, vol. 2, n. 5, 1961, p. 5-16, aqui reproduzido em versão revisada no capítulo "Dinâmica e Valores"; "Existential Dynamics and Neurotic Escapism" [Dinâmica Existencial e Escapismo Neurótico], publicado nesse mesmo veículo, vol. 4, 1963, p. 27-42.

Ao periódico *Journal of Individual Psychology* pelo artigo "The Spiritual Dimension in Existential Analysis and Logotherapy" [A Dimensão Espiritual na Análise Existencial e Logoterapia], publicado no vol. 15, 1959, p. 157-65, aqui reproduzido em versão revisada e abreviada no capítulo "Análise Existencial e Ontologia Dimensional".

Ao periódico *Journal of Religion and Health* pelo artigo "Psychiatry and Man's Quest for Meaning" [Psiquiatria e a Busca do Homem por Sentido], publicado no vol. 1, n. 2, jan. 1962, p. 93-103.

À revista *Motive Magazine* pelo artigo "Existential Escapism" [Escapismo Existencial], publicado na edição de jan.-fev. 1964, aqui reproduzido em versão condensada no capítulo "Logoterapia e o Desafio do Sofrimento".

Ao periódico *Review of Existential Psychology and Psychiatry* pelo artigo "Logotherapy and the Challenge of Suffering" [Logoterapia e o Desafio do Sofrimento], publicado no vol. 1, 1961, p. 3-7, aqui reproduzido em versão condensada no capítulo "Logoterapia e Existência".

Ao periódico *Universitas* e a seu editor, Dr. H. W. Bähr, da Wissenschaftliche Verlagsgesellschaft M. B. H., de Stuttgart, edição em língua inglesa, pelo artigo "Collective Neuroses of the Present Day" [Neuroses Coletivas dos Dias Atuais], publicado no vol. 4, 1961, 3, p. 301-15; e pelo artigo "Existential Dynamics and Neurotic Escapism" [Dinâmica Existencial e Escapismo Neurótico], publicado no vol. 5, 1962, 3, p. 273-86.

Ao padre Adrian L. Van Kaam pelos artigos "The Philosophical Foundations of Logotherapy" [Os Fundamentos Filosóficos da Logoterapia] e "Logotherapy and Existence" [Logoterapia e Existência].

Prefácio do autor

O presente volume consiste, principalmente, em uma série de artigos meus no campo da logoterapia publicados nos últimos anos. Selecionei para reprodução textos que, acredito, oferecerão uma compreensão mais clara e direta dos princípios da logoterapia e suas aplicações terapêuticas. Tais ensaios tanto servem de complemento à discussão mais ampla sobre a logoterapia, que se pode encontrar em outros trabalhos meus, quanto fornecem subsídios para um debate mais aprofundado de aspectos específicos desse sistema.

Muito frequentemente, leitores tentam obter acesso à literatura elencada em referências bibliográficas, mas acabam por descobrir que a maioria dos trabalhos listados foi publicada apenas em periódicos profissionais de circulação relativamente pequena. Dessa forma, eu espero que a presente coletânea sirva como um material introdutório ou um manual de referência para a grande variedade de pessoas interessadas na logoterapia.

Optei por reproduzir os artigos de maneira mais ou menos fiel ao modo como foram originalmente apresentados ou publicados, em vez de os retrabalhar sob a forma de um livro altamente estruturado. No entanto, da mesma maneira que cada artigo trouxe a oportunidade de introduzir ideias e conteúdo novos à época de sua publicação, uma coletânea como esta traz a oportunidade de reunir material novo e antigo: ideias já familiares com ideias novas. Contudo, não quero dizer com isso que reuni aqui todo o conteúdo possível sobre um tema específico apenas. Afinal, cada artigo formava um todo próprio, de modo que não me pareceu sensato destruir essa unidade original para construir uma totalidade artificial. Da mesma forma, a maior parte dos textos deste livro foi lida diante de uma plateia; logo, por motivos didáticos, abstive-me de editá-los ou de revisá-los excessivamente. Isto é, escolhi preservar o tom oral dos originais.

Certamente, tais escolhas implicam o risco de uma sobreposição parcial de conteúdo, já que, apenas à custa de ir adaptando cada artigo, a fim de que os textos se ajustassem a uma obra completamente estruturada, teria sido possível eliminar todos os casos de repetição. E, mais importante, as repetições podem bem servir a um propósito didático, provando-se, ao fim, útil ao leitor, particularmente porque estas, aqui, referem-se aos princípios básicos da logoterapia e ocorrem em diferentes contextos em cada artigo, na medida em que o assunto é visto de ângulos distintos.

Dessa forma, onde quer que tenha parecido possível ou preferível, mantive o título original e a unidade de cada texto. Nos casos em que uma compilação mínima de material relevante se mostrou recomendável, modifiquei o título para ajustar os textos à forma como agora se apresentam. Quanto às referências, providenciei uma lista dos títulos originais em um índice complementar de artigos publicados.

Algumas breves palavras de esclarecimento podem se fazer necessárias para justificar o título do livro, *Psicoterapia e Existencialismo*.

A logoterapia representa uma escola no campo da psicoterapia e, mais especificamente, é considerada por vários autores como pertencente à categoria que eles classificaram de "psiquiatria existencial". Já na década de 1930 introduzi o termo *Existenzanalyse* como uma designação alternativa para "logoterapia", palavra que eu cunhara nos anos 1920. Quando autores americanos começaram a publicar artigos sobre *Existenzanalyse*, eles traduziram o termo como "análise existencial". Contudo, usou-se a mesma palavra para tratar dos ensinamentos do psiquiatra Ludwig Binswanger, que, nos anos 1940, passa a chamar sua escola de *Daseinanalyse*. Desse modo, a expressão "análise existencial" tornou-se ambígua. Para não fomentar a confusão ocasionada por essa ambiguidade, decidi usar apenas o termo "logoterapia", evitando ao máximo empregar seu sinônimo, análise existencial, como uma tradução de *Existenzanalyse*.

Quanto à psiquiatria existencial, ou, aliás, ao existencialismo, em seu sentido mais abrangente, é seguro afirmar que existem tantos existencialismos quanto existencialistas. Na estrutura deste livro nos apoiaremos em alguns e criticaremos outros. Estes, é bem verdade, referem-se aos que não têm consciência de que estão interpretando e empregando erroneamente expressões emprestadas do vocabulário dos verdadeiros existencialistas.

Para concluir este prefácio, desejo fortemente agradecer a todos aqueles que ofereceram ajuda e conselho valorosos na edição de meus escritos, até mesmo antes do aparecimento destes no presente livro. Espero que estas pessoas não se sintam ofendidas por apenas encontrarem-se listadas sem que suas contribuições tenham sido propriamente reconhecidas em separado. Dessa forma, expresso aqui, com alegria, minha gratidão, reconhecimento e dívida para com Gordon W. Allport, Heinz L. Ansbacher, Joseph B. Fabry, Emil A. Gutheil, Eleanore M. Jantz, Paul E. Johnson, Melvin A. Kimble, Daniel J. Kurland, Robert C. Leslie, Lester C. Rampley, Randolph J. Sasnett, Donald F. Tweedie Jr., Adrian L. Van Kaam, George Vlahos, Werner Von Alvensleben, Rolf H. Von Eckartsberg, Sra. Walter A. Weisskopf, Antonia Wenkart e Julius Winkler.

Viena, 1967
Viktor E. Frankl

I. Os Fundamentos Filosóficos da Logoterapia[1]

De acordo com uma afirmação de Gordon W. Allport, a logoterapia é uma dessas escolas em psicoterapia, nos Estados Unidos, à qual se aplica o rótulo "psiquiatria existencial". Como Aaron J. Ungersma apontou em seu livro *The Search for Meaning: A New Approach in Psychotherapy and Pastoral Psychology*, a logoterapia é, de fato, a única escola no vasto campo da psiquiatria existencial, que obteve sucesso em desenvolver algo que se pode chamar, justificadamente, de técnica psicoterápica. Donald F. Tweedie Jr., em sua obra *Logotherapy and the Christian Faith*, observa que esse fato evocará o interesse do americano típico, cuja mentalidade é, tradicionalmente, pragmática.

Contudo, a logoterapia vai além e chega a ultrapasar a análise existencial, ou ontoanálise, na medida em que ela é mais que uma análise da existência, ou do ser, e envolve mais do que uma mera análise de seus conteúdos. A logoterapia se ocupa não apenas do ser mas também do sentido – isto é, não lida apenas com o *ontos*, mas também com o *logos* – e essa característica pode bem explicar a orientação terapêutica mais ativa da logoterapia. Em outras palavras, a logoterapia não é só análise, mas também terapia.

Como é o caso em qualquer tipo de terapia, existe uma teoria subjacente à sua prática – uma *theoria*, isto é, uma visão, uma *Weltanschauung*. Em contraste com vários outros modelos de terapia, no entanto, a logoterapia se baseia numa

---

[1] Artigo apresentado na *Conference on Phenomenology*, na cidade de Lexington, Kentucky, em 4 de abril de 1963.

filosofia de vida explícita. Mais especificamente, ela se baseia em três pressupostos, que formam uma cadeia de elos interconectados:
1. A Liberdade da Vontade;
2. A Vontade de Sentido;
3. O Sentido da Vida.

A LIBERDADE DA VONTADE

A liberdade da vontade do homem pertence aos dados imediatos de sua experiência. Esses dados se submetem àquela abordagem empírica que, desde os tempos de Husserl, é chamada de fenomenológica.[2] Na verdade, apenas duas classes de pessoas sustentam que sua vontade não é livre: pacientes esquizofrênicos que sofrem da ilusão de que sua vontade é manipulada e que seus pensamentos são controlados por outros; e, com eles, os filósofos deterministas. De fato, estes admitem que nós experimentamos nossa vontade como se ela fosse livre, mas isso, dizem eles, é um autoengano. Dessa forma, o único ponto de discordância entre a convicção deles e a minha refere-se à questão de saber se nossa experiência conduz ou não à verdade.

Quem deveria julgar isso? Para responder a essa pergunta, tomemos como ponto de partida o fato de que não só pessoas em condições anormais, como esquizofrênicos, mas também indivíduos normais podem, sob certas circunstâncias, experimentar a própria vontade como algo que não é livre. Isso pode acontecer caso esses indivíduos tomem uma pequena dose de dietilamida do ácido lisérgico (LSD). Logo eles começam a sofrer de uma psicose artificial em que, de acordo com relatos de pesquisa publicados, experimentam a si mesmos como seres autômatos. Em outras palavras, eles chegam à "verdade" do determinismo. No entanto, já é hora de nos perguntarmos se é ou não plausível que a verdade só seja acessível ao homem após ele ter seu cérebro envenenado. Que estranho conceito de *aletheia*: esse de que a verdade

---

[2] A fenomenologia, tal como eu a entendo, fala a linguagem da autocompreensão pré-reflexiva do homem, e vez de interpretar determinado fenômeno por meio de padrões preconcebidos.

só pode ser revelada e descoberta por meio de uma ilusão, que o *logos* só possa ser mediado pelo *patho-logos*!

Obviamente, a liberdade de um ser finito como o homem é uma liberdade limitada. O ser humano não é livre de condicionamentos, sejam eles de natureza biológica, psicológica ou sociológica. Mas ele é, e sempre permanece, livre para tomar uma posição diante de tais condicionamentos; ele sempre conserva sua liberdade para escolher sua atitude perante esses condicionamentos. O homem é livre para elevar-se sobre o plano dos determinantes somáticos e psíquicos de sua existência. Do mesmo modo, abre-se aí uma nova dimensão. O ser humano adentra a dimensão noética, que se distingue dos fenômenos somáticos e psíquicos. Ele se torna capaz de tomar uma posição não só diante do mundo exterior mas diante de si mesmo. O homem é um ser capaz de refletir sobre si próprio e, até mesmo, de rejeitar-se. Ele pode ser seu próprio juiz, o juiz de suas próprias ações. Em suma, os fenômenos especificamente humanos ligados entre si – autoconsciência e consciência – só são compreensíveis na medida em que interpretamos o homem como um ser capaz de distanciar-se de si mesmo, deixando o "plano" do biológico e do psicológico e atravessando o "espaço" do noológico. Essa dimensão especificamente humana, que nomeei de noológica, não é acessível a um animal. Um cachorro, por exemplo, após molhar o carpete, pode bem esconder-se debaixo do sofá. Mas isso não seria, contudo, um sinal de consciência pesada, mas sim um tipo de ansiedade antecipatória, isto é, uma temerosa expectativa de punição.

A capacidade especificamente humana de autodistanciamento é mobilizada e utilizada para propósitos terapêuticos numa particular técnica logoterápica chamada "intenção paradoxal". Uma ilustração clara e concisa da intenção paradoxal pode ser vista no seguinte caso:

> O paciente era um contador que já fora tratado por muitos médicos, em vários consultórios, sem nenhum sucesso terapêutico. Quando ele chegou a meu consultório, estava em extremo desespero, admitindo que se encontrava perto do suicídio. Ele sofria, havia alguns anos, de cãibra do escritor, que, recentemente, vinha se tornando tão severa que ele corria o risco de perder o emprego. Dessa forma, apenas uma terapia imediata

e de curta duração poderia aliviar o problema. No início do tratamento, meu colega recomendou ao paciente que ele fizesse exatamente o contrário do que normalmente fazia; isto é, ao invés de tentar escrever da forma mais organizada e legível possível, que ele rabiscasse os piores garranchos que conseguisse. O paciente foi aconselhado a dizer a si mesmo "Agora vou mostrar a todos como sou um excelente rabiscador de garranchos!". E naquele exato momento em que, deliberadamente, ele se empenhou em rabiscar, viu-se incapaz de fazê-lo. "Tentei rabiscar, mas simplesmente não consegui", disse no dia seguinte. Em quarenta e oito horas o paciente se encontrava livre da cãibra do escritor, e assim permaneceu pelo período de observação após o tratamento. Ele voltou a ser um homem feliz e completamente apto a trabalhar.

Um senso de humor sadio é essencial a essa técnica. Isso é compreensível, pois sabemos que o humor é um modo fundamental de inserir distância entre algo e alguém. Pode-se dizer também que o humor ajuda o homem a elevar-se sobre sua situação, na medida em que lhe permite observar-se de maneira mais imparcial. Dessa forma, o humor também deve ser situado na dimensão noológica. Afinal, nenhum animal é capaz de rir, menos ainda de si mesmo.

O mecanismo básico que subjaz à técnica da intenção paradoxal pode, talvez, ser mais bem esclarecido por meio de uma piada que me contaram alguns anos atrás: Um garoto chega à escola atrasado e tenta se justificar dizendo à professora que a neve deixara as ruas tão escorregadias que, sempre que ele dava um passo à frente, deslizava dois passos para trás. A isso a professora respondeu: "Agora peguei você na mentira. Se sua desculpa for verdadeira, como é que você conseguiu chegar à escola?". O garoto, calmamente, explicou: "Ora, no fim das contas, dei meia-volta e fui para casa!".

Estou convencido de que a intenção paradoxal não é, de modo algum, apenas um procedimento que, simplesmente, intervém, de modo superficial, numa neurose. Pelo contrário, a técnica permite que o paciente execute, num nível mais profundo, uma mudança de atitude ao mesmo tempo radical e saudável. No entanto, tem-se tentado explicar os inegáveis efeitos terapêuticos obtidos por essa técnica logoterápica com base em uma fundamentação psicodinâmica.[3] Um dos médicos da minha equipe no Hospital Policlínico de Viena, um freudiano de plena formação, apresentou à Sociedade Psicanalítica de Viena, a mais antiga do mundo, um trabalho sobre a intenção paradoxal explicando seu êxito exclusivamente em termos psicodinâmicos. Enquanto preparava o artigo, ele foi consultado por uma paciente que sofria de uma severa agorafobia, que ele tratou por meio da intenção paradoxal. Infelizmente, no entanto, após uma única sessão ela estava livre de suas queixas, de modo que foi muito difícil convencê-la a voltar para mais consultas a fim de descobrir a psicodinâmica por trás da cura!

A VONTADE DE SENTIDO

Voltemo-nos, agora, ao segundo pressuposto básico: o da vontade de sentido. Por razões didáticas, a vontade de sentido tem sido contraposta, por meio de uma simplificação heurística, tanto ao princípio do prazer, tão difundido nas teorias motivacionais psicanalíticas, quanto à vontade de poder, conceito que tem papel decisivo na psicologia adleriana. Não me canso de afirmar que a vontade de prazer constitui, na verdade, um princípio autoanulativo, na medida em que, quanto mais alguém se esforça para obter prazer, menos prazer consegue. Isso se deve ao fato fundamental de que o prazer é um subproduto, ou efeito colateral da realização de nossos esforços, mas ele se destrói e se deteriora na medida em que é transformado num objetivo ou num alvo. Quanto mais o homem mira no prazer, por meio de uma intenção direta, mais ele erra o alvo. E esse, arrisco-me a dizer, é um mecanismo que subjaz, etiologicamente, à maioria dos casos de neuroses sexuais. Desse modo, uma técnica logoterapêutica baseada nessa teoria do caráter autofrustrante do prazer como meta tem rendido resultados notáveis em curto prazo. Essa técnica tem sido usada de maneira eficaz até mesmo por terapeutas de orientação psicodinâmica que integram minha equipe. Um deles, a quem incumbi a responsabilidade do tratamento de todos os pacientes com neuroses sexuais, tem

---

[3] Cf. V. E. Frankl, *The Doctor and the Soul: From Psychotherapy to Logotherapy*. New York, Alfred A. Knopf, 2. ed., 1965, p. 236.

usado exclusivamente essa técnica como o único procedimento de curto prazo indicado nesse contexto em particular.

Em última análise, ocorre que tanto a vontade de prazer quanto a vontade de poder constituem, na verdade, derivações da vontade original de sentido. O prazer, como dissemos antes, é um efeito colateral da realização de sentido; por sua vez, o poder é um meio para um fim. Certa quantidade de poder, tal como poder financeiro ou econômico, geralmente é pré-requisito para a realização de sentido. Desse modo, podemos dizer que, enquanto a vontade de prazer confunde o efeito com o fim, a vontade de poder confunde o meio para um fim com o fim em si mesmo.

Não estamos realmente justificados, no entanto, a falar de uma *vontade* de prazer ou poder como conceito relacionado a escolas de pensamento de orientação psicodinâmica. Estas pressupõem que o homem dirige seus esforços às metas de seus comportamentos de forma involuntária e inconsciente e que suas motivações conscientes não são suas reais motivações. Erich Fromm, por exemplo, falou, recentemente, sobre as "forças motivacionais que fazem o homem agir de certas maneiras, os impulsos que o compelem a empenhar-se em determinadas direções".[4] De minha parte, contudo, creio ser inconcebível que o homem, realmente, seja impulsionado a empenhar-se em algo. Eu diria que ou ele está se empenhando ou que está sendo impulsionado. *Tertium non datur*.[5] Ignorar essa diferença ou, ao contrário, sacrificar um fenômeno em favor de outro, constitui um procedimento indigno de um cientista. Proceder assim é permitir que a adesão a certas hipóteses ocasione uma cegueira diante dos fatos. Uma distorção dessa natureza é o pressuposto de que o homem "é vivido" por seus instintos.[6]

---

[4] *Beyond the Chains of Illusion*. New York, Simon & Schuster, 1962, p. 38.

[5] Princípio do "terceiro excluído": as duas alternativas apontadas pelo autor são mutuamente excludentes do ponto de vista lógico. (N. T.)

[6] Frankl refere-se, aqui, a uma passagem da obra freudiana *O Ego e o Id*, de 1923, em que o pai da psicanálise cita a contribuição do médico alemão George Groddeck, pioneiro no campo da psicossomática, em seu livro *Das Buch vom Es*. Diz Freud: "Ora, acredito que muito lucraríamos seguindo a sugestão de um escritor que, por motivos pessoais, assevera em vão que nada tem a ver com os rigores da ciência pura. Estou falando de Georg Groddeck, o qual nunca se cansa de insistir que aquilo

Como o homem citado aqui é Sigmund Freud, para sermos justos, devemos acrescentar outra afirmação de Freud, que não é tão conhecida. Numa resenha de livro que escreveu para a *Wiener Medizinische Wochenschrift* em 1889, ele declarou: "A reverência à grandeza de um gênio é certamente algo importante. Mas nossa reverência aos fatos deve ser ainda maior".

Freud e, consequentemente, seus seguidores nos ensinaram a sempre ver algo por trás da vontade humana: motivações inconscientes, dinâmica subjacente. Freud nunca aceitou um fenômeno humano tal como ele aparece; ou, para adotar a formulação usada por Gordon W. Allport, "Freud foi um especialista naquelas razões e justificativas que não podem ser tomadas literalmente no seu significado aparente".[7] Será que isso implica afirmar que não exista motivação alguma que deva ser aceita em seu significado aparente? Ora, essa pressuposição é comparável à atitude do homem que, ao se deparar com uma cegonha, disse: "Oh! Pensei que cegonhas não existissem!". Será que o fato de esse animal ser usado para esconder das crianças os fatos da vida nega a realidade da ave?

O princípio da realidade é, de acordo com as próprias palavras de Freud, mera extensão do princípio do prazer, que serve aos propósitos deste. Pode-se também dizer que o princípio do prazer é, em si mesmo, mera extensão a serviço de um conceito mais amplo conhecido como princípio da homeostase, de modo que o princípio do prazer serve aos propósitos do princípio da homeostase. Em última análise, o conceito psicodinâmico de homem apresenta-o como um ser basicamente preocupado com a manutenção ou restauração de seu equilíbrio interno, de modo que, para fazer isso, ele está sempre buscando gratificar seus impulsos e satisfazer seus instintos. Até mesmo na perspectiva pela qual o homem tem sido caracterizado na psicologia junguiana, as motivações humanas seguem essa mesma tendência. Considerem os arquétipos. Eles, também, são

---

que chamamos de nosso ego comporta-se essencialmente de modo passivo na vida e que, como ele o expressa, nós somos 'vividos' por forças desconhecidas e incontroláveis". Sigmund Freud, *O Ego e o Id*. In: *Edição Standard Brasileira das Obras Completas*, vol. XIX, p. 37. Trad. José Otávio de Aguiar Abreu. Rio de Janeiro, Imago, 1976. (N. T.)

[7] *Personality and Social Encounter*. Boston, Beacon Press, 1960, p. 103.

entidades míticas (como Freud considerou as pulsões). Mais uma vez o homem é visto como um ser determinado a livrar-se de tensões, sejam elas provocadas por impulsos e instintos que urgem por gratificação e satisfação, sejam por arquétipos que exigem sua materialização. Em qualquer caso, a realidade – o mundo de seres e de sentidos – é degradada e rebaixada a um conjunto de instrumentos mais ou menos utilizáveis para livrar-se de estímulos diversos, como superegos irritantes ou arquétipos. O que se sacrifica aí – e, consequentemente, se elimina totalmente nessa visão de homem – é o fato fundamental, que se presta a uma análise fenomenológica, de que o homem é um ser que vai ao encontro de outros seres e que busca sentidos a realizar.

E essa é, precisamente, a razão pela qual falo de uma vontade de sentido em vez de uma necessidade de sentido ou de um instinto de sentido. Se o homem fosse realmente impulsionado ao sentido, ele embarcaria na realização de sentido apenas com o propósito de livrar-se desse impulso, com o intuito de restaurar a homeostase dentro de si. Ao mesmo tempo, contudo, ele já não estaria realmente preocupado com o sentido em si, mas com o próprio equilíbrio, ou seja, em última análise, consigo mesmo.

Talvez agora tenha ficado claro que um conceito como o de autoatualização ou de autorrealização não forneça uma base suficiente para uma teoria motivacional. Isso se deve, sobretudo, ao fato de que a autorrealização, assim como o poder e o prazer, também pertence à classe de fenômenos que só podem ser obtidos como efeito colateral e que se prejudicam na medida em que, precisamente, se tornam objeto de uma intenção direta. Autorrealização é uma coisa boa; contudo, defendo que o homem só pode realizar-se a si mesmo na medida em que ele realiza sentido. Dessa forma, a autorrealização acaba por ocorrer espontaneamente. Ela é dificultada quando se transforma em um fim em si mesmo.

Quando eu estava ministrando palestras na Melbourne University, alguns anos atrás, deram-me de presente um bumerangue australiano. Enquanto contemplava esse presente inusitado, ocorreu-me que, de certa forma, tratava-se de um símbolo da existência humana. Em geral supõe-se que um bumerangue sempre retorna ao caçador. Mas, na verdade, disseram-me na Austrália que o bumerangue só volta ao caçador quando erra seu alvo, sua presa. Bem, o ser humano também só retorna a si mesmo, só se preocupa unicamente consigo mesmo, depois de ter falhado em sua missão, quando fracassa em encontrar sentido na vida.

Ernest Keen, um de meus assistentes durante o período em que lecionei na Harvard Summer Session, dedicou sua tese de doutorado a demonstrar que as falhas da psicanálise freudiana haviam sido compensadas por Heinz Hartmann e sua psicologia do ego e que as deficiências da psicologia do ego, por sua vez, teriam sido corrigidas pelo conceito de identidade de Erik Erikson. Contudo, defende Keen, um último elo estava faltando, e esse elo é a logoterapia. De fato, tenho convicção de que o ser humano não deve – e, na verdade, não pode – lutar por sua identidade de uma maneira direta; ao contrário, o ser humano encontra identidade na medida em que se compromete com algo para além de si mesmo, com uma causa maior que ele próprio. Ninguém expressou isso de forma mais convincente que Karl Jaspers, que disse: "O homem se torna o que é por força da causa que tornou sua".

Rolf Von Eckartsberg, também um de meus assistentes em Harvard, demonstrou a insuficiência do conceito por trás do *role-playing* ao apontar que tal técnica acaba por evitar o problema que subjaz a ela: o problema da escolha e do valor. De novo, há um problema: *qual* papel adotar? *Que* causa advogar? Não somos poupados de tomar decisões.

O mesmo vale para os que ensinam que tanto o destino último quanto a intenção primária do homem residem em desenvolver as próprias potencialidades. Sócrates confessou ter dentro de si a potencialidade de tornar-se um criminoso, mas decidiu afastar-se dela, e essa decisão, devemos acrescentar, fez toda a diferença.

Mas questionemos agora o real propósito desse argumento. Será que o homem deveria apenas tentar realizar suas potencialidades interiores ou, como também se afirma, expressar-se a si mesmo? O objetivo que se esconde por trás dessas noções, acredito, é o de diminuir a tensão gerada pela lacuna que existe entre aquilo que o homem é e aquilo que ele deve tornar-se; a tensão entre sua situação atual e a situação ideal, que ele deve tornar real; a tensão entre existência e essência, ou – como se pode também dizer – entre ser e sentido. De fato, pregar que o ser humano não precisa se preocupar com ideais e valores, já que estes não seriam nada mais que "autoexpressões" e que ele deveria, dessa forma, simplesmente dedicar-se à realização de suas próprias potencialidades, soa como boa notícia. Diz-se ao homem que ele, por assim dizer, não precisa alcançar as estrelas, trazê-las à Terra, porque tudo já está certo, já está presente, ao menos na forma de potencialidades a realizar.

A exortação de Píndaro – "Torna-te o que tu és" – é, dessa forma, privada de seu caráter imperativo e transformada numa frase indicativa, que afirma que o homem já tem sido, por todo o tempo, aquilo que deveria tornar-se! O homem, dessa forma, não precisa buscar as estrelas e trazê-las à Terra, porque *a Terra já é, em si, uma estrela*!

O fato é que a tensão entre ser e sentido é ineliminável no homem. Ela é inerente ao ser humano e, portanto, indispensável à saúde mental. Dessa forma, partimos da orientação humana ao sentido, isto é, de sua vontade de sentido, e chegamos a outro problema: a confrontação com o sentido. O primeiro tema refere-se ao que homem basicamente *é*: orientado ao sentido; o segundo refere-se ao que homem *deve ser*: confrontado com o sentido.

Contudo, não faz sentido confrontar o homem com valores que são vistos meramente como uma forma de autoexpressão. Menos correto ainda seria induzir o ser humano a enxergar nos valores "nada mais que mecanismos de defesa, formações reativas ou racionalizações de seus impulsos instintivos", tal como dois notáveis terapeutas de orientação psicanalítica definiram. Minha reação pessoal a esse tipo de teorização é a de dizer que eu não estaria disposto a viver em nome dos meus "mecanismos de defesa", muito menos a morrer pelo bem de minhas "formações reativas".

Por outro lado, em determinado contexto, a doutrinação de um paciente nos termos de interpretações psicodinâmicas pode bem servir ao propósito do que eu gostaria de chamar *racionalização existencial*. Se se diz a uma pessoa que suas preocupações a respeito de um sentido último para a vida são nada mais que, digamos, um modo de confrontar-se com a situação edípica de sua tenra infância, então os questionamentos dessa pessoa, bem como a tensão existencial criada por eles, podem ser esvaziados e postos de lado pela análise.

A logoterapia assume um posicionamento diferente. A logoterapia não poupa o paciente de um confronto com o sentido específico que ele deve cumprir e que o devemos ajudar a encontrar. O professor Tweedie mencionou um fato que ocorreu em meu consultório em Viena, quando um médico americano me pediu que lhe dissesse qual seria a diferença entre a logoterapia e a psicanálise em uma frase. Logo após o pedido, eu o convidei a me dizer, antes, aquilo que ele considerava ser a essência da psicanálise. Quando ele respondeu "Numa sessão de psicanálise, o paciente deve deitar-se num divã e contar-lhe coisas que, às vezes, são muito desagradáveis de dizer", eu, jocosamente, respondi: "Bom, numa sessão de logoterapia, o paciente pode permanecer sentado, mas deve ouvir coisas que, às vezes, são muito desagradáveis de escutar".

Como Erwin Straus bem enfatizou, a alteridade do outro ser não deve ser apagada no pensamento existencial; e isso também vale para o sentido. O sentido que cada ser deve realizar é algo para além de si mesmo, nunca é apenas algo de si mesmo. Apenas se for conservado esse caráter de alteridade do sentido é que ele pode exercer em um ser aquele caráter de exigência que se rende a uma análise fenomenológica de nossa experiência da existência. Apenas um sentido que não seja somente autoexpressão do ser pode representar um verdadeiro desafio. Vocês recordam a história na Bíblia: quando os judeus vagavam no deserto, a glória de Deus ia à frente deles sob a forma de uma nuvem. Apenas dessa maneira é que foi possível aos judeus serem guiados por Deus. Imaginem, por outro lado, o que teria acontecido se a presença de Deus, a nuvem, tivesse ficado logo acima – e não à frente – deles. Em vez de guiá-los no caminho certo, essa nuvem teria apenas obscurecido tudo, e os judeus se teriam desencaminhado.

Em outras palavras, o sentido não deve coincidir com o ser; o sentido deve estar à frente do ser. O sentido marca a marcha do ser. A existência vacila, a menos que seja vivida nos termos de uma transcendência em direção a algo para além de si mesmo. Vendo por esse ângulo, podemos distinguir entre pessoas que puxam o ritmo e pessoas que amenizam o conflito.[8] Aquelas nos confrontam com sentidos

---

[8] O autor faz, aqui, um jogo de palavras entre os vocábulos *pacemaker*, literalmente "marcapasso", e *peacemaker*, literalmente "pacificador". O termo *pacemaker* ainda apresenta dois

e valores, apoiando, assim, nossa orientação ao sentido; já estas aliviam o fardo da confrontação com o sentido. Nesse raciocínio, Moisés foi um marcador de passo. Ele não aliviou a consciência humana; ao contrário, ele a incitou. O profeta confrontou seu povo com os Dez Mandamentos e não os poupou do enfrentamento com valores e ideais. Os amenizadores de conflito, por outro lado, acalmam as pessoas; eles tentam reconciliar as pessoas consigo mesmas. "Vamos encarar os fatos", eles dizem. "Por que se importar com suas falhas? Apenas uma minoria vive de acordo com ideais. Então vamos esquecer essas coisas. Vamos nos importar com paz de espírito, em vez de ligar para esses sentidos existenciais, que só aumentam as tensões nos seres humanos."

Os amenizadores de conflito esquecem a sabedoria contida na advertência de Goethe: "Se tomarmos o homem como ele é, nós o tornaremos pior; se tomarmos o homem como ele deve ser, nós o ajudaremos a tornar-se o que ele pode ser".

Uma vez que a orientação ao sentido se transforma em confrontação com o sentido, alcança-se aquele estágio de maturação e desenvolvimento no qual a liberdade – conceito tão enfatizado pela filosofia existencialista – se torna responsabilidade. O homem é responsável pela realização do sentido específico de sua vida pessoal. Mas ele também é responsável *perante* algo, seja a sociedade, a humanidade ou sua própria consciência. Contudo, há um número significativo de pessoas que interpretam a própria existência não apenas nos termos de uma responsabilidade diante de algo mas de *alguém*, a saber, diante de Deus.[9]

---

significados pertinentes à alegoria frankliana. Primeiramente pode fazer referência ao que, no atletismo, se conhece por "coelho" ou "puxador de ritmo", atleta contratado que tem a função de estabelecer o passo da corrida até certa altura da competição. Numa acepção menos comum, *pacemaker* pode, ainda, designar pessoa ou organização que lidera ou serve de bom exemplo em determinada área. (N. T.)

[9] Pessoalmente, duvido que, dentro da religião, a verdade possa ser distinguida de uma inverdade por meio de uma evidência que seja universalmente aceita pelo homem. Parece-me que as diversas denominações religiosas constituem algo como diferentes idiomas. Não é possível também declarar que um idioma seja superior a outro. Da mesma forma, nenhuma língua pode, justificadamente, ser considerada "verdadeira" ou "falsa", mas, por meio de cada uma delas, a verdade – a única verdade – pode ser abordada, como que a partir de diferentes lados. E, em qualquer idioma, também é possível errar e, até mesmo, mentir.

A logoterapia, como teoria secular e prática médica, deve restringir-se a declarações fáticas, deixando ao paciente a decisão a respeito de como interpretar seu próprio ser-responsável: seja na esteira de credos religiosos ou de convicções agnósticas. A logoterapia deve permanecer acessível a todos; eu seria obrigado a aderir a tal princípio em razão de meu juramento hipocrático, se não por outra razão. A logoterapia é aplicável em casos de pacientes ateus e também útil nas mãos de médicos irreligiosos. Em qualquer caso, a logoterapia vê na responsabilidade a essência mesma da existência humana. Fazendo uso tão extenso do fenômeno da responsabilidade, o logoterapeuta não pode poupar seu paciente da decisão a respeito de perante o quê, ou pelo quê ou por quem, ele se sente responsável.

O logoterapeuta não tem o direito de, conscientemente, influenciar a decisão do paciente a respeito de como interpretar a própria responsabilidade ou o que abraçar como seu sentido pessoal. A consciência de qualquer pessoa, assim como qualquer coisa humana, está sujeita ao erro; mas isto não exime o homem de sua obrigação de obedecer a ela – a existência envolve o risco do erro. O ser humano deve arriscar-se a se comprometer com uma causa que pode não ser digna de seu compromisso. Talvez meu compromisso para com a causa da logoterapia seja equivocado. Mas eu prefiro viver num mundo em que o homem tenha o direito de fazer escolhas, mesmo que sejam erradas, a viver num mundo em que não haja nenhuma escolha disponível. Em outras palavras, prefiro um mundo em que, por um lado, um fenômeno tal como um Adolf Hitler possa ocorrer e que, por outro, fenômenos tais como os muitos santos que já viveram possam também acontecer. Eu prefiro um mundo assim a um mundo de conformismo e coletivismo totais, ou totalitários, em que o homem seja rebaixado e degradado a um mero funcionário de um partido ou do Estado.

O SENTIDO DA VIDA

Chegamos, agora, ao terceiro pressuposto fundamental. Após discutir a liberdade da vontade e a vontade de sentido, o sentido em si torna-se nosso tema.

Nenhum logoterapeuta pode *prescrever* o sentido, mas ele pode *descrevê-lo*. Com isso, refiro-me a descrever o que se passa num homem quando ele experimenta algo como dotado de sentido, sem aplicar a tais experiências um padrão preconcebido de interpretação. Em resumo, nossa tarefa é a de recorrer a uma investigação fenomenológica dos dados imediatos da experiência de vida real. De um modo fenomenológico, o logoterapeuta deve alargar o campo visual de seu paciente com relação a sentidos e valores, fazendo com que estes se ressaltem. No curso de uma conscientização crescente, pode bem revelar-se que a vida nunca cessa de ter e reter um sentido até seu último momento. Isto se deve ao fato de que – como nos revela uma análise fenomenológica – o ser humano não encontra sentido somente por meio de seus feitos, de seus trabalhos e de sua criatividade, mas também por meio de suas experiências, de seus encontros com o que é verdadeiro, bom e belo no mundo e, por último, mas não menos importante, em seu encontro com outros seres humanos e suas qualidades únicas. Compreender uma pessoa em sua unicidade significa amá-la. Mas, mesmo numa situação em que o homem é privado da criatividade e da receptividade, ele ainda pode preencher um sentido na vida. É precisamente em face de um destino assim, quando confrontado com uma situação irremediável, que o homem tem a última oportunidade de realizar um sentido – de realizar o mais alto valor, de preencher o mais profundo sentido – e esse é o sentido do sofrimento.[10]

Deixe-me resumir. A vida pode ser vivida com sentido de três modos: primeiramente, por meio *do que doamos* à vida (com relação a nosso trabalho criativo); em segundo lugar, por meio *do que recebemos* do mundo (no que se refere a nossas experiências de valores); e, em terceiro lugar, por meio da *atitude que tomamos* diante de um destino que já não podemos modificar (uma doença incurável, um câncer inoperável, ou algo dessa natureza). Além disso, o indivíduo não é poupado de encarar sua condição humana, que inclui o que chamo de tríade trágica da existência humana, a saber: dor, morte e culpa. Por dor quero dizer sofrimento. Os outros dois constituintes da tríade designam a mortalidade e a falibilidade do homem.

---

[10] É desnecessário dizer que o sofrimento pode ter um sentido apenas se a situação não puder ser mudada – de outra forma, não estaríamos lidando com heroísmo, mas sim com masoquismo.

Enfatizar esses aspectos trágicos da vida humana não é algo tão supérfluo quanto possa parecer à primeira vista. Em particular, o medo do envelhecimento e da morte é generalizado em nossa cultura atual. Edith Weisskopf-Joelson, professora de psicologia na Universidade de Duke, afirmou que a logoterapia pode ajudar a neutralizar essas angústias largamente difundidas nos Estados Unidos. De fato, eu defendo – e isso é um pressuposto da logoterapia – que a transitoriedade da vida, de modo algum, diminui seu sentido. Isso vale também para a falibilidade do homem. Logo, não há necessidade de reforçar o escapismo de nossos pacientes diante da tríade trágica da existência humana.

E agora permitam-me voltar um pouco para a questão do sofrimento. Vocês podem ter ouvido uma história que eu gosto muito de contar em minhas palestras, isso porque ela se prova muito útil em "fazer o sentido do sofrimento emergir". Um velho médico me consultou em Viena por não conseguir livrar-se de uma severa depressão causada pela morte de sua esposa. Perguntei a ele: "O que teria acontecido, doutor, se o senhor tivesse morrido antes e sua esposa sobrevivido à sua morte?". Ao que ele respondeu: "Para ela, isso teria sido terrível! Como ela sofreria!". Então acrescentei: "Veja, doutor, ela foi poupada desse sofrimento, e foi o senhor quem a poupou; mas, agora, o senhor deve pagar por isso, sobrevivendo e enlutando-se por ela". O velho homem, de repente, enxergou seu suplício por uma nova luz e reavaliou seu sofrimento nos termos significativos de um sacrifício por sua esposa.

Mesmo que essa história já lhes seja bem conhecida, o que vocês não conhecem é um comentário sobre ela feito por um psicanalista americano alguns meses atrás. Após ouvir esse relato, ele se levantou e disse: "Eu entendo o que o senhor quer dizer, Dr. Frankl; contudo, se partirmos do fato de que, por óbvio, seu paciente só vinha sofrendo assim pela morte da esposa porque, inconscientemente, ele sempre a odiara...".

Se vocês querem saber qual foi minha reação, eis o que respondi: "Pode bem ser verdade que, após fazer o paciente deitar no seu divã por quinhentas horas, você tenha concluído uma lavagem cerebral, doutrinando-o até o ponto em que ele confessasse: 'Sim, doutor, o senhor está certo! Eu odiei minha esposa esse tempo todo. Eu nunca a amei...'". Continuei: "Mas, então, você teria conseguido apenas privar aquele velho homem do único verdadeiro tesouro que ele ainda possuía: a perfeita vida conjugal que ele e a esposa construíram, o amor verdadeiro dos dois... Enquanto eu consegui, em um minuto, mobilizar nele uma significativa mudança em sua atitude, ou – falando francamente – trazer-lhe consolo".

A vontade de sentido de uma pessoa só pode ser evocada se o sentido em si puder ser elucidado como algo que se mostra essencialmente mais do que mera autoexpressão. Isso implica certo grau de objetividade, e, sem um mínimo de objetividade, o sentido nunca mereceria ser realizado, não valeria a pena. Nós não juntamos e atribuímos sentidos às coisas simplesmente; nós, na verdade, os encontramos; não inventamos os sentidos, nós os detectamos. (Não quero dizer nada além disso quando falo da objetividade do sentido). Por outro lado, contudo, uma investigação não tendenciosa também revelaria certa subjetividade inerente ao sentido, na medida em que o sentido da vida deve ser concebido como o sentido específico de uma vida pessoal em determinada situação. Cada ser humano é único, e a vida de cada homem é singular; ninguém é substituível, nenhuma vida humana é repetível. Essa dupla unicidade aumenta a responsabilidade humana. Em última instância, essa responsabilidade deriva do fato existencial de que a vida é uma corrente de perguntas às quais o homem deve responder ao responsabilizar-se pela vida, à qual ele responde ao ser responsável, ao tomar decisões, ao decidir que resposta deve dar a cada pergunta. E eu me arrisco a dizer que cada pergunta só tem uma resposta: a correta!

Isso não significa que o homem é sempre capaz de encontrar a resposta certa ou a solução para cada problema, de encontrar o sentido verdadeiro de sua existência. Na verdade, ocorre o oposto; na condição de um ser finito, ele não está isento da possibilidade de errar e, portanto, deve assumir o risco de equivocar-se. Mais uma vez cito Goethe, que, certa vez, disse: "Devemos sempre mirar no centro do alvo – ainda que saibamos que nem sempre o acertaremos". Ou, expressando a ideia de forma mais prosaica: devemos buscar atingir o absolutamente melhor – caso contrário, talvez não consigamos sequer chegar ao relativamente bom.

Quando falamos sobre a vontade de sentido, eu me referi à orientação ao sentido e à confrontação com o sentido; agora que estamos abordando a questão do sentido da vida, devo fazer referência à frustração de sentido ou frustração existencial. Esta representa o que poderia se chamar de neurose coletiva de nosso tempo. O coordenador estudantil de uma grande universidade americana me contou que, em seu trabalho de aconselhamento, ele vem sendo continuamente confrontado com estudantes que reclamam de uma falta de sentido para a vida, que são afligidos por aquele vazio interior que nomeei de "vazio existencial". Além disso, não são poucos os exemplos de suicídio entre estudantes que podem ser atribuídos a tal contexto.

Hoje, o que é necessário é complementar, não substituir, a assim chamada psicologia profunda com o que se pode chamar de psicologia das alturas. Tal psicologia faria justiça às aspirações e aos aspectos superiores do ser humano, incluindo suas frustrações. Freud era genial o suficiente para ter consciência das limitações de seu sistema, como quando confessou a Ludwig Binswanger que "sempre se confinara ao térreo e ao porão do edifício".[11]

Um psicólogo das alturas, no sentido traçado acima, mencionou certa vez que aquilo de que precisamos é "uma base de convicções e crenças tão forte que impulsione o indivíduo para fora de si, fazendo-o viver, e morrer, por algum objetivo mais nobre e melhor do que si mesmo" e que se deveria ensinar aos estudantes que "ideais são a matéria-prima da sobrevivência".[12]

E quem é o psicólogo das alturas que acabei de citar? O autor da frase não foi logoterapeuta nem psicoterapeuta, psiquiatra ou psicólogo, mas o astronauta coronel Glenn Jr.[13] – um psicólogo das "alturas", certamente...

---

[11] Ludwig Binswanger, *Sigmund Freud: Reminiscences of a Friendship*. New York, Grune & Stratton, 1957, p. 96.

[12] Isso não é nem idealismo nem materialismo; é, simplesmente, realismo. Eu sou o tipo de realista que Goethe foi, quando escreveu: "Se tomarmos o homem como ele é, nós o tornaremos pior; se tomarmos o homem como ele deve ser, nós o ajudaremos a tornar-se o que ele pode ser". Se eu meço a pressão sanguínea de um paciente e percebo que ela está um pouco elevada, comunicando logo o fato a ele, eu não estou, de fato, dizendo a verdade, pois ele ficará mais ansioso, e sua pressão aumentará ainda mais. Se, ao contrário, eu digo a ele que não precisa se preocupar, eu não estou contando uma mentira, porque ele logo se acalmará, e sua pressão sanguínea será normalizada.

[13] John Herschel Glenn Jr. (1921-2016) foi o primeiro astronauta americano a entrar em órbita. Na política, foi senador pelo Estado americano de Ohio por 25 anos. (N. T.)

II. Dinâmica Existencial e Escapismo Neurótico[1]

Cada vez mais psicanalistas afirmam estar sendo confrontados com um novo tipo de neurose, que se caracteriza, principalmente, pela perda de interesse e pela falta de iniciativa. Eles reclamam de que, nesses casos, a psicanálise convencional não é eficaz. Constantemente os psiquiatras vêm sendo consultados por pacientes que duvidam de que a vida tenha algum sentido. Chamei esse problema de "vazio existencial". Quanto à frequência desse fenômeno, cito uma pesquisa estatística realizada entre estudantes da Universidade de Viena: apenas 40% dos alunos (alemães, suíços e austríacos) que assistiram às minhas palestras em alemão afirmaram conhecer, por experiência própria, aquele sentimento de absurdidade última, ao passo que não 40% mas 81% dos estudantes (americanos) que frequentaram minhas conferências em inglês afirmaram conhecer a mesma experiência. Diante desses números, não devemos chegar à conclusão de que o vazio existencial é uma doença predominantemente americana, mas sim que tal problema se apresenta em concomitância com a industrialização.

O vácuo existencial parece emergir de uma dupla perda por parte do homem: a perda da segurança provida pelos instintos que cercam a vida de um animal e, mais recentemente, a perda daquelas tradições que governaram a vida humana em tempos passados. Hoje os instintos não dizem mais ao homem o que ele precisa fazer, nem as tradições o dirigem ao que ele deve fazer. Em breve ele mal

---

[1] Trabalho apresentado na *Conference on Existential Psychiatry*, em Toronto, Canadá, em 6 de maio de 1962.

saberá o que realmente quer fazer e será guiado pelo que as outras pessoas querem que ele faça, sucumbindo, assim, completamente ao conformismo.

Será que a psicoterapia está preparada para lidar com essa necessidade atual? Acima de tudo, considero perigoso enquadrar a busca de sentido por parte do homem em interpretações estereotipadas, tais como "nada mais que mecanismos de defesa" ou "racionalizações secundárias". Penso que tanto essa busca do homem pelo sentido quanto o próprio questionamento a respeito de um sentido para a existência, ou seja, suas aspirações e frustrações espirituais, devam ser tomadas em sua autenticidade e não simplesmente tranquilizadas ou diminuídas pelo processo analítico.[2] Dessa forma, não posso partilhar da opinião de Freud, tal como ele a declarou numa carta à princesa Bonaparte: "No momento em que um homem questiona o sentido e o valor da vida, ele está doente".[3] Na verdade, acredito que um homem nessa situação só está provando ser um verdadeiro ser humano. Recordo-me de como meu professor de ciências no ensino médio, certa vez, explicou que, em última análise, a vida nada mais é que um processo de oxidação. Quando ouvi isso, pulei da cadeira e, entusiasticamente, perguntei-lhe: "Se é assim, então que sentido tem a vida?". Pode bem ser que, com essa pergunta, tenha atualizado minha individualidade espiritual pela primeira vez.

Mais que mera "racionalização secundária" de impulsos instintivos, a luta por encontrar um sentido na vida constitui uma força motivacional primária no homem. Em logoterapia falamos, nesse contexto, de uma vontade de sentido, em distinção tanto ao princípio do prazer quanto à vontade de poder. Na verdade, o "prazer" não é o objetivo dos esforços humanos, mas sim, subproduto da consecução de tais esforços. E "poder" não é um fim em si, mas um meio para um fim. Dessa forma, a escola do "princípio do prazer" confunde um efeito

---

[2] Um paciente meu, professor universitário em Viena, foi encaminhado à minha clínica por estar-se atormentando a respeito do sentido da vida. Revelou-se que ele sofria de uma depressão endógena recorrente. Contudo, ele não duvidava do sentido da vida durante os períodos ativos de sua doença psíquica, mas sim nos intervalos em que se encontrava saudável.

[3] *Letters of Sigmund Freud*. Ed. Ernst L. Freud. New York, Basic Books, 1960.

colateral com um objetivo, ao passo que a escola da "vontade de poder" confunde um meio com um fim.

A psicoterapia busca trazer à consciência do paciente aquilo por que ele realmente anseia na profundidade de seu ser. Ao tornar algo consciente, contudo, a logoterapia não se restringe ao inconsciente instintivo, mas também se ocupa das aspirações espirituais do homem: ela tenta provocar seus esforços por um sentido na vida e esclarecer esse sentido, o sentido de sua existência. Em outras palavras, devemos aprofundar a autocompreensão de nossos pacientes não apenas no nível sub-humano, mas também no nível humano. Chegou a hora de complementar a assim chamada psicologia profunda com o que se pode chamar de psicologia das alturas.

Na logoterapia, o paciente é, de fato, confrontado com sentidos e propósitos e desafiado a realizá-los. Nesse ponto, pode-se levantar a questão a respeito de se o paciente não é sobrecarregado com essa confrontação. No entanto, na era do vazio existencial, o perigo reside muito mais no fato de o homem não ser desafiado o suficiente. A patologia resulta não apenas do estresse, mas também do alívio do estresse, que pode terminar num vazio. Uma falta de tensão criada pela perda do sentido é uma ameaça tão perigosa à saúde mental quanto uma tensão alta. A tensão não é algo a ser evitado indiscriminadamente. O ser humano não precisa de homeostase a qualquer custo. Precisa, sim, de uma quantidade sadia de tensão, tal como aquela provocada pelo caráter de exigência (*Aufforderungscharakter*) inerente ao sentido da existência humana. Como a limalha de ferro num campo magnético, a vida humana é ordenada por meio de sua orientação ao sentido. Dessa forma, um campo de tensão se estabelece entre o que o homem é e o que ele deve ser. Nesse campo, está operando uma dinâmica existencial, como costumo chamar. Por meio dessa dinâmica, o homem é atraído, em vez de impulsionado; em vez de ser determinado pelo sentido, é ele que decide se sua vida deve ser estruturada pelo caráter de exigência de um sentido para sua vida.

Da mesma forma que o homem necessita da força de atração da gravidade (ao menos em seu estilo de vida usual), ele também precisa da força de atração que emana do sentido de sua existência. Ele precisa do chamado e do desafio para realizar esse sentido. O impacto da dinâmica existencial tal como ela aparece no conceito logoterapêutico de "orientação ao sentido" foi demonstrado por Kotchen, quando ele encontrou uma correlação significativamente positiva entre orientação ao sentido e saúde mental.[4] Além disso, Davis, McCourt e Solomon indicaram que as alucinações que ocorrem durante a privação sensorial não podiam ser evitadas simplesmente fornecendo percepções sensoriais aleatórias ao sujeito, mas apenas restaurando um contato significativo com o mundo exterior.[5] Por fim, Pearl Schroeder reportou que clientes com alto grau de responsabilidade demonstraram mais avanços em terapia do que indivíduos que tinham baixo senso de responsabilidade.[6]

Uma forte orientação ao sentido pode também ter um efeito prolongador ou até mesmo salvador da vida. Quanto ao primeiro efeito, permitam-me lembrar o fato de que Goethe trabalhou sete anos para completar a segunda parte de *Fausto*. Finalmente, em janeiro de 1832, ele selou o manuscrito; dois meses depois veio a falecer. Atrevo-me a dizer que, durante seus sete últimos anos de vida, biologicamente falando, ele viveu além de seus recursos. A data de sua morte já estava vencida, mas ele se manteve vivo até o momento em que sua obra foi completada, e o sentido realizado. Quanto ao efeito salva-vidas da orientação ao sentido, faço referência às minhas experiências clínicas e metaclínicas reunidas no laboratório vivo dos campos de concentração.[7]

Ao enfatizar a influência benéfica e decisiva da orientação ao sentido na preservação ou restauração da saúde mental, não estou, de modo algum, depreciando valiosos recursos da psiquiatria, como a eletroconvulsoterapia (ECT), fármacos tranquilizantes ou, até mesmo, a lobotomia. Em 1952, antes que se iniciasse

---

[4] Theodore A. Kotchen, "Existential Mental Health, An Empirical Approach". In: *Journal of Individual Psychology*, 16: 174, 1960.

[5] John M. Davis; William F. McCourt; Philip Solomon, "The Effect of Visual Stimulation on Hallucinations and other Mental Experiences During Sensory Deprivation". In: *The American Journal of Psychiatry*, 116: 889, 1960.

[6] Pearl Schroeder, "Client Acceptance of Responsibility and Difficulty of Therapy". In: *Journal of Consulting Psychology*, 24: 467, 1960.

[7] Uma apresentação e uma análise mais detida dessas experiências podem ser encontradas na obra *Em Busca de Sentido: Um Psicólogo no Campo de Concentração*. Petrópolis, Vozes, 1991. (N. T.)

a moda do Miltown,[8] eu já havia desenvolvido o primeiro tranquilizante na Europa continental. E em várias oportunidades, ao longo do meu trabalho clínico, diagnostiquei indicações para lobotomia, e, em alguns casos, eu mesmo a executei, nunca encontrando alguma razão posterior para me arrepender da cirurgia. Da mesma forma, não devemos privar o paciente, em casos severos de depressão endógena, do alívio que a ECT pode prover. Considero um equívoco dizer que, em tais casos de depressão, os sentimentos de culpa não deveriam ser tratados com choque, porque uma culpa autêntica subjaz ao problema. Em certo sentido, todos nós já nos sentimos culpados durante o curso de nossa vida; essa culpa existencial é inerente à condição humana. Um paciente que sofre de depressão endógena, no entanto, experimenta essa culpa de modo patologicamente distorcido. Isso não nos permite inferir que a culpa existencial é a causa dessa depressão endógena. Essa depressão apenas faz emergir uma consciência anormal dessa culpa. Assim como o surgimento de um recife no mar durante uma maré baixa não é a causa dessa maré baixa, mas é causada por ela, os sentimentos de culpa que aparecem no curso de uma depressão endógena – uma maré baixa emocional – não são a causa da depressão. Além disso, a confrontação de um paciente nesse estado com sua culpa existencial pode muito bem intensificar sua tendência à autoacusação, a ponto de provocar um suicídio.

Isso é diferente de uma depressão neurótica. Aqui o escapismo tipicamente neurótico deve ser removido. Esse escapismo não se refere somente à culpa, mas também aos dois outros constituintes daquilo que chamo de tríade trágica da existência humana, a saber: sofrimento e morte. O ser humano deve aceitar sua finitude em três aspectos. Ele deve encarar o fato de que 1) é falível e fracassa; 2) sofre; e 3) irá morrer. Assim, após termos abordado o tema da culpa, vejamos a questão do sofrimento e da morte.

É um princípio logoterapêutico afirmar que o sentido pode ser encontrado não apenas por meio da ação ou da experiência de valores, mas também por meio

---

[8] Frankl faz referência ao psicofármaco Meprobamato, lançado pelos Laboratórios Wallace, em 1955, sob o nome comercial de Miltown, que atingiu enorme sucesso comercial nos Estados Unidos. O Miltown é considerado por muitos o primeiro ansiolítico industrial. (N. T.)

do sofrimento. É por essa razão que a vida nunca cessa de ter e reter sentido, até o último instante. Até mesmo diante de um destino inevitável, como por exemplo uma doença incurável, ainda é concedida ao homem a oportunidade de realizar o sentido mais profundo possível. O que importará, aí, será a atitude que ele assume diante de seu sofrimento. A vida pode ter sentido 1) por meio do que damos ao mundo em termos do que criamos; 2) por meio do que tomamos do mundo com relação a nossa experiência; e 3) pela postura que assumimos diante do mundo, isto é, a atitude que tomamos perante o sofrimento.

Permitam-me ilustrar o que digo:

> Certa vez um velho clínico geral me consultou por causa de uma severa depressão. Ele não conseguia superar a perda da esposa, que morrera havia dois anos e que fora amada por ele acima de tudo na vida. Como eu poderia ajudá-lo? O que eu deveria dizer a ele? Bem, evitei dizer-lhe qualquer coisa; em vez disso, confrontei-o com a seguinte pergunta: "O que teria acontecido, doutor, se o senhor tivesse morrido antes e sua esposa houvesse sobrevivido?". "Oh", disse ele, "isso teria sido terrível para ela; como ela teria sofrido!" Ao que respondi: "Veja, doutor, ela foi poupada de tal sofrimento; e foi o senhor quem a poupou; mas agora o senhor deve pagar por isso, sobrevivendo e enlutando-se por ela". Ele não disse uma palavra, mas apertou minha mão e, calmamente, deixou meu consultório. O sofrimento deixa de ser sofrimento, de alguma forma, quando encontra um sentido, tal como o sentido de um sacrifício.

Obviamente, isso não foi uma terapia, no sentido próprio da palavra, já que, primeiramente, o desespero do velho médico não era uma doença, e em segundo lugar eu não poderia alterar seu destino – eu não poderia trazer sua esposa de volta. Mas, ao menos, consegui modificar a atitude dele diante de um destino inalterável, de modo que, a partir dali, ele pudesse ver um sentido para seu sofrimento. A logoterapia insiste em que a preocupação primordial do ser humano não é a de buscar prazer ou de evitar a dor, mas sim a de encontrar um sentido para a vida. Dessa forma, vemos que o homem está pronto para sofrer, se ele se convencer de que seu sofrimento tem um sentido.

A logoterapia ensina que a liberdade humana não é uma liberdade de condicionamentos, mas sim liberdade para assumir uma atitude diante de condicionamentos. Dessa maneira, decidir-se sobre a própria atitude perante o sofrimento significa exercer essa liberdade. Ao fazer isso, o ser humano, em certo sentido, transcende o mundo e seu sofrimento. Tentarei ilustrar isso por meio de uma experiência pela qual passei nos meus primeiros dias no campo de concentração de Auschwitz. As chances de sobrevivência lá eram de apenas uma em vinte. Nem mesmo o manuscrito de um livro que eu havia escondido no forro de meu casaco eu poderia salvar. Esse manuscrito era a primeira versão do meu livro *The Doctor and the Soul: An Introduction to Logotherapy*,[9] que posteriormente, em 1955, teve a tradução para a língua inglesa publicada por Alfred A. Knopf, em Nova York. No campo de concentração, fui forçado a ceder minhas roupas com o manuscrito. Dessa forma, tive de superar a perda desse meu filho espiritual, por assim dizer, e tive de enfrentar o questionamento a respeito dessa perda, por exemplo se ela não tornaria minha vida vazia de sentido. Uma resposta a essa pergunta me foi logo fornecida. Em troca de minhas roupas, deram-me os trapos de um prisioneiro que já havia sido enviado às câmaras de gás. Em um dos bolsos encontrei uma única página arrancada de um livro judeu de orações. Ela continha a principal prece judaica, *Shema Yisrael*, isto é, o mandamento "Amarás teu Deus com todo teu coração, com toda tua alma e com todas as tuas forças", ou, como também se pode interpretar, trata-se do mandamento de dizer "sim" à vida, apesar de tudo que se tiver de enfrentar, seja sofrendo, seja até mesmo morrendo. Uma vida, disse a mim mesmo, cujo sentido dependa da possibilidade ou não de se publicar um manuscrito, em última instância, não valeria a pena ser vivida. Então, nessa única página que substituiu as muitas laudas de meu manuscrito, vi um chamado simbólico para, dali em diante, viver minhas ideias, em vez de, simplesmente, colocá-las no papel.

Aqui, gostaria de reportar o seguinte caso:

A mãe de dois garotos deu entrada em minha clínica após uma tentativa de suicídio. Um de seus filhos era deficiente, em virtude de uma paralisia

---

[9] Obra publicada no Brasil com o título de *Psicoterapia e Sentido da Vida* pela Editora Quadrante. (N. T.)

infantil, e só poderia se movimentar numa cadeira de rodas. O outro filho morrera havia pouco, aos onze anos. Meu colega Dr. Kocourek convidou essa senhora a participar de um grupo terapêutico. Enquanto ele conduzia um psicodrama com o grupo, ocorreu de eu entrar na sala no momento em que ela contava sua história. Ela se rebelava contra o destino, não conseguia superar a perda do filho, mas, quando tentou tirar a própria vida, foi o filho deficiente que a impediu. Para ele, a vida permanecia significativa. Por que não, então, para sua mãe? Como poderíamos ajudá-la a encontrar um sentido?

Perguntei a outra mulher no grupo qual era a idade dela, ao que ela respondeu que tinha trinta anos. Repliquei incisivamente: "Não, você não tem trinta, mas sim oitenta anos agora, e está deitada no leito de morte. Você está olhando retrospectivamente para a vida que teve, uma vida sem filhos mas cheia de sucesso financeiro e prestígio social". Logo, convidei-a a imaginar o que sentiria em tal situação. "O que você pensará disso tudo? O que dirá a si mesma?" Permitam-me citar a resposta dela tal como foi gravada em fita naquela sessão: "Oh, casei com um milionário; tive uma vida fácil e cheia de riquezas. E aproveitei bem tudo isso! Flertei com homens, provoquei-os! Mas agora tenho oitenta anos. Não tenho filhos. Olhando para trás como uma mulher idosa, não consigo ver para que foi tudo isso; na verdade, devo dizer, minha vida foi um fracasso!".

Em seguida, convidei a mãe do garoto deficiente a imaginar-se na mesma situação. Novamente cito a gravação: "Desejei ter filhos, e esse desejo foi realizado. Um deles morreu, e o outro, no entanto, o deficiente físico, teria sido enviado a uma instituição se eu não tivesse assumido seus cuidados. Apesar de seu problema físico e de sua impotência, ele é, afinal, meu menino. Então possibilitei a ele uma vida mais plena; fiz de meu filho um ser humano melhor". Nesse momento ela irrompeu em lágrimas, mas continuou: "Da minha parte, posso olhar minha vida retrospectivamente em paz, porque posso dizer que minha vida foi cheia de sentido e que me empenhei em preenchê-la; fiz o melhor que podia – fiz o melhor para meu filho. Minha vida não foi um fracasso!". Antecipando um balanço de sua vida sob a perspectiva de seu leito de morte, ela, repentinamente, conseguiu ver sentido na vida, um sentido que até incluía todos os seus sofrimentos. Da mesma forma, tornou-se claro para ela que até mesmo uma vida de curta duração, como a de seu falecido filho, poderia ser tão rica de alegria e amor a ponto de conter mais sentido do que a vida de alguém de oitenta anos.

Por meio de um sofrimento reto e digno, o ser humano transcende a dimensão do sucesso e do fracasso que prevalece no mundo corporativo de hoje. Um homem de negócios se movimenta entre os polos do fracasso e do sucesso.

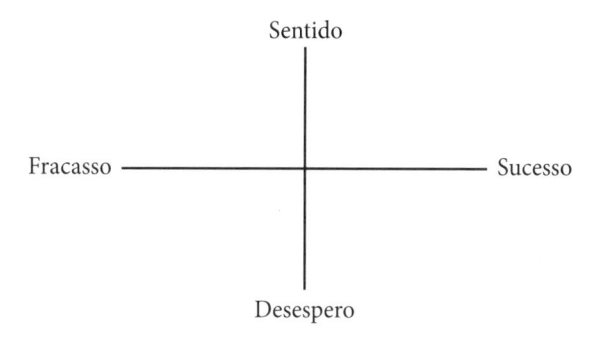

```
                  Sentido
                    │
                    │
   Fracasso ────────┼──────── Sucesso
                    │
                    │
                 Desespero
```

O *Homo patiens*, no entanto, eleva-se sobre essa dimensão; ele se movimenta entre os polos do sentido e do desespero, os quais se encontram numa linha perpendicular àquela do sucesso e do fracasso. O que quero dizer com isto? Alguém pode viver uma vida cheia de prazer e poder e, ainda assim, ser tomado pelo sentimento derradeiro de falta de sentido. Apenas recordem-se da paciente cujo balanço de vida eu citei primeiro. Em contrapartida, é perfeitamente possível que um homem tenha de enfrentar uma situação para além de qualquer esperança e, ainda assim, poder preencher o sentido da vida. Ele pode ser privado de riqueza e saúde e, contudo, estar disposto e apto a sofrer, seja pelo bem de uma causa com a qual se comprometeu, seja por amor a alguém, seja por Deus. Lembre-se, agora, da paciente que citei por último. Tal conquista, certamente, é um entrave, pura tolice do ponto de vista dos materialistas, e só pode ser compreendida nos termos do diagrama esboçado acima.

Por meio dessa liberdade, o ser humano não apenas é capaz de distanciar-se do mundo, mas é também capaz de distanciar-se de si mesmo. Em outras palavras, o homem pode assumir uma posição diante de si mesmo; como pessoa espiritual, ele pode escolher uma atitude diante de seu próprio caráter psicológico. A seguinte história constitui uma boa ilustração dessa capacidade especificamente humana de autodistanciamento. Durante a Primeira Guerra Mundial, um judeu, médico militar do Exército austríaco, sentava-se perto de um coronel quando um tiroteio pesado teve início. Provocativamente, o coronel disse: "Isto é só mais uma prova de que a raça ariana é superior à semítica! Você está com medo, não está?". "Claro que sim, estou com medo", foi a resposta do médico. "Mas quem é superior? Se você, meu caro coronel, estivesse com tanto medo como estou agora, você já teria fugido há muito tempo." Medo e ansiedade, como tais, não importam. O que importa é nossa atitude diante dos fatos, mais que os fatos em si. Isso também se aplica aos fatos de nossa vida interior.

A capacidade especificamente humana para o autodistanciamento é também mobilizada por uma técnica logoterapêutica especial, que batizei de "intenção paradoxal". Hans O. Gerz, diretor clínico do Connecticut Valley Hospital, tem obtido resultados notáveis na aplicação dessa técnica.[10] Nesse contexto, gosto de citar o professor Tweedie, que afirma em seu livro sobre logoterapia: "(...) a logoterapia, contrariamente às tantas assim chamadas psicoterapias existenciais, tem um procedimento terapêutico explícito a oferecer".[11]

Atualmente, o exercício dessa liberdade é, por vezes, dificultado pelo que chamo de um paralisante pandeterminismo, que é tão disseminado na psicologia.[12] O pandeterminismo do médico faz o jogo do fatalismo do paciente, reforçando, dessa maneira, a neurose deste.[13] Há, por exemplo, o argumento de que a vida religiosa de uma pessoa é completamente condicionada pelas experiências de sua primeira infância – que seu conceito de Deus é formado de acordo com

---

[10] Ver Capítulo XV, p. 205.

[11] Donald F. Tweedie Jr., *Logotherapy and the Christian Faith: An Evaluation of Frankl's Existential Approach to Psychotherapy*. Grand Rapids, Baker Book House, 1961.

[12] Paul E. Johnson, "Logotherapy: A Corrective for Determinism". In: *Christian Advocate*, 5: 12, 1961.

[13] Godfryd Kaczanowski, "Frankl's Logotherapy". In: *The American Journal of Psychiatry*, 117: 563, 1960.

sua imagem paterna. No intuito de obter informações mais precisas acerca dessa correlação, pedi que minha equipe no Hospital Policlínico de Viena avaliasse os pacientes que visitaram o ambulatório em determinado dia. A triagem mostrou que vinte e três pacientes tinham uma imagem paterna positiva, e treze, uma imagem negativa. Mas apenas dezesseis dos sujeitos com imagem paterna positiva, e somente dois daqueles com imagem paterna negativa deixaram-se ser totalmente determinados por essas imagens em seus respectivos desenvolvimentos religiosos. Metade do total desenvolveu seus conceitos religiosos independentemente de suas imagens paternas. Dessa forma, metade dos sujeitos demonstrou aquilo que a educação fez deles, já metade exibiu aquilo que, por meio de decisão, eles fizeram de si mesmos. Uma vida religiosa empobrecida não pode sempre remontar ao impacto de uma imagem paterna negativa (sete dos sujeitos avaliados). Nem mesmo a pior imagem paterna vai, necessariamente, impedir alguém de estabelecer uma relação saudável com Deus (onze dos sujeitos).

Nesse ponto, estou preparado para enfrentar uma objeção por parte dos teólogos, já que se poderia dizer que o desenvolvimento de uma crença religiosa, apesar de condições educacionais desfavoráveis, seria inconcebível sem a intervenção da graça divina: se o ser humano deve crer em Deus, ele tem de ser ajudado pela graça. Contudo, não se pode esquecer que minha investigação se move no interior do quadro de referência da psicologia, ou melhor, da antropologia, isto é, no nível humano. A graça, no entanto, reside no plano supra-humano e, portanto, aparece no plano humano apenas como uma projeção. Em outras palavras, o que, no plano natural, assume a aparência de uma decisão humana pode bem ser interpretado, no plano sobrenatural, como a assistência sustentadora de Deus. A logoterapia, como teoria e prática secular que é, abstém-se, obviamente, de deixar os limites da ciência médica. Ela pode abrir a porta à religião, mas é o paciente, e não o médico, que deve decidir se quer atravessar tal porta.[14]

Em todo caso, devemos ter cuidado em interpretar a religião meramente quanto ao resultado de uma psicodinâmica, isto é, com base no campo da

---

[14] Ferdinand Birnbaum, "Frankl's Existential Psychology from the Viewpoint of Individual Psychology". In: *Journal of Individual Psychology*, 17: 162, 1961.

motivação inconsciente. Se fizéssemos isso, perderíamos o foco e não enxergaríamos o fenômeno em sua autenticidade. Ou a liberdade humana de decisão a favor de Deus ou contra ele é respeitada ou, de fato, a religião é um delírio, e a educação, uma ilusão.

O que ameaça o homem é sua culpa no passado e sua morte no futuro. Ambas são inescapáveis, mas ambas devem ser aceitas. Assim, o homem é confrontado com a condição humana no que se refere a sua falibilidade e mortalidade. Propriamente compreendida, é, contudo, precisamente a aceitação dessa dupla finitude humana que contribui para o valor da vida, já que apenas diante da culpa faz sentido melhorar, e apenas diante da morte tem sentido agir.

É essa exata transitoriedade da existência do homem que funda a responsabilidade [*responsibleness*] humana – a essência da existência. Se o ser humano fosse imortal, ele estaria justificado em postergar tudo; não haveria nenhuma necessidade de fazer algo exatamente agora. Apenas sob a pressão e urgência da transitoriedade da vida é que faz sentido usar o tempo que passa. Na verdade, os únicos aspectos transitórios da vida são as potencialidades; assim que conseguimos realizar uma potencialidade, nós a transmutamos em uma realidade, salvando-a e resgatando-a, assim, no passado. Uma vez realidade, realidade será para sempre. Tudo no passado está a salvo da transitoriedade. No passado, tudo está irrevogavelmente guardado, em vez de irrecuperavelmente perdido. Ter sido é, ainda, uma forma de ser, talvez, até sua forma mais segura. O que o ser humano fez não pode ser desfeito. Creio que isso implica tanto ativismo quanto otimismo. O homem é convocado a fazer o melhor uso de cada momento e a melhor escolha a cada instante, seja saber o que fazer, a quem amar, seja como sofrer. Isso significa ativismo.[15] Quanto ao otimismo, permitam-me relembrá-los das palavras de Lao-Tsé: "Ter completado uma tarefa significa tê-la eternizado". Eu diria que isso vale não só para a conclusão de uma tarefa, mas para nossas experiências, e por último, mas não menos importante, para nosso sofrimento vivido com bravura também.

---

[15] Ativismo aqui é entendido no sentido filosófico, como "ser ativo" (transformação da realidade por meio de ação prática). (N. RT.)

Figurativamente, pode-se dizer que o pessimista faz lembrar aquela pessoa que observa com medo e tristeza como o calendário na parede, do qual ele destaca diariamente uma folha, torna-se cada vez mais fino com o passar dos dias. Contudo, alguém que leva a vida no sentido sugerido acima é como aquela pessoa que remove cada folha e a arquiva cuidadosamente, após ter escrito algumas notas no verso. Ele pode refletir com orgulho e alegria sobre toda a riqueza deixada naquelas notas, em toda a vida que ele já viveu ao máximo.

Até mesmo pessoas em idade mais avançada não deveriam invejar os mais jovens. Por que deveriam? Pelas possibilidades que um jovem tem? Pelo seu futuro? Não. Eu devo dizer que, em vez de possibilidades no futuro, os mais velhos têm realidades no passado: trabalho realizado, amor amado e sofrimento sofrido – sendo este o mais digno de orgulho, ainda que dificilmente venha causar inveja a alguém.

Foi Edith Weisskopf-Joelson, da Universidade de Duke, que, em seu trabalho sobre logoterapia, apontou para a possibilidade de que esta escola pode contrapor-se ao medo do envelhecimento e do sofrimento, o que ela considera uma tendência pouco saudável na cultura atual dos Estados Unidos.[16] Não posso concluir este trabalho sem citar outra personalidade que, do outro lado do Atlântico, considerou meu ensinamento digno de apoio. Martin Heidegger, durante uma visita a minha casa, discutiu comigo minha perspectiva otimista sobre o passado tal como a apresentei aqui. No intuito de mostrar quanto concordara comigo, ele escreveu no meu livro de visitas as seguintes linhas:

Das Vergangene geht;
Das Gewesene kommt.

Que, em português,[17] significa:

O que passou se foi;
O que é passado virá.

---

[16] Edith Weisskopf-Joelson, "Logotherapy and Existential Analysis". In: *Acta Psychotherapeutica*, 6: 193, 1958.

[17] No original em inglês: "*What has passed, has gone; What is past, will come*". (N. T.)

Imaginem que consolo a atitude logoterapêutica diante do passado traria, digamos, a uma viúva de guerra que experimentou apenas, por exemplo, duas semanas de júbilo matrimonial. Ela sentiria que essa experiência jamais poderia ser tirada dela, sendo-lhe um tesouro inviolável, preservado e entregue ao passado. Sua vida jamais poderá tornar-se sem sentido, mesmo que ela não venha a ter filhos. Aliás, a pressuposição de que a procriação seria o único sentido da vida é autocontraditória e derrota-se a si mesma; algo que, por si, não tivesse sentido não poderia tornar-se significativo, meramente, por sua perpetuação.

Não é uma tarefa menor da psiquiatria trazer reconciliação e dar consolo: o ser humano deve reconciliar-se com sua finitude e capacitar-se a encarar a transitoriedade da vida. Com esses esforços, a psicoterapia, de fato, toca o domínio da religião. Há, aí, um suficiente terreno comum para garantir uma aproximação mútua. Aproximar-se, contudo, não significa confundir-se. Ainda permanece a diferença essencial entre os respectivos objetivos da psicoterapia e da religião. O objetivo da psicoterapia, da psiquiatria e, de maneira geral, da medicina é o da saúde. O objetivo da religião, no entanto, é algo essencialmente diferente: o da salvação. Até aqui, a diferença de objetivos. Quanto aos resultados atingidos, no entanto, trata-se de outra questão. Apesar de a religião não ter como objetivo a saúde mental, aquela pode resultar nesta. A psicoterapia, por sua vez, frequentemente, traz um subproduto análogo; ainda que o médico não esteja – e nem deve estar – preocupado em ajudar o paciente a retomar sua crença em Deus, muitas vezes, isso é exatamente o que ocorre, ainda que de maneira não intencional e inesperada.

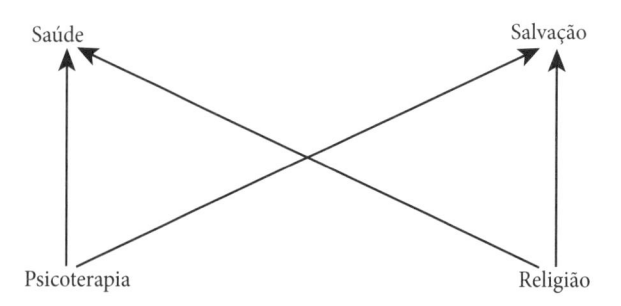

```
    Saúde                          Salvação
      ↑  ╲                       ╱  ↑
          ╲                    ╱
            ╲               ╱
              ╲          ╱
                ╲     ╱
                  ╳
                ╱    ╲
              ╱         ╲
            ╱               ╲
          ╱                    ╲
        ╱                          ╲
  Psicoterapia                    Religião
```

Como, no entanto, isso ocorre na situação real? Permitam-me voltar à sessão de grupo logoterapêutico, ou logodrama, que mencionei anteriormente. Durante a discussão sobre o sentido do sofrimento, perguntei ao grupo inteiro se um macaco, que sofre diversas punções no intuito de se desenvolver uma vacina para a poliomielite, conseguiria compreender o sentido de seu sofrimento. De maneira unânime, o grupo respondeu: "Claro que não! Por causa de sua inteligência limitada, ele não pode entrar no mundo humano, ou seja, no mundo em que o sofrimento dele possa ser compreensível". Nesse ponto, pressionei-os adiante com mais este questionamento: "E quanto ao homem? Vocês têm certeza de que o mundo humano é o ponto final na evolução do cosmos? Não seria concebível, ainda, haver outra dimensão, um mundo para além do mundo humano; um mundo em que a pergunta acerca do sentido último para o sofrimento do homem tivesse uma resposta?".

Por sua própria natureza, esse sentido último excede a limitada capacidade intelectual do ser humano. Contrastando com aqueles autores existencialistas que afirmam que o homem deve enfrentar a absurdidade última de ser homem, argumento que aquilo que o homem deve suportar é sua incapacidade de compreender o sentido último por meios intelectuais. O ser humano é somente convocado a decidir entre as alternativas "absurdidade última ou sentido último" por meios existenciais, pelo modo de existência que ele escolher. É no "Como" da existência, eu diria, que reside a resposta para a pergunta a seu "Por quê?".

Dessa forma, o sentido último não é mais uma questão de conhecimento intelectual, mas de compromisso existencial. Pode-se também dizer que o sentido pode ser compreendido, mas que o sentido último deve ser interpretado. Uma interpretação, no entanto, envolve uma decisão. A realidade é intrinsecamente ambígua, já que permite uma variedade de interpretações. O homem, ao escolher uma dessas interpretações, encontra-se em uma situação semelhante à de um teste projetivo. Para ilustrar isso, permitam-me narrar a seguinte experiência.

Pouco antes de os Estados Unidos entrarem na Segunda Guerra Mundial, fui chamado ao Consulado Americano em Viena para receber meu visto de imigração. Meus velhos pais esperavam que eu deixasse a Áustria assim que o visto fosse concedido. Contudo, no último momento, hesitei: será que eu deveria deixar meus pais? Essa questão me perturbava. Eu sabia que, a qualquer momento, eles poderiam ser enviados para um campo de concentração. Será que eu não deveria ficar com eles? Enquanto me via às voltas com essa pergunta, achei que esse era o tipo de dilema que faria alguém desejar um sinal divino.[18] Foi então que notei um pedaço de mármore sobre uma mesa de nossa casa. Quando perguntei a meu pai sobre isso, ele me explicou que encontrara o tal pedaço no lugar onde os nazistas haviam destruído a maior sinagoga de Viena. Meu pai levou a pedra para casa porque era parte das tábuas que continham os Dez Mandamentos. O fragmento exibia uma letra hebraica gravada em dourado. Meu pai me explicou que essa letra era a abreviatura de um dos Mandamentos. Ansiosamente, perguntei: "De qual deles?". A resposta foi: "Honra a teu pai e tua mãe para que teus dias se prolonguem sobre a terra". Então, fiquei com meu pai e minha mãe sobre a terra e decidi deixar o visto americano expirar.

Reconhecer aquele pedaço de mármore como um sinal divino pode bem ser a expressão do fato de que eu, bem antes, no fundo do meu coração, já decidira permanecer lá. Eu apenas projetara essa decisão na aparência do pedaço de mármore. Da mesma forma, tratar-se-ia de uma autoexpressão se eu visse na pedra nada mais que $CaCO_3$ – apesar de que, aí, na verdade eu chamaria isso de uma projeção de um vazio existencial...

O homem não pode evitar decisões. A realidade força-o, inescapavelmente, a decidir. O ser humano toma decisões a cada momento, até sem querer e contra sua vontade. Por meio dessas decisões, o homem decide sobre si mesmo. Contínua e incessantemente, ele se configura e se reconfigura. O *agere sequitur esse*,[19] de Tomás de Aquino, não é senão metade da verdade: o homem não só se comporta de acordo com o que é, mas também se converte no que é de acordo com o

---

[18] No original inglês, *a hint from Heaven*. (N. T.)

[19] Princípio escolástico segundo o qual "o agir segue o ser". (N. T.)

modo como se comporta. O homem não é uma coisa entre outras coisas – as coisas determinam-se entre si –, mas o homem, em última instância, determina-se a si próprio. Aquilo que o ser humano se torna – dentro dos limites de sua dotação biológica e de seu meio – é fruto de sua decisão. Nos laboratórios vivos dos campos de concentração, vimos camaradas comportando-se como porcos, enquanto outros agiam como santos. O homem detém essas duas potencialidades dentro de si. Qual delas ele vai realizar depende da decisão, não dos condicionantes em si. Já é hora de essa qualidade decisória da existência humana ser incluída em nossa definição de homem. Nossa geração chegou a conhecer o homem como ele realmente é: o ser que inventou as câmaras de gás de Auschwitz e também o ser que adentrou essas câmaras de cabeça erguida, com o Pai-Nosso ou o *Shema Yisrael* nos lábios.

III. Para Além da Autorrealização e da Autoexpressão[1]

De acordo com McGregor, "todo comportamento humano se direciona à satisfação de necessidades".[2] Murelius identifica a satisfação de necessidades com a redução de tensão.[3] Dessa forma, quando Knickerbocker afirma que "a existência pode ser vista como uma luta contínua para satisfazer necessidades, aliviar tensões, manter o equilíbrio",[4] podemos concluir que tanto a satisfação de necessidades quanto a redução de tensões equivalem à manutenção de um equilíbrio; em outras palavras, a manutenção da homeostase. Essa conclusão é apoiada por Charlotte Bühler: "Das formulações mais antigas de Freud acerca do princípio do prazer à mais recente e atual versão da descarga de tensão e do princípio da homeostase (tal como, por exemplo, a apresentada no modelo de Rapaport), o imutável objetivo final de toda atividade ao longo da vida foi concebido nos termos de um restabelecimento do equilíbrio do indivíduo".[5]

Gordon W. Allport, no entanto, faz objeções a tal visão de homem: "A motivação é considerada um estado de tensão que nos leva a buscar equilíbrio,

---

[1] Trabalho lido na "Conference on Existential Psychotherapy", em Chicago, em 13 de dezembro de 1959.

[2] D. McGregor, "The Staff Function in Human Relations". In: *Journal of Social Issues*, 4: 5, 1948.

[3] O. Murelius, "Ethics and Psychology". In: *American Journal of Psychotherapy*, 12: 641, 1958.

[4] I. Knickerbocker, "Leadership: A Conception and Some Implications". In: *Journal of Social Issues*, 4: 23, 1948.

[5] Charlotte Bühler, "Basic Tendencies of Human Life, Theoretical and Clinical Considerations". In: *Sein und Sinn*. Ed. R. Wisser, Anniv. Vol. for Prof. von Rintelen (no prelo).

descanso, ajuste, satisfação ou homeostase. Desse ponto de vista, a personalidade não seria nada além de nossos modos habituais de reduzir tensão. Essa formulação falha em representar a natureza dos esforços pessoais.[6] A característica distintiva de tais esforços é a resistência ao equilíbrio: a tensão é mantida, em vez de reduzida".[7] A crítica de Maslow me parece apontar na mesma direção, quando ele afirma: "Homeostase, equilíbrio, adaptação, autopreservação, defesa e ajustamento são conceitos meramente negativos e devem ser suplementados por conceitos positivos".[8]

Contudo, em minha opinião, essas críticas não vão longe o suficiente. Elas não alcançam o argumento essencial, ou melhor dizendo, as falhas essenciais das visões de homem que o interpretam como um ser para o qual a realidade serve como nada mais que um meio para a finalidade de "satisfazer necessidades, reduzir tensões e/ou manter um equilíbrio". Dessa perspectiva, o ser humano é considerado de uma maneira que eu chamo de monadológica,[9] e seu vínculo com o mundo no qual ele existe é desconsiderado.

Numa visão monadológica do homem, não há lugar para nenhum encontro verdadeiro entre o homem, de um lado, e o mundo e seus objetos, de outro. Os objetos no mundo não são mais vistos em sua essência objetiva, mas, pelo contrário, apenas como ferramentas mais ou menos úteis para a manutenção da homeostase. Não há nenhum espaço restante para coisas como o compromisso para com uma causa por seu próprio valor, ou envolvimento com um parceiro pelo bem do próprio parceiro. Em vez disso, causas e parceiros são desvalorizados ao nível de

---

[6] Tradução livre da expressão *propriate striving*, termo técnico cunhado por Allport em sua teoria da personalidade como a última das sete funções do *proprium*, referindo-se aos esforços pessoais no sentido de comportamentos orientados para valores, ideais, planos e guiados por um senso de propósito na vida. (N. T.)

[7] Gordon W. Allport, *Becoming, Basic Considerations for a Psychology of Personality*. New Haven, Yule University Press, 1955.

[8] A. H. Maslow, *Motivation and Personality*. New York, Harper & Row, 1954, p. 367.

[9] Este termo refere-se a uma das principais obras de Leibniz, *Monadologia*, na qual ele fala das mônadas como fatores primários da realidade. Eu definiria as mônadas como átomos espirituais sem "janelas" para o mundo exterior, portanto sem nenhuma conexão com outras mônadas.

meros meios para um fim – o fim de restabelecer certas condições no sistema psíquico do sujeito. Na qualidade de meios, eles aparecem a este não como portadores de *valor* em si mesmos, mas como objetos de *uso* que deles se possa fazer.

Isso me traz à mente um fenômeno bem conhecido em casos de neurose sexual. Com frequência, ouvimos relatos de pacientes nessa condição de que se "masturbam sobre uma mulher", e com isso querem dizer que, às vezes, "usam" seus parceiros simplesmente com o propósito de reduzir tensão sexual. Como vemos, isso claramente corresponde àquela visão de homem à qual previamente nos referimos como "monadológica". Não se pode esquecer, contudo, de que tais casos são de natureza neurótica e, portanto, anormais. A abordagem normal do homem em direção ao mundo nunca é, primariamente, a de um relacionamento de meios e fins.

De fato, tal visão, centrada no relacionamento de meios e fins, corresponde ao que se observa em animais que foram expostos a certas condições artificiais. Refiro-me agora aos experimentos de autoestimulação descritos por Olds e Milner, Brady e Werner. Eles implantaram eletrodos no cérebro de ratos e, sob certas condições, isto é, quando os eletrodos foram posicionados em certos centros nervosos do hipotálamo e do rinencéfalo, o fechamento do circuito resultou num comportamento que poderia ser explicado apenas como satisfação de necessidade. Além disso, os animais, quando lhes deram a oportunidade de pressionar uma barra que fechava o circuito, logo começaram a fazê-lo continuamente. O aspecto mais impressionante desse experimento, contudo, parece-me ter sido a observação, por parte dos cientistas, de que os animais passaram, posteriormente, a ignorar a comida real e os parceiros sexuais reais. Foi, dessa forma, evidenciado pelos experimentos que, assim que os objetos do mundo de um sujeito são considerados meramente como meios para o fim da satisfação de uma necessidade, eles podem ser negligenciados ou até mesmo completamente omitidos. Aí, já não é mais necessário dirigir-se aos objetos; fechar o circuito elétrico é o suficiente.

Como Jung corretamente aponta, o que acabamos de afirmar vale apenas para animais em condição experimental, numa situação artificial, não sob circunstâncias normais. Isso prova que nem mesmo um animal é, em condições normais, ou ao menos primariamente, interessado na restauração daquela condição psíquica chamada de satisfação. *A fortiori*,[10] muito menos é o homem. De acordo com os conceitos logoterapêuticos, o ser humano não é primariamente interessado em nenhuma de suas condições psíquicas por si, mas é, de fato, orientado ao mundo, em direção ao mundo dos sentidos e valores potenciais que, por assim dizer, estão esperando para ser preenchidos e realizados por ele. Em logoterapia, falamos de uma "vontade de sentido",[11] que contrapomos ao princípio do prazer (que também poderíamos chamar de uma "vontade de prazer"), e, por outro lado, à assim chamada "vontade de poder".

Tal como geralmente aceito, o princípio do prazer inclui a evitação do desprazer. Desse modo, ele quase coincide com o princípio da redução de tensão. Contudo, devemos perguntar-nos se algo como uma vontade de sentido, na acepção de uma tendência primária a ser encontrada no homem, realmente existe. Ora, em minha opinião – e de acordo com algumas observações de Kant e Max Scheler – o prazer é, primária e normalmente, não um objetivo, mas um efeito, digamos um efeito colateral, da realização de uma tarefa. Em outras palavras, o prazer se estabelece de modo automático assim que se preenche um sentido ou se realiza um valor. Além disso, se um homem de fato tentar obter prazer fazendo deste seu alvo, ele necessariamente falhará, pois perderá de vista seu objetivo. Isso pode ser demonstrado com facilidade naqueles casos de neurose sexual em que nossos pacientes são prejudicados na experiência do prazer sexual precisamente porque buscam atingi-lo de forma direta. Quanto mais um homem busca demonstrar sua potência, ou quanto mais uma mulher tenta demonstrar sua habilidade para experimentar o orgasmo, tanto menos eles o conseguirão. Atrevo-me a dizer que não são poucos os casos de neurose sexual que podem remontar a tal ponto de partida.

Algo análogo vale também para outro fenômeno humano, por exemplo o fenômeno que é descrito pelo título de um famoso *best-seller*, *Paz do Espírito*.[12]

---

[10] "Com muito mais razão". (N. T.)

[11] V. E. Frankl, "The Will to Meaning". In: *The Journal of Pastoral Care*, 12: 828, 1958.

[12] Referência de Frankl à obra *Peace of Mind*, do rabino e escritor americano Joshua Loth Liebman (1907-1948), que, no fim de 1946, atingiu o topo na lista de livros mais vendidos do jornal *The New York Times*, posição que ocupou durante 58 semanas não consecutivas. (N. T.)

Podemos dar um passo além e afirmar que a "busca da felicidade" equivale a uma autocontradição: quanto mais lutamos por felicidade, menos a obtemos. A paz de espírito, também, deve ficar restrita a ser um efeito colateral, pois revela-se autodestrutiva quando transformada em intenção. Podemos ilustrar isso com aquela específica paz de espírito que é associada a uma consciência tranquila. Um homem que luta por uma condição em que ele possa, merecidamente, dizer "Eu tenho uma boa consciência" já representaria um caso de farisaísmo. Uma consciência realmente tranquila nunca pode ser alcançada por um esforço direto por ela, mas somente por meio de uma ação visando ao bem de uma causa, de uma pessoa envolvida, ou por amor a Deus. Uma boa consciência é uma daquelas coisas que só podem ocorrer como um efeito colateral não intencional, e que se destrói quando é perseguida diretamente. (Percebam o tipo de pessoa que busca diretamente uma boa saúde. Na medida em que assim procede, ela já adoeceu, exibindo aquela doença nervosa chamada hipocondria.) Isso pode ser estabelecido em uma simples fórmula: as metas da filosofia hedonista dos epicuristas e da filosofia quietista dos estoicos, a saber, felicidade e paz de espírito (ou, como esta foi chamada pelos gregos antigos, *ataraxia*), não podem ser o real objetivo do comportamento humano e não podem pelo motivo *a priori* de que elas fogem do ser humano, na mesma medida em que este se esforça diretamente por alcançá-las.

Parece-me, assim, que a atual tendência crescente ao vício em drogas tranquilizantes é um sinal de que o homem contemporâneo tem sido mais e mais seduzido a crer na ilusão de que ele pode, por meio de uma busca direta, alcançar a felicidade ou a paz de espírito. Ele não pode sequer lutar pela "paz da alma",[13] pois este tipo de paz, que aparentemente significa o restabelecimento de uma boa consciência, também escapa a seus esforços assim que se torna uma questão de intenção, em vez de permanecer na qualidade de efeito.

No quadro teórico de uma interpretação psicodinâmica da consciência, o ser humano se esforça em direção ao comportamento moral apenas com o intuito

---

[13] Aqui Frankl faz referência à obra *Peace of Soul*, de autoria do bispo católico Fulton John Sheen (1895-1979), publicada em 1949 como uma espécie de resposta ao livro de Liebman. A tradução brasileira chama-se *Angústia e Paz*. (N. T.)

de livrar-se do estímulo de uma má consciência ou, para nos atermos à terminologia psicodinâmica, do estímulo de um superego insatisfeito. Obviamente, tal visão do comportamento moral humano não alcança a verdadeira moralidade, que se inicia apenas quando o homem começou a agir pelo bem de algo ou de alguém, e não por si mesmo, isto é, por uma consciência tranquila ou para livrar-se de uma consciência pesada.

Voltando à questão levantada, isto é, se o princípio da homeostase é realmente aquele que guia o homem, podemos nos referir a um simples e bem conhecido fato, que, em minha opinião, demonstra que a homeostase nunca pode ser o objetivo último da vida. Qual seria o resultado se o ser humano tivesse a oportunidade de satisfazer completamente cada um de seus impulsos e necessidades? Certamente os resultados de tal experimento não consistiriam em uma experiência da mais profunda realização, mas, ao contrário, veríamos um frustrante vazio interior, um sentimento desesperado de vazio, ou, para usar um conceito logoterapêutico, uma consciência do próprio vazio existencial. Isso é o resultado da frustração da vontade de sentido mencionada anteriormente. Tendo em vista que podemos definir como existencial o que quer que esteja conectado não apenas à existência humana, mas também ao sentido dessa existência, podemos falar em frustração existencial, que é um importante conceito em logoterapia.

Hoje o vazio existencial do homem é de primeira – e continuamente crescente – importância. Isso se torna compreensível quando consideramos a dupla perda que o homem sofreu desde que se tornou um verdadeiro ser humano. Refiro-me ao fato de que, no começo da história humana, o homem foi privado dos instintos animais básicos, nos quais o comportamento animal está arraigado e pelos quais é assegurado. Tal segurança está, agora, tal como o Paraíso, fechada para sempre ao homem. Além disso, no entanto, o ser humano sofreu uma perda mais recente. As tradições que sustentavam seu comportamento estão rapidamente enfraquecendo, ao menos no que diz respeito ao seu caráter moralmente vinculante. O homem médio de hoje quase não sente nenhuma obrigação para com elas.

Uma pesquisa transversal foi conduzida por minha equipe no Hospital Policlínico de Viena tanto em pacientes dos ambulatórios de neurologia e de psicoterapia quanto no quadro de médicos e enfermeiros da mesma instituição. Esse estudo revelou que 55% das pessoas investigadas apresentaram um grau mais ou menos acentuado de frustração ou vácuo existencial. Mais de metade delas experimentaram a perda do sentimento de que a vida tem sentido.

A logoterapia ensina que esse vazio existencial, junto com outras causas, pode também resultar em doença neurótica. No quadro de referência dessa escola, tais neuroses são chamadas, em contraste com as neuroses psicogênicas (isto é, neuroses no sentido mais estrito da palavra), de neuroses noogênicas. Estas apresentam etiologia diferente das neuroses psicogênicas, pois originam-se em uma dimensão diferente da personalidade. Elas se originam na dimensão noética, em vez de na psíquica. Em outras palavras, nos casos de neuroses noogênicas, estamos lidando com enfermidades psicológicas que não têm, como ocorre com as neuroses psicogênicas, raízes em conflitos entre diferentes impulsos ou no choque entre componentes psíquicos, como os assim chamados id, ego e superego. Elas têm, de fato, origem em colisões entre diferentes valores ou no anseio e busca frustrados do homem por aquele valor hierarquicamente mais alto – um sentido último para sua vida. De maneira simplificada, estamos lidando, aí, com a frustração da luta humana por um sentido para sua existência – uma frustração de sua vontade de sentido. É desnecessário dizer que, em todos aqueles casos nos quais sintomas neuróticos remetem a uma frustração existencial, a logoterapia é indicada como o método apropriado de tratamento psicoterapêutico.

Deve-se notar que, quando falamos em sentido da existência de alguém, estamos, especificamente, nos referindo ao sentido *concreto* da existência pessoal. Da mesma forma, poderíamos falar de uma missão na vida, que indica que cada homem tem uma missão a realizar. Cada ser humano é único tanto em sua essência (*Sosein*) quanto em sua existência (*Dasein*), não sendo, assim, nem descartável nem substituível. Em outras palavras, ele é um indivíduo particular, com suas características pessoais únicas, experimentando um contexto histórico único, num mundo em que há oportunidades e obrigações especiais reservadas somente a ele.

Claro que nunca é tarefa do terapeuta dar um sentido à vida do paciente. Cabe ao paciente mesmo encontrar o sentido concreto de sua existência. O terapeuta apenas o auxilia nesse esforço. Dizer que ele deve encontrar o sentido implica que esse sentido deve ser descoberto, não inventado. Isso implica que o sentido da vida do indivíduo é, em certa acepção, objetivo.

Infelizmente, essa objetividade é, com frequência, negligenciada por alguns daqueles escritores que chamam a si mesmos de existencialistas. Apesar de nunca se cansarem de repetir *ad nauseam* que o homem é um "ser-no-mundo", eles parecem esquecer que o sentido também está "no mundo", não sendo, assim, meramente um fator subjetivo. O sentido é mais que mera autoexpressão ou uma projeção do *self no* mundo.

Aqui tocamos o problema daquele aspecto do *self* frequentemente mencionado nos dias de hoje na literatura psicológica, chamado de autorrealização. De acordo com Piotrowski, Kurt Goldstein "luta e argumenta contra a prevalente teoria motivacional que pressupõe que o motivo básico é a redução de tensão e o consequente restabelecimento de equilíbrio. Ele argumenta contra a homeostase como teoria da motivação e contra a ideia de que o objetivo dos impulsos é a eliminação da tensão perturbadora que eles produzem. Assim, ele argumenta contra o princípio do prazer freudiano e a teoria da liberação de tensões... Para Goldstein, um indivíduo cujo objetivo principal é o de simplesmente manter o nível de ajustamento está manifestando um sinal de doença... Autoexpressão ou autorrealização é a motivação última nos estados de saúde".[14] Charlotte Bühler assevera que "O conceito de autorrealização sofreu muitas variações de Nietzsche e Jung a Karen Horney, Erich Fromm, Kurt Goldstein, Frieda Fromm-Reichmann, Abraham Maslow, Carl Rogers e outros que parecem estar buscando uma teoria mais abrangente acerca do objetivo último da vida. Com outra conotação, tal conceito também aparece no contexto do pensamento existencialista".[15]

Elkin comenta criticamente, com especial atenção a Horney e Fromm, que "suas concepções assumiram conotações místicas. Isso relembra a

---

[14] Z. A. Piotrowski, "Basic Human Motives According to Kurt Goldstein". In: *American Journal of Psychotherapy*, 13: 553, 1959.

[15] Charlotte Bühler, "Theoretical Observations About Life's Basic Tendencies". In: *American Journal of Psychotherapy*, 13: 561, 1959.

concepção junguiana do *self*, cujas conotações místicas comparam-se, de perto, àquelas encontradas nas religiões orientais".[16] Minha crítica, contudo, vem de uma direção diferente. O principal erro em apontar a autorrealização como a "motivação última" é o de que, novamente, essa concepção desvaloriza o mundo e seus objetos como meros meios para um fim. De fato, A. H. Maslow explicitamente argumenta que o "ambiente nada mais é que um meio para os fins de autorrealização da pessoa".[17]

Logo, devemos agora propor a pergunta: a intenção primária do homem, ou até mesmo sua destinação última, poderia, ou não, ser apropriadamente descrita pelo termo autorrealização? Eu arriscaria uma resposta estritamente negativa para tal questão. Parece-me bastante óbvio que a autorrealização é um efeito e não pode ser o objeto de intenção. Refletida nesse fato está a verdade antropológica fundamental de que a autotranscendência é uma das característisticas básicas da existência humana. Apenas na medida em que o ser humano se esquece de si mesmo, para se liberar do interesse e da atenção egocêntricos, é que ele alcança um modo autêntico de existência. Essa regra encontra sua aplicação e validação clínicas nas técnicas logoterapêuticas da derreflexão e da intenção paradoxal.[18]

Charlotte Bühler estava, em minha opinião, bastante correta em sua afirmativa de que "aquilo a que eles [os representantes do princípio da autorrealização] realmente se referiam dizia respeito à busca de potencialidades".[19] Já que a autorrealização se refere à realização das possibilidades, ou potencialidades, disponíveis, no interior do sujeito, pode-se bem chamá-la de potencialismo. Aqui, a missão de vida do indivíduo é concebida como a concretização de potencialidades que vão desenvolver sua personalidade o máximo possível. Desta maneira, o grau de autorrealização depende do número de potencialidades realizadas.

---

[16] H. Elkin, "On the Origin of the Self". In: *Psychoanalysis and the Psychoanalytic Review*, 45: 57, 1958-1959.

[17] A. H. Maslow, *Motivation and Personality*. New York, Harper & Row, 1954, p. 117.

[18] V. E. Frankl, *The Doctor and the Soul: From Psychotherapy to Logotherapy*. 2 ed., New York. Alfred A. Knopf, 1965, p. 253 ss.

[19] Ver nota 5, p. 57.

Mas qual seria o resultado se um homem simplesmente viesse a desenvolver os potenciais que carrega dentro de si? A resposta que me vem à mente é a do caso de Sócrates. Ele confessou ser portador da potencialidade interior de tornar-se um criminoso e, assim, se ele tivesse obtido êxito em desenvolver totalmente suas potencialidades, o maior defensor da lei e da justiça ter-se-ia tornado um delinquente comum!

As potencialidades da vida não são possibilidades indiferentes entre si; elas devem ser vistas à luz do sentido e dos valores. Em determinado momento, apenas uma das escolhas possíveis ao indivíduo preencherá a necessidade de sua tarefa de vida. Aqui está envolvido o desafio de cada situação de vida: o desafio à responsabilidade. O homem deve fazer sua escolha com base na massa presente de potencialidades: quais deverão ser condenadas ao não-ser e quais deverão ser realizadas e, assim, resgatadas para a eternidade. As decisões são definitivas, pois os únicos aspectos realmente transitórios da vida são as potencialidades. Quando uma potencialidade é realizada, ela o é para sempre, não podendo jamais ser destruída. O homem deve, portanto, enfrentar a responsabilidade por essas imortais "pegadas na areia do tempo". Ele deve decidir, para o bem ou para o mal, qual será o monumento de sua existência.

O potencialismo envolve uma tentativa de evitar esse fardo da responsabilidade. Sob a pressão do tempo e em face da transitoriedade da vida, o ser humano é seduzido a acreditar que pode escapar à necessidade de fazer escolhas responsáveis. Seus esforços nesse sentido, contudo, são em vão, pois, para onde quer que se vire, ele será confrontado com as demandas da vida e com a exigência de assumir compromissos significativos, valorosos e, dessa forma, existenciais.

Ao mesmo tempo, há um indispensável problema de valor envolvido, pois a escolha em questão é a escolha da única potencialidade, dentre as várias possibilidades, que é digna de realização. Logo, o problema realmente começa onde o potencialismo acaba. O potencialista busca fugir a esse problema axiológico, mas, mesmo que o postergue, ele realmente nunca poderá livrar-se dele.

Um exame mais preciso de tal escapismo revela que o potencialista considera intolerável a tensão entre o que é (*Sein*) e o que deve ser (*Sein-sollen*). Contudo, essa tensão não pode ser eliminada, nem mesmo pelo potencialismo, pois ela é inerente à existência humana. Não há condição humana concebível na qual o ser humano possa ser poupado da tensão entre, de um lado, o que ele fez e, de outro, o que ele deveria ter feito ou ainda deve fazer. Na qualidade de um ser finito, o homem nunca completa perfeitamente sua tarefa de vida. Quando ele quiser e estiver apto a pôr sobre os ombros o fardo dessa incompletude, ele estará reconhecendo seu caráter finito. Essa aceitação da finitude é precondição para a saúde mental e para o progresso humano, ao passo que a inabilidade para a aceitar é característica da personalidade neurótica. Assim, o princípio da homeostase, do qual falamos anteriormente, não é, de modo algum, um fenômeno normal, mas sim neurótico. É o indivíduo neurótico que não consegue suportar a tensão normal da vida – seja física, psíquica ou moral.

Somando-se a essa distância intransponível entre aquilo que é e aquilo que deve ser na existência humana, há outra polaridade a ser considerada. Trata-se da fissura entre o sujeito e o objeto do conhecimento. Essa cisão também é ineliminável, apesar de muitos autores falarem em tê-la "superado". Tal afirmação é questionável, pois tal feito seria equivalente à superação da *condition humaine* – a insuperável finitude de ser humano. Nem mesmo Heidegger, o espírito guia da filosofia existencial, pensou ou ensinou que o verdadeiro conhecimento poderia ser alcançando para além da dualidade entre sujeito e objeto. Não sou teólogo e, dessa forma, não pretendo falar, nesse contexto, de *hybris*;[20] mas creio que o homem não deveria tentar superar essa dupla tensão da existência humana, mas, ao contrário, deveria submeter-se a ela. Uma metáfora apropriada, porém, talvez um pouco tosca, estabelece a questão de maneira sucinta: a filosofia contemporânea não deveria jogar fora o bebê (o objeto do conhecimento) com a água do banho (dualismo cartesiano).

De fato, o sujeito, por meio de seus atos cognitivos, é capaz de abordar o objeto, estabelecendo, assim, aquela proximidade cognitiva com as coisas no mundo,

---

[20] Vocábulo grego que pode ser traduzido como "orgulho". No contexto do pensamento teológico de Paul Tillich, a *hybris* aparece como "pecado espiritual", advindo do não reconhecimento da finitude humana. (N. T.)

que chamei de "ser com" (*Beisein*) o objeto.[21] Assim, é um feito notável do processo de conhecimento o fato de o sujeito alcançar o objeto por cima da lacuna que os separa. No entanto, o objeto que é alcançado pelo sujeito permanece objeto, não se tornando, pelo processo cognitivo, uma parte do sujeito em si.[22] Qualquer teoria que obscureça a objetividade do objeto e negligencie sua intrínseca alteridade, por meio da suposição de que o mundo é mera autoexpressão e nada mais que uma projeção do sujeito, é uma teoria que falhou na compreensão do problema.

Uma completa erradicação da diferenciação entre sujeito-objeto não seria recomendável, nem mesmo se possível fosse. Cada ato cognitivo do homem se baseia, indispensavelmente, no campo polar de tensão entre o sujeito e o objeto. A dinâmica essencial que constitui o conhecimento humano tem sua fonte na situação tensional entre o homem e o "mundo" em que ele "é" (para usar uma popular expressão existencial). Em logoterapia, essa dinâmica, em contraste com a psicodinâmica, é conhecida como noodinâmica.

Ignorar a tensão noodinâmica entre sujeito e objeto é ignorar a objetividade do mundo. Qualquer filosofia ou psicologia que, pela cuidadosa investigação dos fenômenos psíquicos em sua riqueza e plenitude, mereça ser chamada de "abordagem fenomenológica" deve reconhecer o fato primordial de que cada verdadeiro ato cognitivo implica a objetividade do objeto. Logo, aquilo que se chama de objeto, ou para falar de maneira mais geral, o mundo, é essencialmente mais que mera autoexpressão do sujeito. Falar do mundo como mera "projeção" do sujeito cognitivo é fazer injustiça à plenitude do fenômeno do ato cognitivo, que é a autotranscendência da existência em direção ao mundo como realidade objetiva.

---

[21] V. E. Frankl, *Der Unbedingte Mensch, Metaklinische Vorlesungen*. Viena, Deutice, 1949, p. 27 ss. (Edição em língua inglesa, New York, Washington Square Press, no prelo.) [A relação completa das obras de Viktor Frankl, no site oficial do Instituto Viktor Frankl de Viena, não indica nehuma tradução para o inglês da referida obra. Contudo, esta foi incluída sob a forma de capítulo no livro *Fundamentos Antropológicos da Psicoterapia*. Trad. R. Bittencourt. Rio de Janeiro, Zahar, 1978, relançado pela É Realizações Editora com o título *O Sofrimento Humano – Fundamentos Antropológicos da Psicoterapia*, 2019. (N. T.)]

[22] O leitor pode se interessar por uma afirmação similar encontrada nos escritos de Erwin Straus. Erwin W. Straus. In: *Existence*, eds. Rollo May, Ernest Angel e Henri F. Ellenberger (New York, Basic Books, 1958, p. 147.

É verdade que o homem não pode captar mais que um segmento subjetivo que é cognitivamente recortado do mundo, ou, em outras palavras, ele pode apenas fazer uma seleção subjetiva do espectro total do mundo; ainda assim, ele está sempre fazendo uma seleção subjetiva de um mundo objetivo.

O ponto de vista adotado por alguns dos autores existencialistas, contudo, obscurece a objetividade do objeto. A isso pode chamar-se de epistemologia caleidoscópica. Quando se usa um caleidoscópio, não se está olhando através dele, mas sim observando certa constelação de diferentes pedacinhos coloridos de vidro que são parte do caleidoscópio. Não é assim também a teoria epistemológica de tais autores? Para eles, o homem é um ser que, em todos seus atos e esforços cognitivos, nunca consegue alcançar um mundo real. Seu mundo nada mais é que um esboço projetado por si mesmo, espelhando a estrutura de seu ser. Assim como a observação caleidoscópica depende de como as pecinhas de vidro são organizadas, essa epistemologia caleidoscópica apresenta um projeto de mundo (*Weltentwurf*) totalmente dependente de seu "ser-lançado"[23] (*Geworfenheit*) – simples reflexo de sua condição e estrutura subjetivas.

A extensão da falha de tal subjetivismo em compreender o verdadeiro processo de conhecimento humano mostra-se mais óbvia assim que nos lembramos da verdade fundamental de que apenas na medida em que uma pessoa é capaz de ignorar-se e de esquecer-se de si mesma é que ela consegue reconhecer algo no mundo e algo do mundo. Apenas na medida em que o indivíduo se movimenta para a periferia de sua atenção é que ele pode tornar-se propriamente consciente

---

[23] No original em inglês, o autor usou o vocábulo *throwness*. É importante perceber, no contexto, que Frankl faz uso de dois termos heideggerianos (*Weltentwurf* e *Geworfenheit*), possivelmente no intuito de criticar o que acredita ser uma má interpretação da filosofia de Heidegger nos termos de um total subjetivismo: "Particularmente, não acredito que tal condição [o emprego da expressão ser-no-mundo] venha a ser fundamento para que alguém se autodenomine 'existencialista', já que – como facilmente se pode demonstrar – na maioria dos casos o conceito heideggeriano de ser-no-mundo é mal interpretado na direção de mero subjetivismo, como se o 'mundo', no qual o ser humano 'é', nada mais fosse que mera expressão de seu si-mesmo. (...) Atrevo-me a criticar essa tão difundida noção apenas porque já tive oportunidade de discuti-la pessoalmente com o próprio Martin Heidegger, que concordou comigo". (V. E. Frankl, *A Vontade de Sentido – Fundamentos e Aplicações da Logoterapia*. São Paulo, Paulus, 2011, p. 12.) (N. T.)

de objetos para além de si mesmo. Isso pode ser ilustrado no caso do olho que vê a si mesmo ou que vê algo de si mesmo (por exemplo, moscas volantes[24]) apenas quando há um problema na visão. Quanto mais o olho enxerga a si próprio, tanto menos o mundo e seus objetos serão visíveis a ele. A habilidade do olho de ver é dependente de sua inabilidade de enxergar a si próprio. Reconhecidamente, a cognição humana, sendo finita, não pode tornar-se completamente livre de momentos subjetivos, que são inerentes à sua atividade, o que não altera o fato de que, quanto mais a cognição se torna mera autoexpressão e projeção da própria estrutura do sujeito do conhecimento, mais ela estará envolvida em erro. Em outras palavras, conhecimento é verdadeiro conhecimento apenas na medida em que ele é o oposto da mera autoexpressão, apenas na medida em que ele envolve autotranscendência.

Para concluir, parece que aquelas teorias acerca do homem que se baseiam na redução de tensão, tal como na teoria da homeostase, ou no preenchimento do maior número de possibilidades imanentes, tal como na autorrealização, quando analisadas de perto, mostram-se deficientes. É opinião deste autor que uma visão adequada do ser humano só pode ser apropriadamente formulada quando ela vai além da homeostase e além da autorrealização, em direção àquela esfera da existência humana em que o homem decide o que ele fará e o que será em meio a um mundo objetivo de sentidos e valores.[25]

---

[24] Manchas na visão que se parecem com pontos ou fios pretos ou cinza que flutuam diante dos olhos. (N. E.)

[25] V. E. Frankl, "Philosophie und Psychotherapie, Zur Grundlegung einer Existenzanalyse". In: *Schweizerische Medizinische Wochenschrift*, 69: 707, 1939.

IV. Logoterapia e Existência[1]

Tem havido considerável progresso no desenvolvimento da psicoterapia ao longo dos últimos poucos anos, na medida em que o antigo conceito psicodinâmico de homem, enquanto ser primordialmente preocupado com satisfação de necessidades vem, vagarosa, mas visivelmente, sendo superado pela nova concepção antropológica do homem como um ser cujo objetivo na vida, agora, consiste na autorrealização e na concretização de suas próprias possibilidades. Também podemos dizer que a categoria de necessidades (em relação ao homem ser totalmente determinado por impulsos instintivos e condicionado por circunstâncias sociais) tem sido substituída, cada vez mais, por outra categoria, isto é, a de potencialidades a ser preenchidas. Em outras palavras, podemos falar de uma atual reinterpretação do ser humano.

Contudo, a totalidade do fenômeno da existência humana é inefável e não pode ser circunscrita, exceto por uma frase, a frase "eu sou".[2] Esse "eu sou" fora, primeiramente, interpretado nos termos de "eu tenho de" (ou seja, sou forçado por certas condições e determinantes, impulsos e instintos, hereditariedade e fatores e impactos ambientais), ao passo que, no período seguinte, o "eu sou" foi compreendido nos termos de um "eu posso" (isto é, tenho capacidade de realizar este ou aquele aspecto de meu ser).

Um terceiro conceito, no entanto, ainda está faltando. Pois, se quisermos alcançar uma visão apropriada da realidade humana em sua plena dimensionalidade,

---

[1] Versão resumida de um trabalho lido diante da American Conference on Existential Psychotherapy, New York, 27 de fevereiro de 1960.

[2] Assim que uma frase é iniciada por "eu sou", nós esperamos que ela continue. "Eu sou" soa apenas como meia frase. A pergunta sobre o que "eu sou" ainda permanece aberta. Esse quê, no entanto, vai além da existência, na medida em que se refere à essência.

devemos ir além tanto das necessidades quanto das possibilidades e trazer – somando-se aos aspectos do "eu tenho de" e do "eu posso", que integram o fenômeno total "eu sou" – aquela dimensão que pode ser chamada de "eu devo". O que "eu devo" fazer, contudo, é, em cada caso, preencher o sentido concreto que me desafia em cada situação de minha vida. Em outras palavras, quando trazemos à baila o "eu devo", complementamos o aspecto subjetivo da existência humana, o *ser*, com sua contraparte objetiva, que é o *sentido*.

Somente após fazê-lo é que a atual tendência em enfatizar a autorrealização se justifica. Quando a autorrealização é transformada num fim em si mesmo, visada como o objetivo de uma intenção primária, ela não pode ser alcançada. O homem fracassaria numa tentativa de buscar de maneira direta aquilo que surge como efeito colateral. Pois apenas na medida em que o ser humano preenche o sentido concreto de sua existência pessoal é que ele terá realizado a si mesmo.

Isso, de modo algum, contradiz a teoria da autorrealização tal como apresentada por Abraham Maslow. Ele me parece ter levado isso em consideração, por exemplo, quando afirma:

> É possível chamar meus sujeitos de mais objetivos que as pessoas medianas, em todos os sentidos da palavra. Eles são mais focados em problemas que autocentrados... fortemente focados em problemas exteriores. Pode ser uma tarefa que eles sintam ser de sua responsabilidade, dever ou obrigação. Essas tarefas não são nem pessoais nem egoístas.[3]

Logo, Maslow provavelmente concordaria comigo se eu ousar afirmar que a autorrealização não é nem a intenção primária nem (observando a mesma coisa a partir de um ângulo mais objetivo e não do ponto de vista do sujeito) o destino último do homem, mas sim um resultado ou um subproduto.

Dessa forma, podemos ver que, quando falamos de o homem "ser-no-mundo", não podemos negar que há também um "sentido no mundo". Apenas quando levamos em plena consideração esse sentido é que complementamos o aspecto

---

[3] A. H. Maslow, *Motivation and Personality*. New York, Harper & Row, 1954, p. 211-13.

subjetivo da existência humana com seu correlato objetivo. Apenas aí, não antes, é que nós nos teremos tornado cientes da existência ampliada num campo de tensão polar entre o eu e o mundo.

Nenhum conceito de mundo será adequado, então, na medida em que for compreendido como mera projeção ou autoexpressão. Se, acima de tudo, o sentido no mundo, a ser preenchido pelo homem, e os valores aí a serem realizados por ele fossem nada mais que sua "racionalização secundária, sublimações e formações reativas", ninguém estaria justificado a esperar que o homem vivesse de acordo com suas obrigações. Na verdade, tais pseudovalores carecem totalmente de qualquer caráter imperativo quando são compreendidos, meramente, como um reflexo de processos que ocorrem no indivíduo, de uma maneira impessoal ou meramente como projeções e expressões da estrutura interior do sujeito. O mundo deve ser visto como algo essencialmente maior que isso. Temos de levar em consideração a objetividade do mundo, que, por si, apresenta um desafio real ao sujeito. No entanto, não seria suficiente simplesmente nos abstermos de considerar o mundo e seus objetos, incluindo valores e sentidos, com seus desafios a nós, como mera autoexpressão; também temos de ter cuidado ao considerar o mundo mero instrumento a serviço de nossos propósitos, um instrumento para a satisfação de impulsos instintivos, para o restabelecimento de um equilíbrio interno, para a restauração da homeostase, ou como um meio para o fim da autorrealização. Isso seria o mesmo que degradar o mundo e, de novo, destruir a relação objetiva do homem para com o mundo "no qual" ele "é". Ouso dizer que o ser humano nunca, ou ao menos não normal e primariamente, vê nos parceiros que encontra e nas causas com as quais se compromete apenas um meio para um fim; caso assim fosse, ele teria destruído qualquer relacionamento autêntico para com estes. Nesse caso, parceiros e causas ter-se-iam transformado em meras ferramentas; eles lhe seriam úteis, mas, da mesma forma, teriam deixado de ter qualquer valor, isto é, valor em si mesmos.

Quando falamos de sentido, no entanto, não devemos negligenciar o fato de que o homem não preenche o sentido de sua existência apenas por meio de seus esforços criativos e encontros experienciais, ou seja, trabalhando e amando. Não devemos ignorar o fato de que também há experiências trágicas inerentes à vida humana, acima de tudo aquela "tríade trágica" – se posso usar esse termo – que é representada pelos fatos primordiais da existência humana: sofrimento, culpa e transitoriedade.

Obviamente, podemos fechar os olhos a esses "existenciais". O terapeuta, também, pode escapar deles e refugiar-se numa mera somatoterapia ou psicoterapia.[4] Esse pode ser o caso, por exemplo, quando o terapeuta tenta tranquilizar elusivamente o medo da morte por parte do paciente ou eliminar seus sentimentos de culpa por meio de análise. Especialmente no que diz respeito ao sofrimento, porém, eu diria que os pacientes nunca de fato se desesperam por causa de algum sofrimento em si. Na verdade, o desespero deles deriva, em cada caso, da dúvida sobre se o sofrimento tem sentido. O homem está pronto e aberto a pôr sobre os ombros qualquer sofrimento, na medida em que consegue ver um sentido nele.

Em última instância, no entanto, esse sentido não pode ser alcançado apenas por meios intelectuais, pois ele supera essencialmente – ou, para ser mais específico, dimensionalmente – a capacidade do homem como ser finito. Busco indicar esse fato com o termo "suprassentido". Esse sentido, necessariamente, transcende o homem e seu mundo e, portanto, não pode ser abordado por simples processos racionais. Ele é, de fato, acessível por meio de um ato de compromisso que emerge da profundidade e do centro da personalidade do homem, enraizando-se, portanto, em sua existência total. Estamos lidando aqui não com um processo intelectual ou racional, mas com um ato existencial em plenitude, que, talvez, poderia ser descrito pelo que chamo de *Urvertrauen zum Dasein*, "a confiança básica no Ser".

---

[4] Aqui a psicoterapia é compreendida no sentido mais estrito do termo, em oposição àquela concepção mais ampla que também leva em consideração a dimensão humana do *noético* em contraste com o *psíquico*. Essa abordagem psicoterapêutica mais ampla é chamada de logoterapia, e, dentro de seu quadro teórico, falamos de dimensões (em distinção a níveis discretos) do ser e distinguimos as dimensões biológica, psicológica e especificamente humana. Em alemão, há uma diferença entre os termos *geistig* e *geistlich*: o primeiro indica a dimensão humana, e o segundo a dimensão religiosa. Em português, no entanto, temos apenas a palavra "espiritual", com suas conotações religiosas, de modo que a logoterapia, sendo uma abordagem essencialmente secular, cunhou o termo "noológico" para designar essa dimensão.

Cientes agora de que o sentido do ser, ou o logos da existência, essencialmente transcende a mera intelectualidade humana, entenderemos que a "logo"-terapia está tão distante de ser um processo de raciocínio "lógico" quanto de constituir-se, simplesmente, em uma exortação moral. Acima de tudo, um psicoterapeuta – e o logoterapeuta também – não é nem um professor nem um pregador, tampouco deveria ser comparado com, digamos, um pintor. Com isso quero expressar que nunca é papel do terapeuta comunicar ao paciente o quadro do mundo tal como o terapeuta o vê; na verdade, o terapeuta deve capacitar o paciente a ver o mundo como ele é. Logo, o terapeuta se assemelha mais a um oftalmologista que a um pintor. Também, em especial referência a sentidos e valores, o que importa não é o sentido da vida humana em geral. Procurar pelo sentido geral da vida humana seria comparável a perguntar a um enxadrista: "Qual é a melhor jogada?". Não há nada como uma "melhor jogada" além daquela que é a melhor no contexto de uma situação particular de um jogo particular. Isso vale também para a existência humana, na medida em que alguém pode buscar apenas o sentido concreto da existência pessoal, um sentido que muda de homem para homem, de dia a dia, de hora a hora. A consciência desse sentido concreto da existência não é, de modo algum, algo abstrato, mas sim uma implícita e imediata dedicação e devoção que não se importa com sua verbalização nem dela necessita. Em psicoterapia, obviamente, isso pode ser evocado por meio da apresentação de perguntas provocativas ao modo de um diálogo maiêutico, no sentido socrático. O que vem à luz, então, é que as questões últimas da existência humana estão nos lábios de qualquer homem e que essas questões estão, continuamente, confrontando o terapeuta. Não é necessário, porém, entrar em sofisticados debates com os pacientes.

O "logos" é mais profundo que a lógica.

V. Dinâmica e Valores[1]

A psicanálise, em especial em seus primeiros estágios de desenvolvimento, foi, com frequência, acusada de seu assim chamado pansexualismo. Tenho minhas dúvidas sobre se, em tempos anteriores, ou mesmo na época de Freud, essa repreensão tenha sido legítima. Decerto, ao longo da história mais recente da psicanálise, dificilmente se pode encontrar alguma evidência de pansexualismo no sentido estrito do termo.

No entanto, há algo diferente que me parece ser um pressuposto ainda mais errôneo subjacente à teoria psicanalítica – e, infelizmente, à prática psicanalítica – que podemos chamar de "pandeterminismo". Com isso quero designar qualquer visão de homem que desconsidere ou negligencie a capacidade intrinsecamente humana de escolha pessoal, interpretando a existência humana como uma simples dinâmica.[2]

O homem, como ser finito que basicamente é, nunca conseguirá livrar-se por completo dos laços que o conectam aos vários domínios nos quais ele é confrontado por inalteráveis condicionamentos. Ainda assim, há sempre certo resíduo de liberdade para suas decisões. Pois dentro de limites – por mais restritivos que possam ser – ele pode mover-se livremente; e apenas por meio dessa atitude que ele toma diante de quaisquer condicionamentos que venha a enfrentar é que

---

[1] Palestra patrocinada pela Universidade de Chicago, em 22 de outubro de 1960.

[2] A palavra "dinamismo", com frequência, funciona como nada mais que uma substituição eufêmica para o termo "mecanismo". Contudo, não acredito que até mesmo os psicanalistas freudianos ortodoxos tenham permanecido ou permanecerão para sempre os "incorrigíveis mecanicistas e materialistas" que, certa vez, eles foram acusados de ser, numa afirmação clara e precisa feita por ninguém menos que o próprio Sigmund Freud.

ele prova ser um verdadeiro ser humano. Isso também vale no que diz respeito tanto aos fatos e fatores biológicos e psicológicos quanto para os sociológicos. O ambiente social, a dotação hereditária e os impulsos instintivos podem limitar o escopo da liberdade humana, mas, em si mesmos, nunca podem obscurecer completamente a capacidade humana de tomar uma atitude diante de todos esses condicionamentos.

Permitam-me ilustrar isto com um exemplo concreto. Alguns meses atrás, eu estava com um famoso psicanalista americano num café vienense. Como era domingo de manhã e o clima estava agradável, eu o convidei a juntar-se a mim numa expedição de escalada. Ele, no entanto, recusou o convite inflamadamente, indicando que sua profunda aversão ao montanhismo se devia a experiências de sua tenra infância. Quando garoto, seu pai o levava a longos passeios de caminhada, e ele logo começou a detestar tais expedições. Assim, ele quis me explicar o processo de condicionamento infantil que o impedia de compartilhar de meu entusiasmo por escalar íngremes paredes rochosas. Agora, porém, era minha vez de lhe confessar algo; e comecei a lhe dizer que eu, também, era levado por meu pai a excursões de fim de semana e que eu as odiava por serem cansativas e irritantes. Mas, apesar de tudo isso, acabei me tornando um guia de escalada num clube de alpinismo.

Se quaisquer circunstâncias, sejam interiores, sejam exteriores, têm influência sobre determinado indivíduo ou não, não importando em que direção tal influência se apresente, tudo isso depende da livre escolha do próprio indivíduo. Os condicionamentos não me determinam, mas eu é que determino se me rendo a eles ou se os enfrento. Não há nada que se possa conceber que venha a condicionar um ser humano de maneira total, isto é, sem deixar a ele um mínimo de liberdade. O homem nunca é completamente condicionado, no sentido de ser determinado por quaisquer fatos ou forças. Na verdade, o homem é, em última instância, autodeterminante. Ele determina não só seu destino mas seu próprio ser, pois o homem não apenas molda e configura o curso de sua vida mas também o faz com relação si mesmo. Assim, o ser humano não é apenas responsável[3]

---

[3] Obviamente a responsabilidade humana é tão finita quanto sua liberdade. Por exemplo, não sou responsável pelo fato de ter cabelo grisalho; no entanto, certamente sou responsável pelo fato de

pelo que faz, mas também pelo que é, pois ele não apenas se comporta de acordo com o que é mas também se torna o que é de acordo com o modo como se comporta. Em última análise, o homem torna-se aquilo que fez de si. Em vez de ser totalmente condicionado por quaisquer condicionamentos, ele constrói a si mesmo. Fatos e fatores não são nada mais que matéria-prima para esses atos de autoconstrução, e uma vida humana é uma cadeia ininterrupta de tais atos. Trata-se das ferramentas, dos meios, para um fim determinado pelo próprio homem.

De fato, tal visão do homem é justamente o oposto daquela concepção que afirma que o ser humano é um produto ou efeito de uma cadeia de causas diversas. Por outro lado, nossa defesa da existência humana como um ato autocriador corresponde ao pressuposto básico de que o ser humano não simplesmente "é", mas sempre decide o que será no momento seguinte. Em cada momento a pessoa humana está forjando e dando forma a seu próprio caráter. Assim, todo ser humano tem a chance de mudar a cada instante. Há a liberdade de mudar, e a ninguém deveria ser negado o direito de usá-la. Nunca podemos predizer o futuro de um ser humano, exceto no interior de um contexto mais amplo de pesquisa estatística acerca de determinado grupo. A personalidade individual, em si, é essencialmente imprevisível. A base para qualquer predição seria representada por influências biológicas, psicológicas ou sociológicas. No entanto, uma das principais características da existência humana é a capacidade de emergir e erguer-se sobre todas essas condições, transcendendo-as. Da mesma forma, o homem está, em última instância, transcendendo a si mesmo. A pessoa humana transcende a si própria na medida em que configura seu próprio caráter.

Permitam-me citar o seguinte caso. Ele diz respeito ao Dr. J., o único homem que encontrei em minha vida inteira que eu ousaria caracterizar como um ser satânico. Na época em que o conheci, ele era geralmente chamado de "o assassino em massa do Steinhof", o grande hospital psiquiátrico em Viena.

---

não ter ido ao cabeleireiro para pintá-lo – como muitas senhoras poderiam ter feito sob as mesmas "condições".

Quando os nazistas iniciaram seu programa de eutanásia,[4] ele assumiu o controle do projeto e era tão fanático pelo trabalho a ele designado que se esforçava para não deixar um indivíduo psicótico sequer escapar da câmara de gás. Os poucos pacientes que, de fato, escaparam eram, paradoxalmente, judeus. Ocorreu que uma pequena ala num lar judeu para idosos permaneceu fora do conhecimento do Dr. J.; e mesmo com a severa proibição de admitir qualquer paciente psicótico por parte da Gestapo, consegui encaminhar e esconder tais pacientes lá, emitindo certificados de diagnóstico falsos. Eu manipulava a sintomatologia nesses casos, indicando uma afasia em vez de esquizofrenia. Eu também administrava, ilegalmente, choques de metrazol.[5] Dessa forma, esses pacientes judeus puderam ser salvos, ao passo que até parentes de funcionários do Partido Nazista foram mortos por "compaixão". Quando retornei a Viena – após eu mesmo ter escapado da câmara de gás em Auschwitz –, perguntei o que havia acontecido ao Dr. J. "Ele fora aprisionado pelos russos em uma das celas de isolamento em Steinhof", disseram-me. "No dia seguinte, no entanto, a porta de sua cela apareceu aberta, e o Dr. J. nunca mais foi visto". Posteriormente convenci-me de que, como tantos outros, ele, com a ajuda de seus camaradas, havia se encaminhado para a América do Sul. Mais recentemente, porém, atendi um antigo diplomata austríaco do alto escalão que também fora feito prisioneiro por trás da Cortina de Ferro durante muitos anos, primeiramente na Sibéria, depois na famosa prisão de Lubianca, em Moscou. Enquanto eu o examinava neurologicamente, ele de repente me perguntou se eu conheci o Dr. J. Após dizer que sim, ele continuou: "Eu o conheci em Lubianca. Lá ele faleceu com cerca de quarenta anos, de câncer na bexiga. Antes de morrer, no entanto, ele demonstrou ser o melhor

---

[4] Cumpre situar o leitor a respeito do emprego específico do termo "eutanásia", que, aqui, faz referência ao primeiro programa de extermínio em massa arquitetado pela Alemanha de Hitler. Trata-se de uma série de medidas eugenistas radicais que antecederam o Holocausto, visando à purificação racial ariana por meio do assassinato daqueles indivíduos considerados "indignos de viver", em especial deficientes físicos e portadores de transtornos mentais graves. (N. T.)

[5] Procedimento terapêutico promissor à época, descoberto pelo médico húngaro Ladislas Meduna em 1934 para o tratamento da esquizofrenia, por meio de convulsões induzidas pelo fármaco pentilenotetrazol (metrazol). (N. T.)

camarada que você pode imaginar! Ele trazia consolo a todos. Viveu à altura dos mais altos padrões morais concebíveis e foi o melhor amigo que conheci durante meus longos anos de cárcere!".

Essa é a história do Dr. J., o "assassino em massa do Steinhof". Como se pode ousar prever o comportamento do ser humano? O que se pode prever são os movimentos de uma máquina, de um aparato, de um autômato. Mais que isso, pode-se até tentar prever os mecanismos ou "dinamismos" do psiquismo humano também; mas o homem é mais que psiquismo: o homem é espírito. Por meio do ato de sua própria autotranscendência, ele deixa o plano do meramente biopsíquico e adentra a esfera do especificamente humano, a dimensão noológica. A existência humana é, em sua essência, noética. O ser humano não é uma coisa entre outras coisas: coisas determinam-se umas às outras, mas o homem se autodetermina. Na verdade, o homem é livre e responsável, e esses constitutivos de sua espiritualidade, isto é, liberdade e responsabilidade, jamais devem ser obscurecidos pelo que se chama de reificação ou despersonalização do homem.

Por meio do processo de reificação ou despersonalização, o sujeito é transformado em objeto. A pessoa humana, quando tratada meramente como um mecanismo psíquico comandado pela lei de causa e efeito, perde seu caráter intrínseco de sujeito, que é, em última instância, autodeterminante (de acordo com uma afirmação de Tomás de Aquino, a pessoa é *dominium sui actus*[6]). Assim, uma característica essencial da existência humana, a liberdade da vontade, é totalmente negligenciada em qualquer interpretação exclusivamente psicodinâmica do ser humano. O sujeito que "quer" é transformado no objeto que "tem de"!

No entanto, a liberdade, em última análise (isto é, numa análise fenomenológica), é o aspecto subjetivo de um fenômeno total e, nessa qualidade, ainda deve ser complementado por seu aspecto objetivo, que é a responsabilidade. A liberdade de assumir uma atitude, como enfatizamos acima, nunca é completa

---

[6] Referência de Frankl a uma célebre passagem da *Suma Teológica* (Parte I, Questão 29, art. 1): "Mas ainda, de modo mais especial e perfeito manifesta-se o particular e o individual nas substâncias racionais, que são senhoras dos próprios atos; e não somente são levadas, como os outros, mas agem por si mesmas; pois os atos são de natureza singular. E, portanto, entre as outras substâncias, os indivíduos de substância racional têm certo nome especial, a saber, o de pessoa". (N. T.)

se não for convertida e transformada na liberdade de assumir responsabilidade. A capacidade especificamente humana de "querer" permanece vazia na medida em que não for complementada com sua contrapartida objetiva, de querer o que eu "devo". O que eu devo, no entanto, diz respeito à realização de valores, ao preenchimento do sentido concreto da minha existência pessoal. O mundo de sentidos e valores pode ser corretamente nomeado de *logos*. Assim, o *logos* é o correlato objetivo do fenômeno subjetivo conhecido como existência humana. O homem é livre para ser responsável, e ele é responsável pela realização do sentido de sua vida, do *logos* de sua existência.

Mas ainda temos de fazer a pergunta sobre de que modo, ou em que medida, os valores a serem realizados ou sentidos a serem preenchidos têm algum caráter "objetivo". Ora, o que queremos dizer com esse termo "objetivo" é que valores são necessariamente mais que mera autoexpressão do sujeito em si. Eles são mais que mera expressão da vida interior do indivíduo, seja no sentido de sublimações ou racionalizações secundárias dos próprios impulsos instintivos, tal como a psicanálise freudiana os explicaria, seja no sentido de arquétipos inatos do inconsciente coletivo, como a psicologia junguiana os suporia (esses arquétipos são, também, autoexpressões – a saber, da humanidade como um todo). Se sentidos e valores fossem apenas algo a emergir do próprio sujeito – isto é, se não fossem algo derivado de uma esfera para além do homem e acima dele –, eles perderiam, imediatamente, seu caráter imperativo. Dessa forma, não poderiam mais ser um real desafio ao homem, não conseguiriam jamais convocá-lo, interpelá-lo. Aquilo por cuja realização nós somos responsáveis deve ser visto em seu caráter de objetividade, se se deve manter seu caráter de exigência.[7]

Essa qualidade objetiva inerente aos sentidos e valores, que responde por seu caráter de exigência, não poderá ser reconhecida se virmos neles "nada mais

---

[7] Isto também se refere à entidade diante da qual nós somos responsáveis: se a consciência – ou aquele Ser do qual a consciência é experimentada como sendo a voz – for reduzida ao superego (desse modo, interpretada nos termos de uma introjeção paterna, ou sua projeção), o caráter imperativo dessa instância evanescerá.

que" um esboço subjetivo, ou mesmo uma projeção de instintos ou arquétipos. Dessa forma, podemos entender que, paralelamente à reificação e à despersonalização da pessoa humana (isto é, juntamente com a *objetificação da existência*), outro processo se desenvolve (ou seja, a subjetificação dos sentidos e valores), a *subjetificação do logos*.

À psicanálise deve-se a ocorrência desse duplo processo, na medida em que uma interpretação exclusivamente psicodinâmica da pessoa humana deve resultar numa objetificação de algo que é intrinsecamente subjetivo; ao passo que, ao mesmo tempo, uma interpretação exclusivamente psicogenética dos sentidos e valores deve resultar na subjetificação de algo que é intrinsecamente objetivo. Um dos grandes méritos e conquistas da *ontoanálise*[8] parece-me ser o oferecimento de uma retificação do primeiro aspecto relativo ao duplo erro cometido pela psicanálise, conforme delineado acima. Essa nova escola de pensamento tem ajudado a restabelecer a pessoa humana como um fenômeno que escapa a qualquer tentativa de compreensão de sua essência como uma coisa completamente condicionada e totalmente previsível entre outras coisas e como outras coisas. Assim, a qualidade plenamente subjetiva, entre outros aspectos, vem sendo recuperada pela ontoanálise em oposição à psicanálise.

No entanto, o outro aspecto do mesmo processo – a depreciação da qualidade objetiva dos sentidos e valores, a subjetificação do objetivo – não foi, ainda, retificado. Por meio da ontoanálise, o *subjetivo*, isto é, a existência, foi *ressubjetificado*. A *logoterapia*[9] tomou para si a tarefa e o propósito de *reobjetificar o objetivo*, isto é, o *logos*! Apenas dessa maneira é que o fenômeno integral do ser humano, em seu duplo aspecto, será restaurado: existência em sua subjetividade e *logos* em sua objetividade. Podemos representar graficamente a questão da seguinte maneira:

---

[8] Ludwig Binswanger e Erwin W. Straus, "The Existential Analysis School of Thought". In: *Existence*. Ed. Rollo May, Ernest Angel e Henri F. Ellenberger. New York, Basic Books, 1958. Cf. Jordan M. Scher, "The Concept of the Self in Schizophrenia". In: *Journal of Existential Psychiatry*, 1: 64, 1960.

[9] Paul Polak, "Frankl's Existential Analysis". In: *American Journal of Psychotherapy*, 3: 617, 1949, e Donald F. Tweedie Jr., *Logotherapy and the Christian Faith: An Evaluation of Frankl's Existential Approach to Psychotherapy*. Grand Rapids, Baker Book House, 1961.

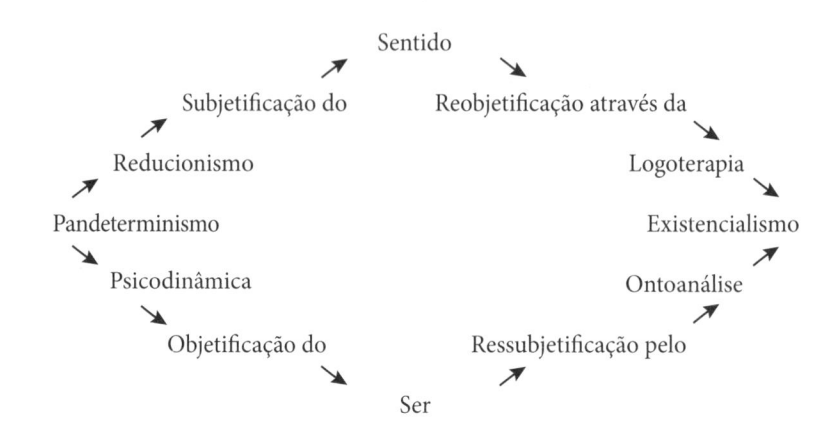

```
              Sentido
        ↗            ↘
   Subjetificação do    Reobjetificação através da
   ↗                              ↘
Reducionismo                    Logoterapia
↗                                      ↘
Pandeterminismo                  Existencialismo
↘                                      ↗
Psicodinâmica                    Ontoanálise
   ↘                              ↗
   Objetificação do    Ressubjetificação pelo
        ↘            ↗
              Ser
```

Para a logoterapia, contudo, o sentido não é apenas um "dever", mas também um "querer": logoterapeutas falam de uma "vontade de sentido" no homem. Esse conceito logoterapêutico não deve deixar o leitor com a impressão de que está lidando apenas com uma hipótese idealista. Relembremos os resultados dos experimentos conduzidos por J. M. Davis, William F. McCourt e P. Solomon acerca dos efeitos da estimulação visual durante privação sensorial. Os autores, ao fim, chegaram à seguinte conclusão: "Nossos resultados são consistentes com a hipótese que enfatiza o parâmetro do sentido. As alucinações ocorrem como resultado de um isolamento do contato significativo com o mundo exterior. *Aquilo de que o cérebro precisa* para funcionamento normal *é* um contínuo contato *significativo* com o mundo exterior".[10]

Isso já havia sido notado há tempos pelos logoterapeutas. Nós conhecemos o impacto danoso do que chamamos de "vazio existencial" no homem, isto é, o resultado da frustração da já mencionada "vontade de sentido". O sentimento de total e derradeira falta de sentido na vida, frequentemente, resulta num certo tipo de neurose para a qual a logoterapia cunhou o termo neurose "noogênica"; isto é, uma neurose cuja origem remete a um problema espiritual, a um conflito moral ou ao próprio vácuo existencial. Mas outros tipos de neurose também estão preenchendo esse vácuo. Nenhuma psicoterapia pode ser completa, nenhuma neurose,

---

[10] "The Effect of Visual Stimulation on Hallucinations and Other Mental Experiences During Sensory Deprivation". In: *The American Journal of Psychiatry*, 116: 887, 1960.

de qualquer tipo que seja, pode ser total e definitivamente superada se esse vazio interior no qual os sintomas neuróticos florescem não for preenchido por uma logoterapia suplementar, seja esta aplicada de maneira inconsciente ou metódica.

Com isso, não quero passar a impressão de que o vazio existencial em si represente uma doença mental. Pôr em dúvida se a própria vida tem sentido constitui um desespero existencial, é um tormento espiritual, mas não uma doença mental. Assim, a logoterapia em tais casos é mais que o tratamento de uma doença; é uma tarefa de todas as profissões de aconselhamento. A busca por um sentido para a própria existência, até mesmo a dúvida sobre se esse sentido pode ser encontrado, é algo humano, não patológico.

Do exposto acima, pode-se facilmente ver quanto a saúde mental é baseada na presença de um estado adequado de tensão, similar àquele que surge da distância intransponível entre o que um homem já conquistou e o que ele deve realizar. A cisão entre o que eu sou e o que devo me tornar é inerente ao meu ser homem e, portanto, indispensável ao meu bem-estar mental. Dessa forma, não devemos ser tímidos nem hesitantes em confrontar o homem com o sentido potencial a ser realizado por ele, nem em evocar sua vontade de sentido de um estado de latência. A logoterapia, assim, busca tornar o homem consciente desses dois aspectos: (1) o sentido que, por assim dizer, espera ser preenchido por ele e, também, (2) sua vontade de sentido que, dessa forma, espera por uma tarefa; melhor dizendo, uma missão a ser designada a ele. Dado que a logoterapia torna o paciente consciente desses dois fatos, ela representa um procedimento essencialmente analítico, na medida em que traz algo à consciência; não algo psíquico, no entanto, mas noético, não apenas o sub-humano, mas o humano em si.

Encarregar-se da tarefa de preencher o sentido único designado a cada um de nós não é nada a ser evitado e temido. O princípio da homeostase, no entanto, que subjaz à interpretação dinâmica do homem, sustenta que seu comportamento é, basicamente, dirigido à gratificação e à satisfação de seus impulsos e instintos, para reconciliar os diferentes aspectos de seu psiquismo, como o id, o ego e o superego, em direção à adaptação e ao ajustamento à sociedade, visando ao seu próprio equilíbrio biopsicossocial. Mas a existência humana é essencialmente autotranscendente e não pode consistir, dessa maneira, em autorrealização. A preocupação primária do homem não reside na realização de si mesmo, mas na realização de valores e no preenchimento das potencialidades de sentido, as quais devem ser encontradas no mundo, não dentro de si ou no interior de seu psiquismo como um sistema fechado.

Aquilo de que o homem precisa não é homeostase, mas sim o que chamo de noodinâmica, isto é, aquele tipo de tensão apropriada que o mantém firmemente orientado na direção de valores concretos a ser realizados, na direção do sentido de sua existência pessoal a ser preenchido. É isso que também garante e sustenta sua saúde mental; fugir de qualquer situação estressora pode até fazer com que o indivíduo se torne vítima do vazio existencial.

O de que o ser humano necessita não é um estado livre de tensões, mas empenho e esforço na direção de algo digno de ser desejado e buscado. O homem precisa não é tanto de uma descarga de tensões, mas sim do desafio referente ao sentido concreto de sua existência pessoal, que deve ser preenchido por ele apenas e por ninguém mais. A tensão entre sujeito e objeto não enfraquece a saúde nem a integridade; ao contrário, ela as fortalece. Em indivíduos neuróticos isso é ainda mais válido. A integração do sujeito pressupõe um direcionamento ao objeto. Quando arquitetos querem fortalecer uma estrutura em arco já decrépita, eles *aumentam* a carga no topo, de modo que as partes se tornem mais firmemente unidas. Logo, se os terapeutas desejam fomentar a saúde mental de seus pacientes, eles não devem ter medo de aumentar o peso da responsabilidade por preencher o sentido de sua existência.

VI. Psiquiatria e a Busca do Homem por Sentido[1]

O psiquiatra, atualmente, é confrontado, cada vez mais, com um novo tipo de paciente, uma nova classe de neurose, um novo tipo de sofrimento, cuja mais marcante característica é o fato de não representar uma doença no sentido próprio do termo. Este fenômeno tem ocasionado uma mudança na função – ou deveria dizer missão? – da psiquiatria de hoje. Em tais casos, as técnicas tradicionais de tratamento à disposição do psiquiatra revelam-se cada vez menos aplicáveis.

Tenho chamado este fenômeno, com o qual o psiquiatra agora tem de lidar com tanta frequência, de "vácuo existencial". O que quero comunicar com a expressão diz respeito à experiência de total falta, ou perda, de um sentido último para a existência do indivíduo que faça sua vida valer a pena. O consequente vazio, o estado de vazio interior, é, no presente, um dos maiores desafios à psiquiatria. No quadro de referência conceitual dos ensinamentos da logoterapia, esse fenômeno também é referido como "frustração existencial" ou frustração da "vontade de sentido".

Com esse último conceito, a logoterapia denota o que considera a mais fundamental força de motivação no homem. A psicanálise freudiana centra sua teoria motivacional no princípio do prazer,[2] ou, como se pode chamá-la, na "vontade de prazer", ao passo que a psicologia individual de Adler se concentra no que é

---

[1] Trabalho de abertura lido no Seminário de Logoterapia na Harvard Summer School, 1961.

[2] De acordo com Freud, o princípio da realidade nada mais é que uma extensão do princípio do prazer, operando, em última análise, a serviço deste.

geralmente chamado de "vontade de poder". Em contraste com ambas as teorias, a logoterapia considera que o homem é primariamente motivado pela busca de um sentido para sua existência, pelo empenho em preencher esse sentido e, assim, realizar o máximo possível de potencialidades de valor. Em resumo, o homem é motivado pela vontade de sentido.

Antigamente as pessoas frustradas em sua vontade de sentido provavelmente recorriam a um pastor, padre ou rabino. Hoje elas lotam clínicas e consultórios. O psiquiatra, então, encontra-se, frequentemente, numa situação embaraçosa. Ele agora é confrontado com problemas humanos, mais que com sintomas clínicos específicos. A busca do homem por sentido não é algo patológico, mas sim a manifestação mais inequívoca de ser, verdadeiramente, humano. Mesmo se essa busca for frustrada, ela não pode ser considerada um sinal de doença. Trata-se de um tormento espiritual, não de doença mental.

Como o clínico deve responder a esse desafio? Tradicionalmente, ele não está preparado para lidar com essa situação, a não ser em termos médicos. Dessa forma, ele é forçado a conceber o problema como algo patológico. Mais além, ele induz seu paciente a interpretar sua situação difícil como uma doença a ser curada, em vez de um desafio a ser encarado. Ao proceder assim, o médico subtrai do paciente os potenciais frutos de sua luta espiritual.

O médico não deve deixar seduzir-se pelo ainda prevalente reducionismo que degrada a preocupação humana com sentido e valores como "nada mais que" um mecanismo de defesa, uma formação reativa ou uma racionalização. O "nada-mais-que"[3] dos fenômenos humanos é, de fato, uma das características de uma imagem reducionista do homem. Mas seria sábio basear, ou mesmo

---

[3] É verdade que a maior parte dos escritores no campo do existencialismo estão acostumados a introduzir e aplicar uma terminologia que, de certa forma, lembram os neologismos, um sintoma frequente nos casos de esquizofrenia. Certa vez apresentei à plateia de uma palestra duas citações: uma tomada de Martin Heidegger, e outra de um paciente esquizofrênico. Em seguida convidei o público a identificar a quem pertencia cada frase, e ocorreu que a maioria confundiu as palavras de um dos maiores filósofos de todos os tempos com as palavras de um paciente severamente perturbado, e vice-versa. Contudo, isso não depõe contra Heidegger, mas sim contra a capacidade humana de verbalizar, por meio de palavras cotidianas, a experiência de um mundo até então desconhecido, seja o mundo de uma nova filosofia, seja aquele no qual um

iniciar, a terapia com a suposição freudiana de que, por exemplo, a filosofia é "nada mais que" uma forma de sublimação da sexualidade reprimida?[4] Uma filosofia de vida sã, penso eu, pode ser o recurso mais valioso nas mãos do psiquiatra ao tratar um paciente em situação de profundo desespero. Em vez de tentar, teimosamente, reduzir sentido e valores às suas supostas raízes psicodinâmicas, ou de deduzi-los de fontes psicogenéticas, o psiquiatra deve aceitar tais fenômenos tal qual eles aparecem, em vez de forçá-los a um leito de Procusto de ideias preconcebidas quanto a sua função e origem. Preservar a humanidade do fenômeno humano é precisamente o que a abordagem fenomenológica, como proposta por Husserl e Scheler, tem tentado fazer.

Sem dúvida, tanto o sentido da existência do homem quanto sua vontade de sentido só são acessíveis por meio de uma abordagem que vá além do mero plano dos dados psicodinâmicos e psicogenéticos. Devemos adentrar, ou melhor, devemos seguir o homem até a dimensão dos fenômenos especificamente humanos, isto é, até a dimensão espiritual do ser. Para evitar qualquer confusão que possa surgir do fato de que o termo "espiritual" tem uma conotação religiosa em língua inglesa, prefiro empregar o termo noético, em contraste com os fenômenos psíquicos, e o termo noológico em contraste com a dimensão psicológica. A dimensão noológica deve ser definida como aquela em que os fenômenos especificamente humanos se localizam.

Por meio de uma simples análise psicológica, os fenômenos humanos são, por assim dizer, retirados do espaço noológico e nivelados para baixo no plano psicológico. Tal procedimento é chamado de psicologismo.[5] Este envolve nada menos que a perda de toda uma dimensão. Mais ainda, o que se perde é a dimensão que

---

paciente esquizofrênico é condenado a viver. O denominador comum não é a expressão de uma crise psicótica, mas uma crise de expressão semântica.

[4] Ludwig Binswanger, *Sigmund Freud: Reminiscences of a Friendship*. New York, Grune & Stratton, 1957, p. 9.

[5] Na medida em que a psicanálise é mais ou menos ligada a fenômenos anormais, como neuroses e psicoses, ela tende a lidar com as aspirações espirituais do homem não apenas em termos psicológicos mas também patológicos. Dessa forma, a armadilha do psicologismo é potencializada pela falácia que denominei de "patologismo".

permite ao homem emergir e erguer-se sobre o nível dos fundamentos biológico e psicológico de sua existência. Trata-se de um tema importante, pois transcender esses fundamentos e, dessa forma, transcender a si mesmo significa o próprio ato de existir. A *autotranscendência*, eu diria, é a essência da existência; e a existência, por sua vez, significa o modo especificamente humano de ser. Na medida em que esse modo de ser ultrapassa o quadro de referência do psíquico, a abordagem mais adequada à existência não é psicológica, mas existencial.

Isso vale também para a terapia. A logoterapia constitui aquela psicoterapia centrada no sentido da vida, bem como na busca humana por esse sentido. De fato, *logos* significa "sentido". Porém, quer dizer também "espírito". E a logoterapia leva a dimensão espiritual ou noológica em plena consideração. Dessa forma, a logoterapia está apta a realizar – e a empregar – essa diferença intrínseca entre os aspectos noético e psíquico do homem. Apesar desta diferença ontológica entre o noético e o psíquico, entre espírito e mente, a integridade e a unidade antropológicas não apenas são mantidas por nosso conceito multidimensional de homem como também são apoiadas por ele. Falar sobre o homem em termos de níveis ou camadas espirituais, mentais e corporais pode bem sugerir que cada um desses aspectos tenha a possibilidade de ser separado um do outro. Ninguém, contudo, pode afirmar que o vislumbre do ser humano em suas múltiplas dimensões possa destruir a integridade e a unidade inerentes ao homem.

Há uma implicação prática envolvida em nossa "ontologia dimensional". Refiro-me à específica capacidade humana de distanciar-se de si mesmo. Por meio de sua emergência na dimensão noológica, o homem torna-se apto a distanciar-se de sua condição psicológica. Essa capacidade especificamente humana de autodistanciamento é mobilizada pela logoterapia, em particular contra eventos patológicos no interior da dimensão psicológica, como sintomas neuróticos e psicóticos. Apesar da ênfase que damos à responsabilidade como uma característica essencial do ser humano, a logoterapia está longe de responsabilizar o homem por sintomas neuróticos, ou mesmo psicóticos. No entanto, ela o considera responsável por sua atitude diante de tais sintomas. Considera o homem livre e responsável e entende essa liberdade não como liberdade de condicionamentos, mas sim como liberdade de tomar uma atitude, de escolher uma postura diante desses condicionamentos.

O que chamamos de intenção paradoxal constitui uma técnica logoterapêutica criada para fazer uso dessa capacidade humana para o distanciamento noopsíquico.

Uma visão multidimensional nos possibilita evitar não apenas o psicologismo, mas também o noologismo. O espiritualismo não é uma visão de mundo menos unilateral que o materialismo. O monismo, seja ele espiritual ou material, mais que revelar a suposta unidade do mundo, manifesta, de fato, a unilateralidade de sua perspectiva.

Um exemplo de flagrante noologismo seria a afirmação de alguns psiquiatras de que um paciente que sofre de depressão endógena não apenas se sente culpado, mas realmente é culpado – "existencialmente culpado" – e que essa é a causa de sua doença. Considero a depressão endógena um transtorno somatogênico mais que noogênico – ou até mesmo psicogênico – com relação à origem. Logo, essa psicose somatogênica engendra uma consciência anormal de culpa que é normalmente ligada à condição humana. Poder-se-ia comparar isso a um recife que emerge durante a maré baixa. Ninguém poderia defender que o recife causa a maré baixa. Da mesma forma, não é a culpa que causa a depressão psicótica, mas, ao contrário, é a depressão – uma maré baixa emocional, por assim dizer – que ocasiona esse sentimento de culpa tão agudo. Mas imaginem o potencial efeito de confrontar o paciente psicótico com uma interpretação espiritualista, até mesmo moralista, de sua doença como decorrente de uma "culpa existencial".[6] Isso só adicionaria conteúdo à tendência patológica do paciente em relação à autoacusação, de modo que o suicídio poderia bem ser uma resposta a esse estado de coisas.

Em si mesmo, o vazio existencial não é nada patológico. No entanto, ele pode resultar numa doença neurótica, para a qual a logoterapia cunhou o termo "neurose noogênica". Esta não é o resultado de conflitos instintivos nem do embate entre as exigências do ego, id e superego, mas sim o efeito de problemas espirituais e da frustração existencial. O que se faz necessário em tais

---

[6] Como explicar o fato de que, em determinado caso, a culpa existencial apareça, digamos, de fevereiro a abril de 1951, ou de março a junho de 1956, sem tornar-se patogênica em nenhum outro período?

casos é uma psicoterapia que tenha como foco o espírito e o sentido, isto é, a logoterapia. No entanto, a logoterapia, como abordagem e procedimento psicoterápicos, também é aplicável nas neuroses psicogênicas e, até mesmo, nas somatogênicas. Como exemplo deste último caso, sabe-se que o hipertireoidismo ocasiona uma inclinação a estados ansiosos,[7] diante dos quais o paciente, com frequência, responde de acordo com a chamada "ansiedade antecipatória". Isto é, ele tem medo da recorrência da ansiedade, e a mera expectativa do ataque precipita o episódio novamente. De maneira crescente, o paciente é capturado por um mecanismo de retroalimentação entre o problema somático primário e as reações psicológicas secundárias. Esse círculo vicioso deve ser atacado tanto no seu lado somático quanto na sua face psíquica. Para chegar a esta, deve-se usar a logoterapia, mais especificamente, a intenção paradoxal, que "retira o vento das velas" da ansiedade antecipatória. Drogas tranquilizantes cuidam da outra demanda, a saber, a remoção do fundamento somático, que é a base do transtorno. De acordo com a experiência deste autor, a tetania não diagnosticada[8], frequentemente, resulta em claustrofobias, da mesma forma que o hipertireoidismo ocasiona agorafobias. E ocorre que o primeiro ansiolítico introduzido na Europa continental (desenvolvido pelo autor já em 1952, antes de a "Moda do Miltown" ter início) provou ser o tratamento farmacológico de escolha mais eficaz em casos de fobias somatogênicas.

Reiteradamente, contudo, ocorre de o mecanismo de retroalimentação chamado de ansiedade antecipatória prosperar no vazio existencial. O preenchimento desse vazio previne o paciente de ter uma recaída. Levá-lo a focar sua atenção no sentido e no propósito, descentrando-o de sua obsessão e compulsão, faz com que tais sintomas venham a atrofiar. Em tais casos, a fonte da patologia é psicológica ou mesmo biológica; mas o recurso de terapia, o agente terapêutico, é noológico. Conforme Edith Weisskopf-Joelson afirmou, "A logoterapia pode também ser usada como terapia não específica; em outras palavras, neuroses causadas por

---

[7] Aqui Frankl faz referência ao primeiro tipo de transtornos mentais que, em sua teoria das neuroses, chamou de "pseudoneuroses", no caso, do Grupo de Basedow. (N. T.)

[8] Aqui a menção é ao grupo de pseudoneuroses do tipo tetanoide. (N. T.)

distúrbios psicossexuais durante a infância podem ser aliviadas por meio de terapia espiritual durante a fase adulta".[9]

Não consideramos a logoterapia uma terapia específica[10] em todos os casos. É por isso que, nas neuroses psicogênicas, ela serve como um suplemento, mais que como um substituto à psicoterapia, no sentido comum do termo. Surge aí a questão que avalia se terapias consideradas específicas realmente o são. Quanto à psicanálise, Joseph Wolpe apresentou recentemente "uma pesquisa de estudos de *follow-up* compreendendo 249 pacientes cujos sintomas neuróticos tenham cessado ou sido pronunciadamente aliviados após psicoterapia de variados tipos, excetuando-se a psicanálise". Wolpe conclui que "tal evidência [apenas quatro recaídas (1,6%)] contradiz a expectativa psicanalítica de durabilidade inferior da recuperação obtida sem o uso da psicanálise, bem como desmonta o principal argumento para se considerar a análise como tratamento de referência para o sofrimento neurótico". "Em outras palavras", ele acrescenta, "aquilo que a teoria psicanalítica considera ser preciso para uma recuperação duradoura não é, de fato, necessário. Isso implicaria dizer que o que a teoria propõe como base da neurose não seja, na verdade, a base?".[11] No mínimo, eu diria, isso demonstra que a psicanálise não é tão específica quanto os psicanalistas pensam que é. Muitos

---

[9] Edith Weisskopf-Joelson, "Logotherapy and Existential Analysis". In: *Acta Psychotherapeutica*, 6: 701-03, 1955.

[10] Terapia específica, aqui, tem a acepção de tratamento que ataca a etiologia, que visa às causas da doença. Cabe o esclarecimento do próprio Frankl: "Daquilo que afirmamos anteriormente, concluímos que a logoterapia é uma terapia específica para as neuroses noogênicas: as neuroses noogênicas, como neuroses que partem do espiritual, demandaram a logoterapia como terapia com base no espiritual. Ou seja, no caso das neuroses noogênicas, a logoterapia é indicada, visto que essas neuroses estão na sua zona de indicação mais específica. Dentro dos limites dessa zona, a logoterapia é efetivamente uma substituta da psicoterapia. Porém, existe também uma zona mais ampla de indicação da logoterapia, que são as neuroses em sentido estrito, ou seja, não as neuroses noogênicas, mas as neuroses psicogênicas. E, dentro dessa zona, a logoterapia não é uma substituição da psicoterapia, mas simplesmente sua complementação". V. E. Frankl, *Teoria e Terapia das Neuroses*. São Paulo, É Realizações, 2016, p. 185. (N. T.)

[11] Joseph Wolpe, "The Prognosis in Unpsychoanalyzed Recovery from Neurosis". In: *The American Journal of Psychiatry*, 118: 35, 1961.

autores na área têm apontado, por muito tempo, que um mesmo caso é passível de uma variedade de interpretações teóricas. Técnicas diferentes baseadas nessas interpretações, no entanto, obtêm o mesmo resultado terapêutico. Se métodos diferentes produzem aproximadamente os mesmos resultados terapêuticos, não pode ser a técnica em si a principal responsável por esses resultados, seja qual for o agente crucial. Aparentemente, o que é mais importante é o relacionamento entre o médico e o paciente. O encontro pessoal ou, na terminologia de Jaspers, a "comunicação existencial" parecem importar. "O encontro caloroso, subjetivo e humano entre duas pessoas", diz Carl R. Rogers, "é mais eficaz em facilitar a mudança do que o mais preciso conjunto de técnicas derivadas da teoria da aprendizagem ou do condicionamento operante."[12] Em outro lugar, Rogers afirma: "A mudança de personalidade é iniciada por atitudes existentes no terapeuta, mais que, primariamente, por seu conhecimento, suas teorias ou suas técnicas... Pode ser uma nova maneira de experienciar, experienciar de um jeito mais imediato, mais fluido, com mais aceitação, que é a característica essencial da mudança terapêutica, mais que, por exemplo, o alcance de *insights* ou o processamento da relação de transferência ou a mudança no autoconceito."[13]

O ponto até o qual o encontro entre médico e paciente pode estar em ação mesmo sem o menor investimento em qualquer técnica pode ser ilustrado pela seguinte experiência. Uma garota americana, estudante de música, veio me ver em Viena para análise. Como ela falava uma gíria terrível, da qual eu não conseguia entender sequer uma palavra, tentei encaminhá-la para um médico americano, para que ele pudesse descobrir o que a motivara a buscar minha orientação. Ela, no entanto, não o consultou, e quando nos encontramos na rua, ela explicou: "Veja, doutor, logo que falei ao senhor sobre meu problema, senti um alívio tal que não precisei mais de ajuda". Assim, até agora, ainda não conheço a razão pela qual ela me procurou.

---

[12] Carl R. Rogers, "Two Divergent Trends". In: *Existential Psychology*. Ed. Rollo May. New York, Random House, 1961, p. 93.

[13] Carl R. Rogers, "The Process Equation of Psychotherapy". In: *American Journal of Psychotherapy*, 15: 27-45, 1961.

Esse foi um exemplo de uma abordagem extremamente não técnica. A história deve ser complementada, todavia, por outra, que constitui exemplo de um procedimento extremamente técnico. Numa manhã de 1941, fui chamado pela Gestapo, com ordens de comparecer ao quartel-general. Fui até lá na expectativa de ser imediatamente levado a um campo de concentração. Um homem da Gestapo me esperava em um dos escritórios e começou a me envolver num interrogatório. Mas logo mudou de assunto e começou a me dirigir perguntas sobre assuntos como "o que é psicoterapia?", "o que é uma neurose?", "como tratar um caso de fobia?". Em seguida, passou a detalhar um caso específico – caso de "um amigo". Nesse ínterim, eu já havia entendido que se tratava de seu próprio caso que ele gostaria de discutir comigo. Iniciei uma terapia de curta duração de maneira extremamente não pessoal. Aconselhei-o que sugerisse a "seu amigo" agir deste ou daquele modo no caso do aparecimento da ansiedade. Essa sessão terapêutica não foi baseada numa relação Eu-Tu, mas numa relação Eu-Ele. De todo modo, o membro da Gestapo me manteve lá por horas, e continuei a tratá-lo dessa maneira indireta. O efeito que essa breve terapia veio a ter, naturalmente não pude descobrir. Quanto a mim e à minha família, esse encontro nos manteve a salvo por um tempo, pois nos foi permitido permanecer em Viena por mais um ano, antes de sermos enviados a um campo de concentração.

À parte de tais situações excepcionais, os dois extremos, encontro e técnica, parecem ser um assunto de importância teórica apenas. A prática viva flutua *entre* os polos extremos. Nenhum dos dois deve ser visto com menosprezo ou depreciação.

Primeiramente, não se deve transformar um extremo no inimigo do outro, isto é, converter o encontro no campo de batalha da técnica. Esta, por sua própria natureza, tende a reificar tudo o que toca. Nesse contexto, no que se refere aos parceiros de uma relação terapêutica, o homem é visto como uma coisa entre outras coisas, como uma *res*. De fato, está na moda culpar Descartes pela dicotomia entre *res extensa* e *res cogitans*. Mas penso que ele deveria ter ido mais longe do que foi. Ele deveria ter negado ao homem não só o atributo de *extensa* como também o de *res*.

Idolatrar a técnica à custa do encontro implica transformar o homem não apenas em mera coisa mas também em um meio para um fim. De acordo com a segunda versão do imperativo categórico kantiano, nenhum homem deveria ser considerado um meio para um fim. Duvido que haja algum âmbito no qual a diferença entre permitir e evitar a transformação do homem em mero meio para um fim seja mais crucial que no caso da política. Atrevo-me a dizer que a mais importante distinção em política se dá entre o tipo de político que acredita que o fim justifica os meios e aquele que entende que há meios que profanariam o mais sagrado dos fins.

Ver o homem como mero meio para um fim é o mesmo que manipulá-lo. A esse respeito, isto é, sobre o encontro tornar-se vítima da técnica, deveríamos ouvir a voz de Rudolf Dreikurs, quando ele nos alerta que "a suposição da transferência como o agente terapêutico básico coloca o terapeuta numa posição superior, manipulando o paciente de acordo com sua formação e esquemas terapêuticos".[14]

É verdade que na Conferência McGill sobre Depressão e Estados Relacionados, em Montreal, "um número de palestrantes apontou o grande perigo, inerente ao tratamento de choque e farmacológico, de que o proceder médico se torne mecanizado e que o paciente deixe de ser considerado como pessoa". Creio que o perigo nem seja tanto inerente ao tratamento de choque ou ao farmacológico em si mesmos, mas sim à atitude extremamente técnica que domina muitos terapeutas. Acho que o perigo é até maior no campo da psicoterapia que no âmbito do tratamento de choque ou medicamentoso. O que importa não é a técnica aplicada, mas o médico que a aplica ou, mais especificamente, o espírito com que ele a aplica. E a psicoterapia pode ser conduzida com um espírito tal que o paciente não seja mais "considerado como pessoa", mas sim como sua *psyche*, compreendida como mero conjunto de mecanismos.

Mesmo que a qualidade pessoal do encontro seja preservada, a relação Eu-Tu não deve ser tomada por um sistema fechado. Karl Bühler, em sua teoria da

---

[14] Rudolf Dreikurs, "The Current Dilemma in Psychotherapy". In: *Journal of Existential Psychiatry*, 1: 187, 1960.

linguagem, distingue três aspectos: do ponto de vista de quem fala, a linguagem é expressão; da perspectiva da pessoa a quem o falante se dirige, a linguagem é apelo; e, do ponto de vista do assunto acerca do qual se fala, a linguagem é representação. É este terceiro aspecto, eu diria, que é negligenciado quando quer que se esqueça de que a relação terapêutica não é exaustivamente caracterizada pelo conceito de encontro entre dois sujeitos, já que ela depende do objeto com o qual um sujeito confronta outro. Esse objeto é, geralmente, um fato do qual o paciente deve tomar consciência. Em particular, o paciente deve tornar-se consciente do fato de que há um sentido esperando ser preenchido por ele. Dessa forma, a relação terapêutica é, por assim dizer, aberta ao mundo. O mundo, contudo, deve ser considerado uma tarefa e um desafio.

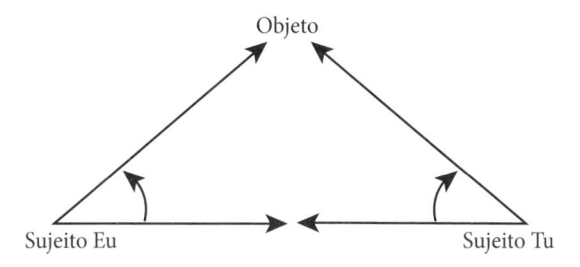

```
                    Objeto
                     ▲ ▲
                    ╱   ╲
                   ╱     ╲
                  ╱       ╲
                 ╱         ╲
      Sujeito Eu ──────▶ ◀────── Sujeito Tu
```

É um princípio da logoterapia a afirmação de que a autotranscendência é a essência da existência. Esse princípio significa que a existência só é autêntica na medida em que aponta para algo que não a si mesma. O ser humano não pode ser seu próprio sentido. Já foi dito que o homem nunca pode ser considerado um meio para um fim. Será que isso implica dizer que ele é um fim em si mesmo? Que ele foi projetado e destinado a realizar a si mesmo? O homem, devo dizer, realiza valores. Ele se encontra apenas na medida em que, antes de tudo, se perde, seja pelo bem de algo ou alguém, seja pelo bem de uma causa ou de um semelhante ou "por amor a Deus". A luta do homem por si mesmo e por sua identidade está destinada a falhar, a menos que seja vivida como dedicação e devoção a algo para além de si mesmo, para algo acima de si mesmo. Como disse Jaspers, "O homem torna-se o que é por força da causa que ele tornou sua".

O ser humano se debilita a menos que se comprometa com algum sentido escolhido livremente. A ênfase aqui está na livre escolha. Um notável psicanalista americano relatou, após uma viagem a Moscou, que, por trás da Cortina de Ferro, as pessoas eram menos neuróticas, porque tinham mais tarefas a cumprir. Quando fui convidado a apresentar um trabalho diante de um público de psiquiatras na Cracóvia, fiz referência a esse relato, mas frisei que, mesmo que o Ocidente confronte o ser humano com menos tarefas que o Oriente, naquele hemisfério o indivíduo tem mais liberdade de escolher suas tarefas. Se essa liberdade lhe é negada, ele se torna um dente de uma engrenagem, que tem uma função a desempenhar mas que não a pode escolher.

Uma psicoterapia que confronte o homem com sentido e propósito tende a ser criticada por exigir demais do paciente. Na verdade, porém, as pessoas de hoje estão mais ameaçadas pela escassez de exigências que por excesso delas. Não existe apenas uma patologia do estresse, mas também uma patologia da *ausência* de tensão. E o que devemos temer na era da frustração existencial não é tanto a tensão por si, mas a falta de tensão que é criada pela falta de sentido. Considero ser uma perigosa e equivocada concepção de saúde mental aquela que afirma que o homem precisa, em primeiro lugar, de homeostase *à tout prix*. Ora, o homem precisa é de uma quantidade sadia de tensão, despertada pelo desafio de um sentido a realizar. Essa tensão é inerente ao ser humano e, portanto, indispensável para o bem-estar mental. O que chamo de noodinâmica constitui a dinâmica de um campo de tensão cujos polos são representados pelo homem e pelo sentido que o convoca. A noodinâmica dá ordem e estrutura à vida do homem, tal como ocorre com a limalha de ferro num campo magnético. Em contraste com a psicodinâmica, a noodinâmica deixa ao homem a liberdade de escolher entre a realização ou a negação do sentido que o espera.

Theodore A. Kotchen explorou a relação do conceito de sentido na saúde mental formulando e administrando um questionário a pacientes mentais e a grupos de controle não psiquiátricos. Os resultados conferiram validade empírica à concepção de saúde mental oferecida pela "logoterapia ou qualquer outra variedade" de análise existencial: uma mente é saudável quando tiver atingido um suprimento suficiente de "sentido".

Em 1899 James Jackson Putnam fez uma conferência na Sociedade Médica de Massachusetts intitulada "Não só a doença mas também o homem". Esse título, na minha opinião, significa que o médico deve tratar a doença e também a atitude do paciente diante dela. Por meio da atitude correta, o sofrimento inevitável se transforma numa vitoriosa e heróica conquista. Essa é a razão pela qual a vida não carece de sentido, até o último suspiro, até a morte. Mesmo diante da morte, a vida não perde seu sentido, pois este não consiste em preservar qualquer coisa para o futuro, mas sim em conservar no passado. Lá ele está a salvo para a eternidade.

Edith Weisskopf-Joelson afirma que, ao conferir ao sofrimento inevitável o *status* de um valor positivo, a logoterapia "pode ajudar a neutralizar certas tendências pouco saudáveis na cultura atual dos Estados Unidos, onde ao sofredor incurável são dadas muito poucas oportunidades de orgulhar-se de seu sofrimento e de considerá-lo enobrecedor, em vez de degradante". "Dessa forma", ela escreve, "o fardo do infeliz é aumentado, já que ele não apenas é infeliz, mas também envergonha-se de sê-lo."

"Outro aspecto da filosofia logoterapêutica diz respeito à sua concepção sobre o tempo", conclui Edith Weisskopf-Joelson. "O passado de um indivíduo é visto, por assim dizer, como um armazém que contém tudo que foi trazido à existência, todas as possibilidades materializadas, que lá permanecem, imutáveis e a salvo, enquanto o futuro consiste em oportunidades a ser realizadas. Assim sendo, o passado de uma pessoa é a parte de sua vida em que se superou a transitoriedade e atingiu-se a eternidade. Tal avaliação positiva do passado pode, até certo limite, servir de contraponto ao medo do envelhecimento e da morte e pode contrabalancear o desconforto das pessoas idosas ou de meia-idade em algumas culturas, como a americana, que enfatizam o valor da juventude. Especialmente em distúrbios do climatério, essas considerações filosóficas podem ser bastante úteis".[15]

No entanto, o sentido último da vida humana não é uma matéria de conhecimento intelectual, mas sim de compromisso existencial. Ele excede e ultrapassa a capacidade intelectual de um ser finito como o homem. Por meio de sua religião pessoal, o homem assume uma posição e faz uma escolha. Quando um

---

[15] "Logotherapy and Existential Analysis". In: *Acta Psychotherapeutica*, 6: 193, 1958.

paciente pisa no chão firme da crença religiosa, é legítimo fazer uso de suas convicções religiosas; não se pode objetar contra a utilização do efeito terapêutico desses recursos espirituais.[16]

Segui essa orientação, por exemplo, quando um rabino me procurou e contou sua história. Ele perdera sua primeira esposa e seus seis filhos no campo de concentração de Auschwitz, onde pereceram nas câmaras de gás, e, posteriormente, tomou conhecimento de que sua segunda esposa não poderia ter filhos. Observei que a procriação não seria o único sentido na vida, pois se assim fosse a vida em si seria sem sentido, e algo que em si mesmo não tem sentido não poderia tornar-se significativo meramente por sua perpetuação. No entanto, o rabino avaliava seu infortúnio como um judeu ortodoxo. Ele se desesperava por não ter nenhum filho seu para recitar-lhe o *Kadish* após sua morte. Porém, não desisti. Fiz uma última tentativa de ajudá-lo, perguntando-lhe se ele não esperava ver seus filhos novamente no céu. Minha pergunta provocou-lhe uma crise de choro, e então a verdadeira razão de seu desespero veio à tona. Ele explicou que seus filhos, tendo morrido como mártires inocentes,[17] tornaram-se dignos do mais elevado lugar no céu, de modo que ele, um homem velho e pecador, não poderia esperar para si essa mesma posição. Mais uma vez, não desisti e repliquei: "Não seria de se conceber, rabino, que esse foi, precisamente, o sentido de o senhor ter sobrevivido a seus filhos? Para que o senhor se purificasse ao longo desses anos de sofrimento, de modo que, finalmente, o senhor também, ainda que não inocente como suas crianças, pudesse *tornar-se* digno de juntar-se a elas no céu? Não está escrito nos Salmos que Deus guarda todas as tuas lágrimas?[18] Então, talvez, seu sofrimento

---

[16] Quanto mais fracamente o indivíduo pisa sobre o solo de sua crença, tanto mais ele se apega, com ambas as mãos, ao dogma que o separa das outras crenças. Por outro lado, quanto mais firmemente o sujeito caminha no terreno de sua fé, mais ele tem suas mãos livres para oferecer ajuda àqueles semelhantes que não compartilham de sua crença. A primeira atitude envolve o fanatismo; a segunda, a tolerância. Tolerância não significa aceitar a crença do outro; tolerância significa, sim, o respeito ao outro como ser humano, com seu direito e liberdade de escolher seu modo próprio de viver e crer.

[17] *L'kiddush hashem*, isto é, para a santificação do nome de Deus.

[18] "Registra, tu mesmo, o meu lamento; recolhe as minhas lágrimas em teu odre; acaso não estão anotadas em teu livro?" (Salmos, 56,8).

não tenha sido em vão". Pela primeira vez em muitos anos, ele encontrou alívio ao ver seu sofrimento sob essa nova luz, que lancei ao fazer com que ele reavaliasse a situação em seus próprios termos.

Uma teoria antropológica apropriada e adequada deve seguir o homem até a dimensão dos fenômenos especificamente humanos, que é a dimensão noológica do ser. Mas essa teoria seria fragmentária se não reconhecesse a essencial abertura da existência humana à dimensão superior subsequente. O ser humano é, de fato, um ser finito. Porém, na medida em que ele compreende sua finitude, ele também a supera.

VII. Logoterapia e o Desafio do Sofrimento[1]

"Nada no mundo carece de sentido, muito menos o sofrimento."
Oscar Wilde, *A Balada do Cárcere de Reading*

Tem-se tornado moda culpar a filosofia existencial por colocar uma ênfase excessiva nos aspectos trágicos da existência humana. A logoterapia, que é considerada uma das escolas da psiquiatria existencial, vem-se tornando alvo da mesma acusação. A logoterapia, é verdade, centra-se em temas como a morte e o sofrimento. Isto, contudo, não deve ser interpretado como evidência de uma inclinação ou viés pessimista. Devemos lidar, na verdade, com uma posição otimista, ou seja, com a convicção de que até a morte e o sofrimento têm, potencialmente, sentido. Visto que a logoterapia, como seu nome indica, foca-se no sentido, ela não pode furtar-se a confrontar o paciente com o sofrimento, com a morte e com a culpa, ou, como eu a chamo, a tríade trágica da existência humana.

Esses três fatos existenciais da vida devem ser encarados pelo paciente, em vez de obscurecidos e ignorados pelo médico. Essa é, ao mesmo tempo, uma atribuição e uma necessidade particularmente importante da psicoterapia hoje, já que, atualmente, não são mais os *aspectos instintivos* da existência humana que estão sujeitos à repressão, mas sim as *aspirações espirituais* do homem. E a neurose não é mais um modo de fuga dos *fatos sexuais,* como foi na Era Vitoriana. A neurose de hoje é uma tentativa de obscurecer *fatos existenciais,* e uma doutrinação psicodinâmica antiquada e unilateral pode bem vir a deixar de lado os verdadeiros problemas, quando fornece ao paciente

---

[1] Grande parte deste material foi apresentada nas Peyton Lectures na Perkins School of Theology, Southern Methodist University, Dallas, Texas, 2 a 4 de fevereiro de 1965.

uma autoimagem pandeterminista que não deixa espaço para mudança e crescimento. Podemos agora entender quão certo estava Arthur Burton quando apontou que, quando o medo da morte é, indiscriminadamente, analisado ou reduzido a uma angústia de castração, o resultado é uma forma de negação de um fato existencial.[2]

Morte e sofrimento não são invenções da logoterapia. São fatos inerentes à condição humana. Dessa forma, não se deveria abordá-los como se, em determinado caso, o indivíduo tivesse apenas de lidar com a má sorte. Dor, morte e culpa são inescapáveis. Quanto mais o neurótico tenta negá-las, tanto mais ele se enreda em sofrimento adicional.

Apesar de a tríade trágica ser um fato inegável e inerente à existência humana, ela vem sendo racionalizada por meio do progressismo tecnológico e do cientificismo. Mas até mesmo nos Estados Unidos – onde a sociedade é tão permeada pela crença de que, cedo ou tarde, a ciência irá acabar com o infortúnio humano – há rumores de que o homem é mesmo, afinal de contas, um ser finito e mortal que, inevitavelmente, terá de enfrentar a morte e, antes de que esta ocorra, o sofrimento.

Já que este trabalho, específica e explicitamente, diz respeito à mortalidade do homem e à transitoriedade da vida, devemos começar com esta faceta da tríade trágica. Conforme ensinamos na logoterapia, a essencial transitoriedade da existência humana acrescenta sentido à vida. Se o homem fosse imortal, ele, com razão, poderia tudo postergar; não haveria nenhuma razão para fazer algo exatamente agora. Apenas sob a urgência e a pressão da efemeridade da vida é que faz sentido usar o tempo que passa. De fato, os únicos aspectos transitórios da vida são as potencialidades. Assim que logramos êxito em realizar uma potencialidade, nós a teremos transformado em realidade, resgatando-a, assim, no passado. Uma vez realidade, será realidade para sempre. Tudo no passado está a salvo da transitoriedade. Lá, tudo está irrevogavelmente armazenado, mais do que irrecuperavelmente perdido.

[2] "Death as a Countertransference". In: *Psychoanalysis and the Psychoanalytic Review*, 49: 3, 1962-1963.

Isso vale independentemente de haver ou não alguém por perto para lembrar ou esquecer aquilo que foi. Considero uma visão completamente subjetivista a que supõe que tudo depende da presença de uma memória individual na qual o passado perdure. Clemens E. Benda certamente não fugiu a essa interpretação subjetivista do verdadeiro estado ontológico de coisas quando escreveu: "É óbvio que o passado existe apenas por seu impacto no imaginário, que tem uma duração".[3]

Em geral, de fato, o homem considera apenas o restolho nos campos da transitoriedade e ignora os celeiros cheios do passado, no interior dos quais ele salvaguardou, de uma vez por todas, seus feitos, suas alegrias e também seus sofrimentos. Nada pode ser desfeito, e nada pode ser eliminado; ter sido é ainda uma forma de ser, talvez a mais segura.

Creio que a atitude logoterapêutica diante do passado implica tanto ativismo quanto otimismo. O ser humano é convocado a fazer o melhor uso de cada momento e a tomar a melhor decisão a cada instante: supõe-se que ele saiba o que fazer, quem amar ou como sofrer.

Cerca de dois mil anos atrás, um sábio judeu, Hillel, disse: "Se eu não fizer este trabalho, quem o fará? E se eu não o fizer exatamente agora, quando deverei fazê-lo? E se eu o fizer apenas por mim mesmo, que serei eu?". Os dois primeiros questionamentos sugerem que cada homem é único e que cada vida humana é singular; nesse sentido, nenhum homem pode ser substituído, e nenhuma vida humana pode ser repetida. Tanto essa unicidade de cada ser humano como a singularidade de sua existência – e a singularidade de cada momento, que guarda um sentido específico e particular a realizar – aumentam a responsabilidade do homem, responsabilidade em que a logoterapia vê a essência da existência. A terceira parte das perguntas de Hillel confronta-se com o fato de que a autotranscendência é o traço e a característica mais importante e preeminente da existência humana, na medida em que a vida do homem sempre aponta para algo além de si mesma; ela é sempre direcionada a um sentido a preencher (mais que a um eu a realizar ou a potencialidades individuais a desenvolver).

---

[3] "Existentialism in Philosophy and Science". In: *Journal of Existential Psychiatry*, 1: 284, 1960.

Isso significa ativismo.[4] Quanto ao otimismo, permitam-me lembrá-los das palavras de Lao-tsé: "Ter completado uma tarefa significa tê-la eternizado". Eu diria que isso vale não apenas para a conclusão de uma tarefa, mas também para nossas experiências e, por último e não menos importante, para nossos sofrimentos enfrentados com bravura.

O que homem realizou não pode ser desfeito. Ele é responsável pelo que fez, mas não é livre para desfazer o que já foi feito. Como regra, ser humano implica ser livre e responsável. No caso excepcional da culpa, no entanto, o homem ainda é responsável, mas já não é mais livre. Enquanto a arbitrariedade é liberdade sem responsabilidade, a culpa é responsabilidade sem liberdade – sem liberdade, isto é, exceto a liberdade para escolher a atitude correta diante da culpa. Por meio da atitude correta, o sofrimento é transformado numa heroica e vitoriosa conquista. Da mesma forma, um homem que tenha agido mal não pode mudar o que aconteceu, mas, pelo arrependimento, pode mudar a si mesmo. Tudo depende da atitude correta, tal como no caso do sofrimento. A diferença reside no fato de que a atitude correta, no caso da culpa, é uma atitude correta diante de si mesmo.

O professor Farnsworth, da Universidade de Harvard, disse, numa conferência na American Medical Association, que "a medicina agora é confrontada com a tarefa de ampliar suas funções... Os médicos devem urgentemente servir-se da filosofia". De fato, os médicos de hoje são abordados por muitos pacientes que, no passado, teriam procurado um pastor, um padre ou um rabino. Eles são confrontados com problemas filosóficos, mais que com conflitos emocionais. Além disso, os pacientes, com frequência, recusam-se a ser encaminhados a um clérigo.

Eu diria que, naqueles casos em que o médico deve lidar com uma doença incurável, ele deveria não apenas tratar a doença mas também cuidar da atitude do paciente diante dela. Pode ser que, assim, se ofereça consolo ao paciente. O logoterapeuta assumirá com alegria e prontidão esse risco. Estou bem ciente do fato de que psicanalistas ultraconservadores abominam a interpretação de seu ofício como consolo. Um logoterapeuta, contudo, compreende sua tarefa

---

[4] Ver nota 15, p. 50.

de forma diferente. Se necessário for – isto é, num caso sem saída, numa situação sem esperança –, ele não nega ao paciente o direito de ser confortado. Ele não nega ao paciente esse direito; não renuncia a essa tarefa pensando tratar-se mais de uma responsabilidade pastoral do que médica. A demanda por consolo excede a oferta fornecida pelo cuidado pastoral. "Os pregadores já não são mais os pastores de almas; os médicos tomaram esse lugar", disse Kierkegaard. Mais além, lidar com o desespero diante de uma doença incurável também constitui um desafio ao médico. E também a ele estão endereçadas as palavras "Consolai, consolai o meu povo" (Isaías, 40,1).

O modo como isso se concretiza na realidade da prática pode ser demonstrado pelo seguinte excerto de uma transcrição de uma entrevista com uma paciente, gravada durante uma demonstração a meus alunos. A paciente tinha oitenta anos e sofria de um câncer já em metástase, de modo que uma cirurgia já não poderia ajudá-la. Ela sabia disso e vinha tornando-se cada vez mais deprimida.

> Dr. Frankl: O que lhe vem à mente quando olha retrospectivamente sua vida? Ela valeu a pena?
>
> Paciente: Bem, doutor, devo dizer que tive uma boa vida. Ela foi boa, de fato. E devo agradecer a Deus pelo que Ele me proporcionou. Frequentei teatros, fui a concertos, e por aí em diante. Veja, doutor, fiz essas coisas com a família em cuja casa trabalhei por muitas décadas como secretária, primeiramente em Praga, e depois em Viena. E pela graça de todas essas experiências maravilhosas sou muito grata ao Senhor.

No entanto, eu sentia que ela mantinha dúvidas quanto ao sentido último de sua vida como um todo. E essa era a razão pela qual eu quis conduzi-la em meio a suas dúvidas. Mas antes eu teria de provocá-las e, posteriormente, lutar com elas – lutar com essas dúvidas como Jacó lutou com o anjo, até que este o abençoasse. Foi desse modo que procurei lutar com o desespero existencial reprimido e inconsciente da paciente, até o momento em que ela, também, pudesse por fim "abençoar" sua vida, dizer "sim" à sua vida apesar de tudo. Logo, minha tarefa consistia em fazê-la questionar o sentido de sua vida em nível consciente, em vez de reprimir suas dúvidas.

Dr. Frankl: A senhora me fala de experiências maravilhosas, mas tudo isso vai acabar agora, não vai?

Paciente (*pensativa*): De fato, agora tudo acaba...

Dr. Frankl: Bem, a senhora acha, agora, que todas as coisas maravilhosas na sua vida podem ser aniquiladas e invalidadas quando seu fim se aproximar? (*E ela sabia que o fim estava próximo!*)

Paciente (*ainda mais pensativa*): Todas essas coisas maravilhosas...

Dr. Frankl: Mas me diga: a senhora acha que alguém pode, por exemplo, desfazer a felicidade que a senhora experimentou? Pode alguém apagá-la?

Paciente (*agora olhando para mim*): Você está certo, doutor; ninguém pode apagá-la!

Dr. Frankl: Ou pode alguém eliminar a bondade que você encontrou na vida?

Paciente (*cada vez mais envolvida emocionalmente*): Ninguém pode apagar!

Dr. Frankl: O que a senhora conseguiu e conquistou...

Paciente: Ninguém pode apagar!

Dr. Frankl: Ou o que a senhora sofreu com bravura e honestidade: pode alguém remover isso do mundo? Remover do passado onde a senhora o guardou, por assim dizer?

Paciente (*agora em lágrimas*): Ninguém pode remover! (*Pausa*) É verdade, sofri muito. Mas também tentei ser firme e corajosa ante os golpes da vida. Veja, doutor, eu entendia meu sofrimento como punição. Acredito em Deus.

Em si mesma, a logoterapia é uma abordagem secular de problemas clínicos. No entanto, quando um paciente pisa firmemente no solo da crença religiosa,[5] não pode haver objeções a fazer uso do efeito terapêutico de suas convicções religiosas, de modo que sejam aproveitados seus recursos espirituais. Para assim proceder, o logoterapeuta pode tentar colocar-se no lugar do paciente. Foi exatamente o que fiz a seguir.

---

[5] "Qual o sentido da vida humana ou, na verdade, da vida de qualquer criatura? Encontrar uma resposta satisfatória a esta pergunta significa ser religioso." – Albert Einstein.

Dr. Frankl: Mas não poderia o sofrimento, às vezes, também ser um desafio? Não seria concebível que Deus desejou ver como Anastasia Kotek enfrentaria esse sofrimento? E que, talvez, Ele teve de admitir: "Sim, ela o enfrentou bravamente". E agora, diga-me: poderia alguém remover essa conquista e realização do mundo, *Frau* Kotek?

Paciente: Certamente, ninguém pode fazer isso!

Dr. Frankl: Tudo isto permanece, não?

Paciente: Permanece!

Dr. Frankl: A propósito, a senhora não teve filhos, teve?

Paciente: Não tive.

Dr. Frankl: Bom, a senhora acha que a vida tem sentido apenas quando se tem filhos?

Paciente: Se são bons filhos, por que isso não poderia ser uma bênção?

Dr. Frankl: Certo, mas a senhora não pode esquecer que, por exemplo, o maior filósofo de todos os tempos, Immanuel Kant, não teve filhos. Mas será que alguém se atreveria a duvidar de quão extraordinariamente significativa foi a vida dele? Prefiro pensar que, se ter filhos fosse o único sentido da vida, a vida se tornaria sem sentido, porque procriar algo que, em si mesmo, não tem sentido certamente não teria sentido algum. O que conta e realmente importa na vida é, muito mais, realizar e conquistar algo. E isso é, precisamente, o que a senhora fez. A senhora extraiu o melhor de seu sofrimento. A senhora tornou-se um exemplo para nossos pacientes pelo modo como enfrentou seu sofrimento. Parabenizo-a por essa conquista e realização e também felicito seus colegas de quarto, que têm a oportunidade de testemunhar o seu exemplo. (*Agora, dirigindo-me a meus alunos*): Ecce homo! (*A plateia agora irrompe em aplauso espontâneo.*) Essas palmas são para a senhora, *Frau* Kotek. (*Nesse instante ela chora.*) São para sua vida, que foi uma grande conquista e realização. A senhora pode se orgulhar da sua vida, *Frau* Kotek. E como são poucas as pessoas que podem se orgulhar da própria vida... Eu diria que a sua vida é um monumento. Um monumento que ninguém pode remover do mundo.

Paciente (*retomando o controle*): O que o senhor acabou de me dizer, professor Frankl, é um consolo para mim. Isso me conforta. De fato, nunca tive a oportunidade de ouvir algo assim... (*Devagar e em silêncio, ela deixa a sala de conferências.*)

Aparentemente, ela agora fora reconfortada. Uma semana depois faleceu; como Jó, poder-se-ia dizer, "cheia de dias". Durante sua última semana de vida, porém, ela não estava mais deprimida; ao contrário, estava cheia de fé e orgulho! Anteriormente ao nosso encontro, ela confessara à Dra. Gerda Becker, responsável pela ala dela, que se sentia atormentada e, mais especificamente, que estava dominada pela angústia de sentir-se inútil. No entanto, a entrevista que tivemos tornou-a consciente de que sua vida tinha sentido e que até mesmo seu sofrimento não havia sido em vão. Suas últimas palavras, no momento imediatamente anterior à morte, foram as seguintes: "Minha vida é um monumento. Foi o que o professor Frankl disse à plateia, para todos os estudantes na sala de conferências. Minha vida não foi em vão...".

É o que diz o relatório da Dra. Becker. E temos razão em supor que, também como lemos em Jó, *Frau* Kotek baixou "ao túmulo bem maduro[a], como um feixe de trigo recolhido a seu tempo".[6]

---

[6] Jó, 5,26. (N. T.)

VIII. Experiências Psicoterapêuticas de Grupo em um Campo de Concentração[1]

A seguinte exposição tem como base minhas próprias observações e experiências nos campos de concentração de Auschwitz, Dachau e Theresienstadt. No entanto, antes de me ocupar de experiências específicas com psicoterapia e psicoterapia de grupo, parece-me aconselhável, a princípio, dizer algumas palavras sobre a psicopatologia da vida em um campo de prisioneiros. Isto pode constituir, ao mesmo tempo, uma contribuição ao conhecimento daquelas síndromes que têm sido chamadas de psicoses carcerárias e, especialmente, daquela enfermidade que, na Primeira Guerra Mundial, foi descrita como a "doença do arame farpado".

Podemos distinguir três fases na psicologia do campo de prisioneiros: (1) o choque da admissão; (2) as mudanças típicas de caráter que ocorrem durante a permanência; e (3) a fase da libertação.

O choque do ingresso é, essencialmente, um estado de pânico, que se destaca apenas na medida em que é acompanhado pelo perigo iminente de suicídio. De fato, é mais que compreensível que um indivíduo ameaçado de "ir para o gás" – enfrentando a morte na câmara de gás – poderia preferir, ou ao menos contemplar, a "ida ao arame" – cometer suicídio ao tocar os arames de alta tensão que cercavam o campo.

---

[1] Trabalho apresentado no Segundo Congresso Internacional de Psicoterapia, em Leiden, Holanda, 8 de setembro de 1951.

Se se quiser classificar o choque da admissão em termos psiquiátricos, teríamos de considerá-lo entre as reações afetivas anormais. Contudo, não se deve esquecer que, numa situação que em si mesma é anormal num nível representado por um campo de concentração, uma reação "anormal" desse tipo é algo normal.

Em pouco tempo, no entanto, o estado de pânico diminui, transformando-se em indiferença, e aqui chegamos à segunda fase, as mudanças de caráter.[2] Com essa indiferença, uma pronunciada irritação agora é evidenciada, de modo que, ao fim, o psiquismo do prisioneiro do campo se caracteriza por dois sinais: apatia e agressão. Ambas derivam, em última instância, de uma concentração de todos os esforços e intenções visando à autopreservação, ao passo que tudo que se associa com a preservação da espécie passa a um segundo plano. Bem conhecida, de fato, é a falta de interesse sexual por parte dos internos dos campos, causada não só por fatores psíquicos mas também somáticos. Em geral, pode-se dizer que o prisioneiro se recolhe numa espécie de hibernação cultural. Tudo serve à autopreservação.

Os psicanalistas entre os prisioneiros tinham o hábito de, ao referir-se a esse fenômeno, falar de uma regressão, de um recolhimento em direção a formas mais primitivas de comportamento. O professor Emil Utitz, que esteve em um dos campos mencionados na mesma época em que eu, tentou uma interpretação diferente. Ele acreditava que as mudanças de caráter deveriam ser compreendidas como esquizoides.[3] Deixando de lado quaisquer dificuldades teóricas, sou da opinião de que essas mudanças caracterológicas podem ser explicadas de maneira mais simples. Sabemos que uma pessoa que tem pouco a comer e que dorme muito pouco (insetos parasitas!) já é inclinada à irritação e à apatia. Essas inclinações estavam destinadas a tornar-se ainda mais pronunciadas no campo por causa da falta de nicotina e cafeína, precisamente, os assim chamados venenos da civilização, cujas funções são, respectivamente, de suprimir a irritação e de superar a apatia.

---

[2] A expressão "caráter", aqui, deve ser compreendida como termo técnico da psicologia, ou seja, como conjunto das disposições psíquicas ou como personalidade concreta do indivíduo. (N. T.)

[3] Emil Utitz, *Psychologie des Lebens im Konzentrationslager Theresienstadt*. Viena, A. Sexl, 1948.

Emil Utitz também buscou interpretar o estado interior dos prisioneiros dos campos como, essencialmente, uma questão de existência provisória.[4] No entanto, em oposição a tal ideia, apontei que a principal característica da existência provisória é a de que esse estado de provisoriedade não tem fim. Isso porque, na verdade, o fim do encarceramento não podia ser realmente vislumbrado. Desse modo, o prisioneiro nunca conseguia concentrar-se num futuro, num tempo em que ele viria a recuperar sua liberdade. Em vista da estrutura essencialmente temporal que é característica de toda existência humana, torna-se fácil compreender que a vida no campo pode ocasionar uma perda existencial de estrutura.

Há precedentes para essa visão. Sabemos, com base na pertinente pesquisa de Lazarsfeld e Zeisel, quanto um longo período de desemprego influencia o senso temporal na existência humana.[5] Algo semelhante também ocorre com pacientes tuberculosos crônicos nos sanatórios. A descrição de Thomas Mann em sua obra *A Montanha Mágica* dá suporte a esta observação.

O prisioneiro, que agora não consegue apegar-se a nenhum ponto final, a nenhum momento futuro, a nenhum ponto de apoio, corre o perigo de permitir-se um colapso interior. Talvez, em vez de me aprofundar em longas considerações e exposições teóricas, seja mais apropriado mostrar, por meio de um exemplo concreto, como esse colapso físico e psíquico, que ocorre quando o direcionamento normal da existência humana diante do futuro é bloqueado, afeta as funções vegetativas. No início de março de 1945, um camarada do campo me contou que, no dia 2 de fevereiro desse mesmo ano, ele tivera um sonho digno de nota. Uma voz que clamava ser profética disse que ele poderia fazer qualquer pergunta, pois ela lhe responderia tudo. Então ele perguntou à voz quando o fim da guerra viria para ele. A resposta foi: 30 de março de 1945.

O referido dia se aproximava, mas não parecia de jeito algum que a voz estivesse correta. No dia 29 de março, ele começou a ter febre e a delirar. No dia 30 ele ficou inconsciente. No dia 31, faleceu. A febre tifóide o levara. Em 30 de

---

[4] E. Utitz, "Zur Psychologie Provisorischen Daseins". In: *Essays in Psychology... David Katz*. Uppsala, Amquist and Wiksells, 1951.

[5] *Die Arbeitslosen von Marienthal*. Leipzig, Hirzel, 1933.

março, dia em que ele perdeu a consciência, deu-se o fim da guerra para ele. Não nos equivocaremos ao supor que, pela decepção que o curso real dos eventos preparou para ele, o "biotônus" (Ewald)[6] – a imunidade e o poder de resistência do organismo – foi reduzido, e a infecção até então dormente em seu interior veio à tona com facilidade.

Fenômenos semelhantes puderam ser observados em larga escala. No período compreendido entre o Natal de 1944 e o Ano-Novo de 1945, ocorreram mortes em massa no campo, que só poderiam ser explicadas pelo fato de que os prisioneiros haviam fixado suas esperanças, de modo estereotipado, no *slogan* "No Natal, estaremos em casa". O Natal veio, mas eles ainda não estavam em casa; em vez disso, tiveram de abandonar a esperança de retornar ao lar num futuro próximo. Isso bastou para trazer à tona uma baixa na vitalidade, que para muitos significou a morte.

Em última análise, contudo, parece que o colapso psicofísico dependeu de uma atitude moral-espiritual, atitude que era livre! E, apesar de, na entrada do campo, tudo poder ser retirado do prisioneiro, até mesmo seus óculos e seu cinto, essa liberdade permanecia com ele. Com ele permanecia, literalmente até o último momento, até o último suspiro. Era a liberdade de portar-se "deste ou daquele modo", e *havia* um "este ou aquele". De novo e reiteradamente, havia aqueles que conseguiram suprimir sua irritação e superar a apatia. Foram aqueles homens que caminharam pelas barracas do campo e pelos terrenos de reunião com uma boa palavra aqui e um último pedaço de pão para dividir ali. Eles foram as testemunhas vivas desse fato: de que aquilo que o campo faria de cada um não estava predeterminado, ou seja, se alguém se tornaria um típico "KZler" (prisioneiro do campo) ou se, ainda nesse estado de pressão, mesmo nessa extrema situação-limite, permaneceria um ser humano. Em cada caso, isso estava aberto à decisão.

---

[6] Referência de Frankl à obra de G. Ewald, *Temperament und Charakter*. Berlin, Verlag von Julius Springer, 1924. O autor ainda cita o conceito de "biotônus" – no sentido de energia vital, vitalidade – em seus dois manuais clínicos, *Teoria e Terapia das Neuroses*. São Paulo, É Realizações, 2016, e *A Psicoterapia na Prática*. Petrópolis, Vozes, 2019, no contexto da descrição do transtorno depressivo e das relações entre doenças psicossomáticas e sistema imunológico. (N. T.)

É inquestionável, portanto, o fato de que um prisioneiro não havia, necessária e automaticamente, de sucumbir à atmosfera do campo. Em virtude daquilo que, em outro contexto, chamei de "o poder desafiador do espírito humano", ele tinha a possibilidade de manter-se acima da influência de seu ambiente. Se eu ainda tivesse alguma necessidade de provar que esse poder desafiador do espírito era uma realidade, então o campo de concentração foi o experimento crucial. Freud afirmou: "Tentemos expor, uniformemente, certo número de pessoas muito diferentes entre si à fome. Com aumento do impulso imperativo da fome, todas as diferenças individuais se apagariam, e, em seu lugar, apareceria a expressão uniforme do impulso insatisfeito". Mas esse, simplesmente, não era o caso.

Obviamente, as pessoas que se comprometeram com a possibilidade fundamental de preservar a própria humanidade foram raras: *sed omnia praeclara tam difficilia quam rara sunt* (mas tudo que é grandioso é tão difícil de compreender quanto raro de encontrar), conforme se lê na última frase da *Ética* de Spinoza. Apesar de terem sido poucos os que conseguiram fazê-lo, estes deram aos demais um exemplo, e esse exemplo produziu uma reação em cadeia à altura. Complementando um famoso dito de um poeta, é verdade que o bom exemplo faz nascer, produtivamente, o bem.

Em todo caso, ninguém pode afirmar que esses homens passaram por uma regressão. Pelo contrário, eles experimentaram uma progressão moral – moral e religiosa. Isso porque lá irrompeu em muitos prisioneiros em confinamento, e em virtude do confinamento, o que designei de relacionamento reprimido ou subconsciente com Deus.

Que ninguém julgue essa religiosidade depreciativamente ou a desconsidere como "religião de trincheira", como países anglo-saxões denominam aquela religiosidade que não aparece até o momento em que alguém está em perigo. Gostaria de dizer que a religião que o indivíduo só tem quando as coisas desandam é, para mim, ainda preferível àquela que ele só manifesta enquanto as coisas vão bem – a esta eu chamo de "religião do negociante".

Em todo caso, muitos prisioneiros saíram do cárcere com o sentimento de terem aprendido a nada mais temer, a não ser a Deus. Para eles, a experiência da prisão foi um ganho. De fato, muitas pessoas neuróticas, precisamente pela vida no campo, experimentaram uma espécie de consolidação que é compreensível apenas por analogia a um fato que é bem conhecido dos construtores: uma abóbada decrépita pode ser reforçada se, simplesmente, se puser peso sobre ela.

Com isso, estamos prontos para a discussão acerca da terceira fase: a libertação do campo. As limitações de tempo não me permitem aprofundar os detalhes pertinentes, como a experiência singular de despersonalização quando da saída do campo. Bastaria dizer que a libertação significa uma liberação abrupta de pressão. Tal como ocorre com os peixes de águas profundas trazidos mais próximos à superfície da água, muito facilmente o caráter do prisioneiro liberto é "deformado" – moralmente deformado. Nesse contexto, quem preferir pode falar, como fiz, de um equivalente psíquico da doença da descompressão, a chamada "doença do mergulhador".

Voltemo-nos agora ao nosso tema central, a psicoterapia ou psicoterapia de grupo no campo de concentração. Não entrarei em questões como se o grupo era aberto ou fechado (o grupo com que lidei não era, de qualquer modo, nem aberto nem fechado, mas sim encarcerado). Tampouco falarei daquela "pequena" ou mínima psicoterapia que se desenvolveu na forma de improvisação durante a chamada de reunião, durante a marcha, nas valas e nos barracões. Permitam que o que lhes contarei, no entanto, seja dito em memória do Dr. Karl Fleischmann, que morreu como um mártir na câmara de gás em Auschwitz. Quando conheci esse homem, sua mente já estava ocupada com sua preciosa ideia, com o pensamento de administrar assistência mental aos prisioneiros recém-ingressados. A organização dessa tarefa foi repassada por ele a mim, como psiquiatra. Com uma generosa quantidade de tempo à minha disposição, eu expandi essa organização num sistema de higiene mental – a qual, obviamente, tinha que operar escondida da SS, sendo realizada clandestinamente. Cortar a corda de um camarada que havia se enforcado era, por exemplo, rigorosamente proibido.

A tarefa mais urgente era de prevenir o choque de admissão. Até certo ponto, obtive sucesso nesse empreendimento, com a ajuda de uma equipe de psiquiatras e assistentes sociais que consistia em pessoal treinado vindo de toda a Europa Central, profissionais colocados à minha disposição. Uma jovem rabina também me foi encaminhada, a Srta. Jonas – pelo meu conhecimento, a única, ou pelo menos a primeira, rabina do mundo (pupila do Dr. Leo Baeck). Ela também faleceu em Auschwitz. Era uma talentosa oradora, e, assim que tínhamos notícia da chegada de um novo transporte, nós – que nos chamávamos de tropa de choque – nos dirigíamos às frias galerias ou aos sombrios compartimentos dos barracões em Theresienstadt, onde velhas e débeis figuras de aflição se curvavam de medo sobre o chão. Lá nós improvisávamos falas que tinham como objetivo trazer aquelas pessoas de volta a si. Eu ainda lembro como elas se agachavam lá e ouviam, com devoção, a rabina. Entre essas pessoas, uma senhora idosa, com uma trombeta auditiva numa mão e o semblante iluminado.

Tínhamos de nos concentrar, em particular, nos especialmente vulneráveis, nos epilépticos, psicopatas, os "associais" e, acima de tudo, os idosos e enfermos. Nestes casos, era necessário tomar medidas especiais e providenciar arranjos também especiais. O vazio mental dessas pessoas deveria ser combatido. Esse vazio pode ser ilustrado pelas palavras de uma anciã que, quando questionada sobre o que fazia com seu tempo, respondeu: "À noite durmo, e durante o dia me aflijo". Para dar apenas um único exemplo: um dos ajudantes da minha equipe era uma filóloga, uma anglicista, que fora incumbida de distrair os intelectuais presentes entre os idosos de sua penúria interior e exterior, conversando com eles em um idioma estrangeiro.

Um ambulatório psicoterapêutico também foi organizado. Particularmente notável nesse esforço foi um psiquiatra berlinense chamado Dr. Wolf, que utilizava o "treinamento autógeno" de J. H. Schultz no tratamento de seus pacientes. Ele também morreu no campo, de tuberculose pulmonar. Dr. Wolf registrava, por meio de estenografia, auto-observações que ele fez nos estágios terminais de seu sofrimento. Infelizmente, a pessoa que preservara esses registros também faleceu. Eu mesmo também tentava, reiteradamente, utilizar-me de meios parecidos para colocar alguma distância entre mim e todo o sofrimento que nos cercava, especificamente tentando objetivá-lo. Assim, lembro-me de uma manhã em que eu marchava fora do campo, mal conseguindo aguentar mais a fome, o frio e a dor nos pés, inchados, congelados, cheios de pus e metidos em sapatos abertos. Minha situação me parecia para além de qualquer conforto ou esperança. Em seguida, imaginei que ocupava um púlpito num amplo, belo, aquecido e claro salão de conferências, diante de uma interessada plateia. Eu estava prestes a dar uma palestra chamada "Experiências Psicoterapêuticas de Grupo em um Campo de Concentração", e lá eu falava de todas as coisas pelas quais, naquele momento, eu estava passando.

Acreditem, naquele instante, eu não poderia jamais esperar que um dia me seria realmente concedida a chance de dar essa palestra.

Por último, mas não menos importante, tínhamos de nos ocupar da prevenção de suicídios. Organizei um serviço de informações, de modo que cada expressão de pensamentos ou intenções suicidas me era trazida rapidamente. O que deveria ser feito? Tínhamos de apelar para a vontade de viver, de seguir vivendo, de sobreviver à prisão. Mas a coragem de vida, ou o cansaço da vida, acabou, em cada caso, a depender somente do fato de a pessoa possuir ou não fé num *sentido* da vida, da sua vida. Uma frase de Nietzsche poderia servir de lema para todo o trabalho psicoterapêutico no campo de concentração: "Quem conhece um 'porquê' para viver suportará quase todo 'como'".

Sob o nome de logoterapia, busquei introduzir na psicoterapia um ponto de vista que vislumbra na existência humana não apenas uma vontade de prazer (no sentido do "princípio do prazer" freudiano) e uma vontade de poder (no sentido da "luta pela superioridade" adleriana) mas também aquilo que chamei de vontade de sentido. No campo, a psicoterapia consistia em apelar, precisamente, para essa vontade de sentido. Mas, no estado marginal extremo em que o ser humano lá se encontrava, esse sentido deveria ser um sentido incondicional, que deveria incluir não apenas o viver mas também o sofrer e o morrer. E talvez a experiência mais profunda que eu mesmo tive no campo de concentração (perdoem-me se estou dividindo algo pessoal) foi a de que, enquanto a preocupação da maioria poderia ser resumida na pergunta "Sobreviveremos ao campo?" – pois, em caso contrário, todo aquele sofrimento não teria sentido –, a pergunta que, em contraste, me afligia era "Terá todo esse sofrimento, essa morte, um sentido?" – porque, caso não tivesse, então, em última instância, não valeria a pena sobreviver. Isso porque uma vida cujo sentido dependa de sobreviver ou não, isto é, uma vida cujo sentido dependa de tal acaso, uma vida assim não valeria mesmo a pena viver.

Assim, então, tratava-se de uma questão acerca de um sentido incondicional da vida. De fato, temos de fazer uma distinção entre o incondicional, por um lado, e o geralmente válido, por outro, em analogia ao que Jaspers afirmou a respeito da verdade. O sentido incondicional que tínhamos de mostrar às pessoas que dele duvidavam ou por ele se desesperavam estava longe de ser algo vago e genérico. Era, exatamente, o oposto, o sentido concreto de sua existência pessoal.

Eu gostaria de esclarecer isso com um exemplo. Em determinado dia, no campo, duas pessoas sentaram-se diante de mim, ambas determinadas a cometer suicídio. Ambas usaram uma frase que era um estereótipo no campo: "Não tenho nada mais a esperar da vida". Agora a tarefa essencial era fazer com que ambos passassem por uma revolução copernicana, de tal forma que eles não mais se perguntassem acerca do que *poderiam esperar da vida*, mas se conscientizassem do fato de que a *vida é que aguardava algo deles*, que para cada um deles, de fato para todos eles, algo ou alguém estava à espera, fosse algum trabalho a ser realizado, fosse outro ser humano.

Mas e se essa espera provasse não ter nenhuma perspectiva de realização? Porque, com certeza, há situações em que é certo que um homem jamais retornará a um trabalho ou verá novamente certa pessoa, de forma que seja verdade que nada e ninguém já espera por ele. Contudo, ainda assim, ocorre que na consciência de cada ser alguém estava presente, estava invisivelmente ali, talvez já sem vida, mas presente e à disposição, de alguma forma, "ali" como o Tu do mais íntimo diálogo. Para muitos, era o primeiro, o último e definitivo Tu: Deus. Mas quem quer que seja o ocupante desse lugar, o importante era perguntar *O que ele espera de mim* – isto é, que tipo de atitude me é exigida? Então a questão derradeira era o modo pelo qual a pessoa entendia como sofrer ou sabia como morrer. *Savoir murir – comprendre mourir*. Essa, como nos disseram, é a quintessência de todo o filosofar.

Vocês dirão que deliberações como essas são fúteis. Mas, no campo, tal como o experienciamos, o preceito *primum vivere, deinde philosophari* – primeiro sobreviver, depois filosofar sobre isso – foi invalidado. O que valia no campo era, na verdade, o exato oposto deste preceito, *primum philosophari, deinde mori* – primeiro filosofar, depois morrer. Isto era o válido: prestar contas a si mesmo sobre a questão do sentido último e, depois, conseguir andar de cabeça erguida e morrer a morte exigida do mártir.

Se quiserem, o campo de concentração não foi nada mais que um espelho microcósmico do mundo humano como um todo. Assim, talvez, tenhamos razão em aplicar o que há a se aprender das experiências do campo de concentração para as condições do mundo de hoje. Em outras palavras, podemos nos perguntar que doutrinas psicoterapêuticas podemos derivar dessas experiências no que diz respeito àquilo que eu chamaria de "patologia do *Zeitgeist*". Essa patologia, se a pudermos descrever, é marcada pelas atitudes de provisoriedade, fatalismo, conformismo e fanatismo diante da vida, as quais podem, facilmente, atingir as proporções de uma epidemia psíquica. Epidemias somáticas são resultados típicos da guerra; epidemias psíquicas são possíveis causas da guerra e, dessa forma, de novos campos de concentração. Dessa maneira, permitam-me agora concluir esta discussão acerca da aplicação da psicoterapia em um campo de concentração ao expressar a esperança de que a psicoterapia possa também ter um papel em prevenir a repetição de qualquer coisa como um campo de concentração no futuro.

IX. *In Memoriam*[1]

In memoriam... em memória de... "Que é o homem para que nele penses?" era a pergunta que o salmista dirigia a Deus. Permitamo-nos, aqui e agora, dirigir a nós mesmos um questionamento parecido e perguntar: Que foram esses homens, nossos colegas falecidos, e por que honramos a memória deles neste dia? Como eles viveram entre vocês de 1938 a 1945 e como eles viveram e morreram no cárcere e no exílio vocês já sabem. Isso é história, história que vocês todos já conhecem bem. Minha tarefa aqui é a de dar testemunho, diante de vocês, a respeito de como os médicos vienenses trabalharam e morreram nos campos de concentração; é a de dar testemunho dos verdadeiros médicos – que viveram e morreram como tais; dos verdadeiros médicos que não suportavam ver os outros sofrer, mas que sabiam – eles próprios – sofrer, que souberam alcançar o modo correto de sofrer – sofrendo corajosamente!

Era o verão de 1942. Em toda parte, pessoas – entre elas médicos – estavam sendo deportadas. Numa noite, no Prater, conheci uma jovem dermatologista. Conversamos sobre ser médico naqueles tempos e sobre a missão dos médicos naquelas circunstâncias. Falamos de Albert Schweitzer,[2] o médico tropical de Lambaréné, e de nossa admiração por ele. Então concordamos que, certamente, não poderíamos reclamar de falta de oportunidade para imitar sua grande dedicação profissional e pessoal. Teríamos numerosas oportunidades, semelhantes às dele, de

---

[1] Discurso proferido a pedido da Sociedade de Médicos de Viena, em 25 de março de 1949, em memória dos membros que morreram entre os anos de 1938 e 1945.

[2] Albert Schweitzer (1875-1965) foi médico, teólogo e filósofo franco-alemão, mais reconhecido por seu trabalho humanitário na África, que lhe rendeu o Prêmio Nobel da Paz em 1952. Schweitzer, durante a Primeira Guerra Mundial, foi encarcerado num campo de concentração francês. (N. T.)

oferecer ajuda médica sob as piores condições possíveis. Não tínhamos necessidade de viajar para a selva africana. Enquanto falávamos sobre essas coisas, prometemos um ao outro, naquela tarde, que, se tivéssemos de enfrentar a deportação, veríamos aí um chamado e um desafio. Pouco tempo depois, esse dia chegaria para minha jovem colega.

No entanto, restou-lhe pouco tempo para fazer uso da oportunidade que, por seu conceito heroico da ética médica, ela viu na deportação. Logo depois de sua chegada ao campo, ela contraiu uma infecção tifoide. Poucas semanas depois, ela morreria. O nome dela era Dra. Gisa Gerbel. Nós reverenciamos sua memória...

E então havia o médico de indigentes do Décimo Sexto Distrito – o "Anjo de Ottakring" –, uma verdadeira figura vienense; um homem que, durante sua estada no campo, falava longa e ardentemente sobre celebrar uma reunião com sua família ao estilo vienense, e que, com bom humor mas com lágrimas nos olhos, cantava a *Canção do Vinho*: "não antes de terminarmos...".[3] Esse era o "Anjo de Ottakring". Porém, quem o protegeu e ofereceu amizade como "anjo da guarda", que ele mesmo era, quando, em Auschwitz, diante dos meus olhos, na estação ferroviária, ele foi direcionado para o lado esquerdo, o que significava ir direto à câmara de gás? Esse foi o "Anjo de Ottakring". Seu nome era Dr. Plautus. Que nós nos recordemos dele.

E havia também o Dr. Lamberg, filho do primeiro médico diretor da mundialmente famosa Sociedade Vienense de Voluntários em Primeiros Socorros, bem conhecido dos estudantes da área pelo manual que escreveu. Dr. Lamberg foi um cavalheiro do velho mundo, tanto em sua aparência quanto em seu comportamento, algo que qualquer um que o tenha visto em seu esplendor confirmará prontamente. Mas eu também o vi enquanto jazia agonizante numa barraca semienterrada, em meio a uma dúzia de corpos famintos amontoados. Seu último pedido a mim foi para que eu empurrasse um pouco para o lado o cadáver que lhe estava próximo, que jazia quase em cima dele. Esse foi o *Grand Seigneur* Dr. Lamberg – um dos poucos camaradas de campo com quem uma pessoa poderia,

---

[3] Referência de Frankl à folclórica canção vienense *Erst wann's aus wird sein*, geralmente celebrada nos *Heurigen*, as tradicionais tabernas familiares da cidade. (N. T.)

mesmo durante o trabalho mais árduo nos trilhos das ferrovias, em meio a tempestades de neve, discutir sobre filosofia e religião. Que ele seja lembrado...

Havia também a Dra. Martha Rappaport, que fora, anteriormente, minha assistente no Hospital Rothschild de Viena, tendo antes trabalhado também como auxiliar de Wagner Jauregg. Com sua ternura feminina, ela não podia ver alguém chorar sem ser, ela mesma, levada às lágrimas. Quem chorou por ela quando foi deportada? Essa era a Dra. Rappaport. Que nos lembremos dela...

E, então, vindos do mesmo hospital, houve também um jovem cirurgião, Dr. Paul Furst, e um clínico geral, Dr. Ernst Rosenberg. Pude falar com ambos no campo antes que lá morressem. Em suas últimas palavras, não houve uma sequer de ódio. Apenas palavras de saudade e de perdão saíram de seus lábios, porque o que eles odiavam não eram os seres humanos – uma pessoa deve conseguir perdoar humanos –, mas o que eles odiavam e o que todos nós odiamos era o sistema, o sistema que levou alguns homens à culpa, e outros, à morte.

Menciono apenas uns poucos nomes, sem seguir nenhum critério de *status* científico. Falo de indivíduos, mas incluo todos os que morreram ali. Os poucos representam os muitos, porque sobre estes não se pode escrever uma crônica pessoal. No entanto, eles não precisam de crônica; não precisam de monumento. Cada feito já é seu próprio monumento, mais duradouro que qualquer monumento que seja mero trabalho de mãos humanas. Isso porque as ações de um homem não podem ser desfeitas, o que um homem realizou não pode ser removido do mundo; ainda que no passado, não é o caso que esses feitos lá se encontrem, irrecuperavelmente, perdidos, mas sim de lá estarem irrevogavelmente preservados.

É bem verdade que naqueles anos a ética médica foi profanada por alguns médicos; mas é igualmente verdade que, nesses mesmos anos outros viveram à altura dos mais elevados padrões profissionais. Houve médicos no campo que fizeram experimentos com pessoas já próximas da morte; mas houve outros médicos que fizeram experimentos em si mesmos. Lembro-me, por exemplo, de um psiquiatra de Berlim com quem tive algumas discussões noturnas sobre problemas da moderna psicoterapia. Quando estava por morrer, ele, cuidadosamente, começou a escrever, para a posteridade, sobre a experiência de suas últimas horas sob a forma de uma autodescrição.

Em certo sentido, atravessar o campo de concentração foi um grande experimento – um experimento crucial. Nossos colegas mortos passaram no teste com honras. Eles nos provaram que, mesmo sob condições de maior privação e humilhação, o homem pode ainda permanecer homem – homem de verdade e médico de verdade. O que para eles que nos deram essa prova foi honra, para nós deveria ser uma lição, ensinando-nos o que o homem é e o que o homem pode tornar-se.

Que é o homem, então? Aprendemos a conhecê-lo como, possivelmente, nenhuma geração anterior à nossa conseguiu. Aprendemos a conhecê-lo nos campos, onde tudo que não era essencial lhe havia sido retirado, onde tudo o que uma pessoa já tivera – dinheiro, poder, fama, sorte – desaparecera, enquanto permanecia apenas não o que homem "tinha", mas o que ele "era". O que ficava era o homem mesmo, que, no calor abrasador do sofrimento e da dor, era fundido ao essencial, ao humano em si mesmo.

Que, então, é o homem? Perguntamos novamente. Ele é um ser que decide, de modo contínuo, o que é: um ser que, igualmente, abriga o potencial para descer ao nível de um animal ou ascender à vida de um santo. O homem é o ser que, afinal, inventou a câmara de gás. Mas, ao mesmo tempo, ele é o ser que adentrou essa mesma câmara de gás com a cabeça erguida e com o Pai-Nosso ou a oração judaica dos mortos nos lábios.

Esse, então, é o homem. Agora temos uma resposta à pergunta que nos colocamos no início: "Que é o homem para que nele penses?". "Ele é um caniço", disse Pascal, "mas um caniço que pensa!" E é esse pensamento, essa consciência, essa responsabilidade que constituem a dignidade do homem, a dignidade de cada ser humano individual. E sempre cabe à pessoa, individualmente, preservar ou manchar essa dignidade. Enquanto o primeiro comportamento constitui um mérito pessoal, o segundo constitui a culpa pessoal. E só existe a culpa pessoal; culpa coletiva é um conceito que não tem significado. Certamente há também a culpa pessoal de um homem que "não fez nada de errado", mas falhou em fazer "algo certo"; assim falhou por causa de receio por si mesmo ou angústia por sua família. Mas quem desejar condenar tal homem como covarde deve, primeiro, provar que na mesma situação teria sido um herói.

Contudo, é melhor e mais prudente não julgar os outros. Paul Valéry afirmou: "*Si nous jugeons et accusons, le fonds n'est pas atteint*" – enquanto julgarmos e acusarmos, não chegaremos à verdade fundamental. Assim, não queremos apenas lembrar os mortos mas também perdoar os vivos. Enquanto estendemos nossa mão aos mortos, pelos túmulos, devemos também estendê-la aos vivos, acima de todo ódio. Se dizemos "Honra aos mortos", vamos querer acrescentar "e paz a todos os vivos de boa vontade".

X. Neuroses Coletivas dos Dias Atuais[1]

O assunto de minha conferência refere-se à "doença de nosso tempo". Vocês confiaram essa tarefa a um psiquiatra, de modo que me pergunto se esperam de mim, por assim dizer, a opinião de um psiquiatra sobre o homem contemporâneo: que meu tema seja "a neurose da humanidade".

Pode-se bem ficar tentado a assumir essa visão quando nos ocupamos de um livro chamado *A Condição Nervosa – A Enfermidade de Nosso Tempo*. O nome do autor é Weinke, e o livro foi publicado em 53 – não em 1953, mas em 1853...

A condição nervosa, a neurose, dessa forma, não é exatamente um mal contemporâneo. Hirschmann, da Clínica Kretschmer, Universidade de Tübingen, demonstrou, estatisticamente, que as neuroses, de modo nenhum, cresceram durante as últimas décadas; tudo o que mudou foi seu aspecto, seus sintomas. Mas é surpreendente descobrir que, nesse contexto, a ansiedade, comparativamente, diminuiu em importância. Dessa maneira, não é completamente correto dizer que a ansiedade constitui a doença de nosso tempo.

Contudo, não só nas últimas décadas mas também nos últimos séculos – até onde podemos verificar –, a ansiedade não tem aumentado. O psiquiatra americano Freyhan afirma que os séculos passados apresentavam mais ansiedade e mais razões para ansiedade que nossa própria era e refere-se aos julgamentos de bruxas, guerras religiosas, às migrações de povos, ao tráfico de escravos e às grandes pragas.

---

[1] Conferência apresentada na Universidade de Princeton, em 17 de setembro de 1957.

Uma das frases mais comumente citadas de Freud é aquela que afirma que o narcisismo da humanidade sofreu um choque severo em três ocasiões: a primeira, por meio dos ensinamentos de Copérnico; a segunda, com as lições de Darwin; e a terceira, pelo próprio Freud. Podemos facilmente aceitar o fato do terceiro abalo. Mas, quanto aos outros dois, não podemos entender por que uma explicação acerca do "onde" (Copérnico) ou do "de onde" (Darwin) da humanidade viria a constituir um choque. A dignidade do homem nada sofre com o fato de que ele habita o planeta Terra, um planeta do Sistema Solar, que não é o centro do universo. Incomodar-se com esse fato é como ficar desapontado pelo fato de Goethe não ter nascido no centro da Terra ou por Kant não ter vivido num polo magnético. Por que o fato de o homem não ser o centro do universo deveria afetar seu valor? Será que a realização de Freud torna-se prejudicada porque a maior parte de sua vida transcorreu não no centro de Viena, mas no Nono Distrito da cidade? É óbvio que algo como a dignidade do homem depende de fundamentos outros que não sua localização no mundo material. Em suma, estamos confrontados aqui com uma confusão entre diferentes dimensões do ser, negligenciando diferenças ontológicas. Apenas para o materialismo é que anos-luz são medida de grandeza.

Assim, se – no sentido de uma *quaestio juris* – o direito de fazer o valor e a dignidade dependerem de categorias espaciais pode ser questionado, então – no sentido de uma *quaestio facti* – é de duvidar se o darwinismo rebaixou a autoestima do homem. Pareceria, ao contrário, tê-la aumentado. Isso porque a mim parece que a geração de mente progressista, intoxicada com o progresso, da época de Darwin não se sentiu nada humilhada, mas sim orgulhosa pelo fato de que seus ancestrais macacos progrediram tão magnificamente que nada mais bloquearia a estrada para posteriores avanços, para o "super-homem". De fato, a habilidade do homem de andar ereto lhe "subira à cabeça".

O que, então, fez crescer a impressão de que a incidência de neuroses aumentou? Em minha opinião, isso se deve ao crescimento de algo que se poderia chamar de necessidade psicoterapêutica. De fato, algumas das pessoas que hoje consultam o psiquiatra, tempos atrás, teriam ido ver um pastor, padre ou rabino. Mas, agora, elas se recusam a ir a um sacerdote, de modo que o médico é forçado para o interior daquilo que chamo de ministério médico. Trata-se de um ministério assumido não apenas pelo neurologista ou psiquiatra, mas por qualquer médico. O cirurgião, por exemplo, deve exercer seu ofício quando confrontado com casos inoperáveis ou que envolvam a necessidade de amputação; da mesma forma, o ortopedista é confrontado com problemas de ministério médico quando está lidando com deficientes físicos; por fim, o dermatologista que atua com pacientes desfigurados, o médico que lida com casos incuráveis, o ginecologista que atende pessoas estéreis, todos devem tomar parte nesse ministério.

Não apenas as neuroses mas também as psicoses têm-se mantido, no decorrer do tempo, de forma surpreendente, constante. Aqui, novamente, houve mudanças de aspecto, sintomas diferentes. Eu ilustraria esse ponto com a doença conhecida como depressão mascarada: apenas uma geração atrás, a máscara consistia em escrúpulos obsessivos, isto é, sentimentos de culpa e autorreprovação. Hoje, contudo, a sintomatologia é dominada por queixas hipocondríacas. Bem, um quadro de depressão é, às vezes, marcado por ideias delirantes. É interessante notar como os conteúdos desses delírios foram se modificando com o passar das últimas décadas. Pode-se ficar com a impressão de que os delírios de nossos pacientes são configurados pelo espírito da época e que mudam com ele; que, dessa maneira, o espírito da época se faz sentir nas profundezas da vida mental do psicótico. Assim, Krantz, em Mainz, e Von Orelli, na Suíça, conseguiram demonstrar que as ideias delirantes de hoje são menos dominadas por sentimento de culpa – a culpa do homem diante de Deus – estando mais ligadas a preocupações acerca do corpo, da saúde física e da capacidade de trabalho do que antes. Percebemos recorrentemente como o delírio do pecado tem sido substituído pelo medo da doença ou da pobreza. O paciente de nosso tempo é menos preocupado com seu estado moral que com sua condição financeira.

Tendo contemplado as estatísticas de neuroses e psicoses, voltemo-nos aos números relacionados ao suicídio. Nesse caso, vemos como estes mudam ao longo do tempo, mas não da maneira que um leigo esperaria. Pois é um fato empírico bastante conhecido que, em tempos de guerra e de crises, o número de suicídios cai. Se você me perguntar por uma explicação, eu citaria o que um arquiteto certa vez me falou: O melhor modo de sustentar e fortalecer uma estrutura deteriorada é aumentando a carga que ela deve suportar. De fato, fardos e pressões somáticas e psíquicas – o que na medicina moderna se conhece como "estresse" – não são, de modo algum, sempre e necessariamente patogênicos ou causadores de doenças. Sabemos, de nossa experiência com neuróticos, que o alívio do estresse é potencialmente pelo menos tão patogênico quanto a imposição de estresse. Ex-prisioneiros de guerra, de campos de concentração e refugiados, todos tiveram de lidar com grande sofrimento e, no entanto, sob a pressão das circunstâncias, foram não apenas forçados, mas se mostraram capazes de realizar o seu máximo, de dar o seu melhor; essas pessoas ficaram, em termos psico-higiênicos, em grave perigo assim que o estresse lhes foi retirado – de maneira abrupta. Em relação a isso, sempre me lembro da chamada "doença da descompressão", que aflige mergulhadores que são trazidos muito rapidamente à superfície de regiões de alta pressão.

Voltemos ao fato de que a incidência de neuroses – ao menos no exato sentido clínico da palavra – não tem aumentado. Isso significa que as neuroses clínicas, de maneira nenhuma, se tornaram coletivas, não ameaçando tragar a humanidade como um todo. Mas também podemos colocar a questão de um modo mais cauteloso: isto apenas significa que aquilo que justificadamente chamamos de neuroses coletivas não é, necessariamente, o mesmo que doença neurótica no estrito sentido clínico da palavra!

Tendo deixado claras essas limitações, voltemo-nos agora àqueles traços no caráter do homem contemporâneo que podem ser chamados de tipo neurótico, "semelhante às neuroses". Bem, a neurose "coletiva" de nosso tempo apresenta, de acordo com minha experiência, quatro sintomas principais:

1. Uma atitude efêmera diante da vida. Na última guerra, o homem aprendeu – por necessidade – a viver de um dia para o outro; ele nunca sabia ao certo se veria o amanhecer seguinte. Desde a guerra, essa atitude permaneceu conosco, parecendo estar justificada pelo medo da bomba atômica. As pessoas parecem agarrar-se a um humor de meio de século cujo slogan é "*Après moi la bombe atomique*".[2] E, dessa maneira, elas desistiram da ideia de planejar com antecedência ou de organizar a vida em torno de um propósito definido. O homem de hoje vive provisoriamente,

---

[2] "Depois de mim, a bomba atômica", em francês no original. (N. T.)

vive de um dia para o outro, e não tem consciência de tudo aquilo que, ao assim proceder, está perdendo. Ele não conhece a verdade de uma citação de Bismarck: "Na vida, experimentamos quase o mesmo que no dentista; sempre cremos que o pior ainda está por vir, e quando nos damos conta, já passou". Podemos tomar como exemplo várias pessoas no campo de concentração. Para o rabino Jonas, para o Dr. Fleischmann e para o Dr. Wolf, nem mesmo a vida no campo era provisória. Eles nunca a consideraram um mero episódio. Para eles, tratou-se muito mais de um teste de confirmação que se transformou no ponto mais alto da existência deles.

2. Outro sintoma consiste na atitude fatalista diante da vida. O homem efêmero diz: não há necessidade de planejar minha vida, já que a bomba atômica vai explodir algum dia, de qualquer modo. O homem fatalista diz: isto não é sequer possível. Ele tende a considerar-se a si mesmo como um joguete das circunstâncias exteriores ou das condições interiores, e dessa forma, deixa-se movimentar por elas. Mas ele mesmo também vai movimentando algo – atribuindo a culpa a isso ou àquilo, em tudo de acordo com os ensinamentos do niilismo contemporâneo. O niilismo tem segurado um espelho deformador com uma imagem distorcida ante os olhos do homem, imagem segundo a qual ele parece ser ou um mecanismo psíquico ou, simplesmente, um produto do meio econômico.

Chamo esse tipo de niilismo de "homunculismo", pois o homem interpreta e compreende equivocadamente a si mesmo como um produto do meio, de sua constituição psicofísica. Essa última visão pode ser bem apoiada pelas interpretações populares da psicanálise, que parecem fornecer vários argumentos em favor do fatalismo. Uma psicologia profunda, que considera sua principal tarefa a de "desmascarar", mostra-se bastante útil para a tendência própria do neurótico à "desvalorização". Ao mesmo tempo, não podemos negligenciar o fato apontado pelo bem conhecido psicanalista Karl Stern, que afirmou: "Infelizmente, a filosofia reducionista constitui a parte mais aclamada do pensamento psicanalítico. Ela se harmoniza, de modo excelente, com uma típica mediocridade pequeno-burguesa, a qual se associa ao desprezo por tudo de natureza espiritual".³ Ora, o desprezo por tudo que pertença ao espírito e à religião, em particular, é facilitado ao neurótico mediano de hoje com a ajuda de uma psicanálise malconcebida. Com todo o devido respeito à genialidade de Sigmund Freud e às suas conquistas pioneiras, não podemos fechar os olhos para o fato de que o próprio Freud foi um filho de seu tempo, não se mostrando independente do espírito de sua época. Certamente as considerações de Freud sobre a religião como uma ilusão ou uma neurose obsessiva e sua visão de Deus como uma imagem paterna foram uma expressão desse espírito. Mas, ainda hoje, depois de décadas, o perigo sobre o qual Karl Stern nos advertiu não deve ser subestimado. Mesmo com tudo isso, o próprio Freud não foi, de modo algum, um homem que menosprezava tudo de natureza espiritual e moral. Não foi ele próprio que disse que o homem não apenas é muito mais imoral do que acredita como também muito mais moral do que pensa ser? Gostaria de completar essa fórmula ao acrescentar que o homem é, com frequência, muito mais religioso do que suspeita. Eu não excluiria o próprio Freud dessa regra. Afinal, foi ele que certa vez se referiu ao "nosso Deus Logos".⁴

Até os próprios psicanalistas estão sentindo algo que se poderia chamar – em alusão ao título do livro de Freud *O Mal-Estar na Civilização* – o Mal-Estar da Popularidade. A palavra "complexo" tornou-se uma contrassenha em nossos dias. Os psicanalistas americanos já estão reclamando de que as assim chamadas associações livres – afinal, parte da técnica básica da psicanálise – já não têm sido, há um bom tempo, realmente livres: os pacientes já sabem demais sobre psicanálise antes mesmo de iniciar o tratamento. Nem mesmo os sonhos dos pacientes podem ter a confiabilidade de outrora por parte de seu intérprete. Esses sonhos também receberam um viés, de modo a serem bem recebidos pelo médico e ajustados ao seu tipo de interpretação. Ao menos, isso é o que tem sido afirmado por eminentes analistas. Então nós nos defrontamos com uma situação em que – tal como bem apontou o famoso psicanalista Emil Gutheil, editor do *American Journal of*

---

³ K. Stern, *Die Dritte Revolution*. Salzburg, Muller, 1956, p. 101.

⁴ Referência de Frankl à passagem contida na obra freudiana *O Futuro de uma Ilusão*". (N. T.)

Psychotherapy – pacientes de freudianos estão sempre sonhando com complexos de Édipo; pacientes de adlerianos, por sua vez, com conflitos de poder; e pacientes de junguianos, enchendo seus sonhos de arquétipos.

3. Depois dessa breve reflexão acerca da psicoterapia em geral e da psicanálise em particular, nós nos voltamos mais uma vez aos traços do caráter neurótico coletivo no homem contemporâneo, chegando ao terceiro dos quatro sintomas: pensamento conformista ou coletivista. Este se revela quando o homem médio deseja passar pela vida da maneira mais despercebida possível, preferindo submergir na massa. Obviamente, não podemos ignorar a diferença essencial entre massa e comunidade, que é esta: a comunidade necessita de personalidades a fim de ser uma verdadeira comunidade, e uma personalidade, por sua vez, precisa de uma comunidade como esfera de atividade. Uma massa já é diferente: ela é perturbada pelas personalidades individuais. Dessa maneira, suprime a liberdade do indivíduo e rebaixa sua personalidade.

4. O homem conformista ou coletivista nega sua própria personalidade. O neurótico que sofre do quarto sintoma, o fanatismo, nega a personalidade dos outros. Ninguém mais pode prevalecer. Nenhuma outra opinião além da sua deve esperar ser ouvida. Contudo, na verdade, ele não tem nenhuma opinião própria, mas simplesmente expressa a opinião pública – a qual, por assim dizer, o possui. O fanatismo politiza mais e mais o homem; na verdade, porém, a política é que deveria ser humanizada. Não devemos esconder o fato de que os dois primeiros sintomas, atitude efêmera e fatalismo, me parecem estar mais disseminados no Ocidente, enquanto os dois últimos – pensamento conformista ou coletivista e fanatismo – dominam o Oriente.

Quão disseminados estão esses traços neuróticos coletivos entre nossos contemporâneos? Solicitei a alguns de meus colaboradores que testassem pacientes que aparentassem estar bem de saúde mental, ao menos no sentido clínico, e que tivessem sido tratados em minha clínica apenas por queixas orgânicas e neurológicas. A esses pacientes fizeram-se quatro perguntas, a fim de verificar em que medida eles demonstrariam algum dos quatro sintomas mencionados. A primeira, direcionada à atitude efêmera, foi: "Você considera valer a pena agir, já que, afinal de contas, podemos ser dizimados pela bomba atômica algum dia?". A segunda questão, focada no fatalismo, foi assim formulada: "Você acredita que o homem é um produto e joguete de forças e poderes interiores e exteriores?". A terceira pergunta, destinada a desmascarar uma tendência ao pensamento conformista ou coletivista, era: "Você acha que o melhor a fazer é passar despercebido?". E, finalmente, a quarta, decerto uma pergunta capciosa: "Você acredita que alguém que tenha as melhores intenções para com seus semelhantes está justificado em usar qualquer meio que considere apropriado para atingir seus objetivos?". Na realidade, a diferença entre uma política fanática e uma política humanizada é esta: o fanático acredita que o fim justifica os meios; sabemos, porém, que há meios que profanam o mais sagrado dos fins.

Bem, de todas as pessoas examinadas, apenas uma única pessoa aparentou estar livre de todos os sintomas da neurose coletiva; 50% apresentaram três, se não quatro, sintomas.

Discuti esses e outros assuntos semelhantes na América do Norte e na América do Sul, e em toda parte perguntavam-me se eu percebia que esse estado de coisas seria algo tão somente restrito à Europa. Improvisei a seguinte resposta: Pode bem ser que os europeus estejam mais agudamente ameaçados por esses traços de neurose coletiva, mas o perigo em si – que é o perigo do niilismo – é global. E, na realidade, os quatro sintomas demonstram derivar-se do medo e da fuga da liberdade e da responsabilidade; contudo, liberdade e responsabilidade, juntas, tornam o homem um ser espiritual. E o niilismo, em minha opinião, deveria ser definido como uma fadiga, um cansaço do espírito. Enquanto essa onda global de niilismo vai seguindo com força crescente, a Europa constitui, por assim dizer, uma estação sismográfica, registrando, num estágio inicial, o avanço de um terremoto espiritual. Talvez o europeu seja mais sensível aos gases venenosos que emanam do niilismo em sua direção; esperemos que ele esteja, dessa forma, apto a produzir o antídoto enquanto ainda há tempo.

Acabei de falar sobre niilismo. Em relação a isso, gostaria de apontar que o niilismo não é uma filosofia que afirma que há apenas o nada, *nihil*, portanto, nenhum Ser. O niilismo é aquela atitude diante da vida que afirma que o Ser não possui sentido algum. O niilista é um homem que considera o Ser – e, acima de tudo, sua própria existência – desprovido de sentido. Mas à parte desse niilismo teórico e acadêmico há também um niilismo prático, por assim dizer, um niilismo "vivido". Há pessoas – e isso está mais manifesto hoje do que nunca – que consideram a própria vida sem sentido, que não conseguem ver sentido algum em sua existência e, desse modo, a consideram sem nenhum valor.

No fundo, em minha opinião, o homem não é nem dominado pela vontade de prazer nem pela vontade de poder, mas pelo que chamo de vontade de sentido: seu profundo esforço e luta por um sentido último e mais elevado para sua existência. Essa vontade de sentido, no entanto, pode ser frustrada. Chamo essa condição de frustração existencial, opondo-a à frustração sexual, que, tão frequentemente, tem sido culpada da etiologia das neuroses.

Cada era tem suas neuroses e cada era precisa de sua própria psicoterapia. A frustração existencial parece-me, hoje, ter um papel tão relevante na formação das neuroses quanto a frustração sexual anteriormente já teve. Chamo essas neuroses de neuroses noogênicas. Quando uma neurose é noogênica, isto é, quando ela tem suas raízes não em complexos psicológicos ou traumas mas em problemas espirituais, conflitos morais e crises existenciais, então uma neurose assim enraizada no espiritual requer uma psicoterapia que tenha como foco o espírito; é isso que chamo de logoterapia – em contraste com a psicoterapia no sentido mais estrito da palavra. Contudo, mesmo em vários casos de neurose não noogênica, mas psicogênica, a logoterapia ainda é indicada.

Adler nos familiarizou com o importante papel desempenhado pelo que chamou de sentimento de inferioridade no desenvolvimento das neuroses. Bem, parece-me que, hoje, outra coisa está desempenhando um papel no mínimo tão importante nesse contexto: o sentimento de falta de sentido. Não o sentimento de ter menos valor que os outros, mas o sentimento de que a vida já não tem qualquer sentido.

O que ameaça o homem contemporâneo é a suposta ausência de sentido de sua vida, ou como eu o chamo, o vácuo existencial em seu interior. Mas quando esse vácuo aparece? Quando esse vácuo, tantas vezes latente, se torna manifesto?

No estado de tédio. Agora, temos condições de entender o real sentido das palavras de Schopenhauer quando ele afirmou que a humanidade parecia estar condenada a oscilar eternamente entre os dois extremos: do desejo e do tédio. Na realidade, atualmente o tédio nos está dando – sem dúvida a nós, psiquiatras – mais problemas para resolver que o desejo, até mesmo o assim chamado desejo sexual.

O problema do tédio está se tornando, cada vez mais, de grande atualidade. A segunda Revolução Industrial, como se tem chamado o processo de automação, provavelmente levará a um enorme aumento nas horas de lazer do trabalhador médio. E ele não saberá o que fazer com todo esse tempo livre.

Mas consigo visualizar outros perigos que podem surgir da automação: um dia, a compreensão do homem a respeito de si mesmo poderá ser influenciada e ameaçada. O homem poderá começar a fazer uma interpretação equivocada de si mesmo com base em uma analogia com a calculadora ou com o computador. A princípio, ele se compreendia a si mesmo como uma criatura – à imagem de seu criador, Deus. Posteriormente, veio a era da máquina, e o homem passou a ver a si próprio como um criador – à imagem de sua criação, a máquina: *l'homme machine*, como La Mettrie o coloca. E agora nós nos encontramos exatamente no interior da era do computador e da calculadora. Em 1954, um psiquiatra escreveu o que segue na *Revista Vienense de Neurologia*: "O computador eletrônico difere da mente humana apenas na medida em que ele, em comparação, funciona sem nenhum problema – o que, infelizmente, não pode ser dito sobre a mente humana". Aqui, mostra-se latente o perigo de um novo homunculismo. Trata-se do perigo de que o homem possa, mais uma vez, compreender-se e interpretar-se equivocadamente como "nada mais que". De acordo com os três grandes homunculismos – biologismo, psicologismo e sociologismo –, o homem seria "nada mais que", ou um autômato de reflexos, um feixe de impulsos, um mecanismo psíquico ou, simplesmente, um produto do meio econômico. Apenas isso foi deixado ao homem, a quem o salmista chamara de *"paulo minor Angelis"*, situando-o imediatamente abaixo dos anjos. A essência humana é, assim, removida. Não devemos, tampouco, esquecer que o homunculismo pode fazer história – de fato já o fez. Temos apenas de lembrar como, na história recente, a concepção de homem como "nada mais que" o produto da hereditariedade e do meio, ou, como assim se nomeou, do "Sangue e da Terra", arrastou todos nós a desastres históricos. Em todo caso, acredito haver um caminho direto entre essa imagem homunculista do homem e as câmaras de gás de Auschwitz, Treblinka e Maidenek. A corrupção da imagem do homem pela automação ainda é um perigo distante; mas, afinal, é nossa tarefa como médicos não apenas, sempre que possível, reconhecer e, onde necessário, tratar doenças – incluindo doenças da mente e do espírito de nosso tempo – mas também preveni-las sempre que possível. Dessa forma, deve-se permitir que levantemos nossa voz em advertência.

Eu dizia anteriormente que a frustração existencial – a falta de conhecimento a respeito de um sentido para a existência, que faça a vida valer a pena – é capaz de gerar neuroses. Bem, descrevi o que chamei de neurose de desemprego. Nos últimos anos, outra forma de frustração existencial tem se tornado cada vez mais urgente: a crise psicológica da aposentadoria. Esta terá de ser enfrentada pela psicogerontologia ou gerontopsiquiatria.

Orientar a própria vida em direção a um objetivo é de vital importância. Quando a tarefa profissional não mais está ali, outras tarefas de vida devem ser encontradas e, dessa maneira, buscadas. Na minha opinião, estimular a vontade de sentido de um homem, oferecendo-lhe possibilidades de sentido, é o primeiro e mais importante objetivo da psico-higiene. E tais possibilidades também existem fora da esfera profissional. Nada auxilia mais o homem a sobreviver[5] e a manter-se saudável que o conhecimento de uma tarefa na vida. Dessa maneira, compreendemos a sabedoria nas palavras de Harvey Cushing, como citadas por Percival Bailey: "O único modo de enfrentar a vida é ter sempre uma tarefa a cumprir". Eu mesmo nunca vi uma montanha maior de livros à espera de leitura que aquela na mesa do professor de psiquiatria Josef Berze, vienense, de noventa anos, cuja teoria acerca da esquizofrenia, várias décadas atrás, muito contribuiu para a pesquisa nessa área.

---

[5] O psiquiatra americano J. E. Nardini ("Fatores de Sobrevivência em Prisioneiros de Guerra Americanos no Japão". In: *The American Journal of Psychiatry*, 109: 244, 1952) apontou que os soldados americanos tomados como prisioneiros pelos japoneses tinham mais chances de sobreviver se possuíssem uma visão positiva da vida, direcionada a um objetivo que fizesse a sobrevivência valer a pena.

A crise espiritual da aposentadoria constitui, por assim dizer, uma neurose de desemprego permanente. Mas há também uma temporária, periódica: a neurose de domingo. Trata-se de uma depressão que aflige pessoas que tomam consciência da falta de conteúdo em sua vida – o vácuo existencial – assim que a correria da movimentada semana cessa no domingo, e o vazio interior, de repente, se manifesta.

Geralmente, claro, a frustração existencial não é manifesta, mas latente e mascarada, e conhecemos as diversas máscaras e disfarces sob os quais ela aparece.

Na "Doença do Executivo", a vontade de sentido frustrada é indiretamente compensada pela vontade de poder. O trabalho profissional, no qual o executivo se submerge com entusiasmo maníaco, parece ser um fim em si mesmo, mas, na verdade, é um meio para um fim, o do autoentorpecimento. O que os antigos escolásticos costumavam chamar de *horror vacui* existe não apenas no reino da física, mas também no campo da psicologia. O homem tem medo desse vazio interior, do vazio existencial, e foge dele em direção ao trabalho ou ao prazer. O lugar de sua vontade de sentido frustrada é tomado pela vontade de poder, mesmo que seja apenas de poder econômico – na forma mais primitiva da vontade de poder, qual seja, a vontade de dinheiro.

As coisas funcionam de forma diferente no que eu chamo de Doença da Esposa do Executivo. Enquanto este tem muitas ocupações e não dispõe, portanto, de muito tempo para uma pausa ou um momento consigo mesmo, a esposa de muitos deles, por sua vez, já não tem muito o que fazer, conta com bastante tempo livre, a ponto de não saber o que fazer com ele. Menos ainda sabem o que fazer consigo mesmas. Elas, também, buscam esse autoentorpecimento quando confrontadas com a frustração existencial. Só que o fazem por meio do uso de drogas – até mesmo, literalmente, com a ajuda do álcool. Substituem a mania de trabalho do marido por uma dipsomania: fogem de seu vazio interior indo a coquetéis, frequentando festas cheias de fofoca ou encontros sociais para jogar *bridge*.

Sua vontade de sentido frustrada é, dessa forma, compensada não pela vontade de poder – como ocorre com o marido – mas pela vontade de prazer. Esse prazer também pode, obviamente, ser sexual. Com frequência, percebemos que a frustração existencial pode levar a uma compensação sexual. Essa aparente frustração sexual esconde um fundo real de frustração existencial. A libido sexual só se torna descontrolada no interior do vazio existencial.

Além da mania de trabalho, da dipsomania, da mania de fofoca e da mania por jogo, há ainda outra possibilidade de fuga do vazio interior e da frustração existencial: a mania por velocidade. E aqui gostaria de esclarecer um mal-entendido bastante disseminado. O ritmo de nossa época, que é possibilitado, mas não necessariamente produzido, pelo progresso técnico, é fonte de doenças apenas no plano físico. É bem sabido que, nas últimas décadas, bem menos pessoas têm perecido em virtude de doenças infecciosas do que em qualquer período anterior. Mas esse "déficit de mortes" é generosamente compensado pelos acidentes rodoviários fatais. No âmbito psicológico, no entanto, a posição é diferente: a velocidade de nossa era não é, de modo algum, tão produtora de doenças quanto se supõe. Pelo contrário, considero que o ritmo, a pressa de nossos tempos constitui uma tentativa – ainda que fracassada – de nos curar da frustração existencial. Quanto menos um homem é capaz de descobrir um objetivo para a vida, tanto mais ele acelera o ritmo do seu viver.

Considero a tentativa de sufocar o vazio existencial com o barulho das máquinas como o *vis a tergo* da motorização, que tem aumentado rapidamente. Não apenas o sentimento de falta de sentido, mas também o sentimento de inferioridade, no sentido mais banal da palavra, podem ser compensados pela motorização. E será que o comportamento de tantos emergentes motorizados não nos lembra aquilo que os psicólogos animais chamam de comportamento destinado a impressionar?

Um veículo é, com frequência, comprado com o objetivo de compensar um sentimento de inferioridade. Os sociólogos chamam isso de consumo conspícuo. Conheço um paciente, um grande industrial, que apresentou o quadro clássico da Doença do Executivo. Sua vida inteira fora dominada por um único desejo, a ponto de trabalhar excessivamente e arruinar a própria saúde. Apesar de ter um avião de lazer, não se deu por satisfeito, e desejava um jato. Aparentemente, seu vazio existencial era tão grande que só poderia ser superado por meio de velocidade supersônica.

Falamos do perigo psico-higiênico apresentado ao homem, nos dias de hoje, pelo niilismo "vivido" e por uma imagem homunculista do homem. Bem, a psicoterapia só poderá banir esse perigo se ela mesma conseguir manter-se livre de uma imagem homunculista do homem. Mas ela permanecerá homunculista e nada além de uma caricatura do homem enquanto considerá-lo como "nada mais que" um ser que é "impulsionado" ou que apenas satisfaz as exigências conflitantes do id e do superego em busca de um acordo entre eles.

O homem não é "impulsionado". O homem decide. Mas preferimos falar de responsabilidade em vez de liberdade. Responsabilidade implica algo pelo qual somos responsáveis – ou seja, a realização de exigências e tarefas concretas, a realização daquele sentido único e individual que cada um de nós tem de preencher. Assim, considero enganoso falar sobre autoatualização e autorrealização. Apenas na medida em que o homem realiza certas tarefas específicas no mundo circundante é que ele se realiza a si mesmo. Portanto, não *per intentionem*, mas *per effectum*.

Condições semelhantes prevalecem no que diz respeito à vontade de prazer. Ela deve falhar, já que se contradiz e se opõe a si mesma. Vemos isso com muita frequência nas neuroses sexuais: quanto mais um homem luta pelo prazer, tanto menos ele o alcança. E vice-versa: quanto mais o homem tenta fugir do desprazer, ou do sofrimento, mais profundamente ele submerge em sofrimento adicional.

Já vimos, então, que existem não apenas uma vontade de prazer e uma vontade de poder, mas também uma vontade de sentido. Agora podemos ver adiante: temos não apenas a possibilidade de dar sentido a nossas vidas por meio de atos criativos e, além destes, pela experiência da Verdade, da Beleza, da Bondade, da Natureza, da Cultura e de outros seres humanos em sua unicidade e individualidade e no amor. Temos a possibilidade de tornar a vida significativa não apenas criando e amando, mas sofrendo – de maneira que, quando não mais pudermos mudar nosso destino por meio da ação, o que vai importar é a atitude correta diante dele. Quando não mais pudermos controlar e configurar nosso destino, teremos de aceitá-lo. Para a configuração criativa de nosso destino, precisamos de coragem; para a forma correta de sofrimento, quando confrontados com um destino inevitável e imutável, precisamos de humildade. Até um homem que se encontra na mais desesperada dificuldade – dificuldade em que nem a atividade nem a criatividade possam trazer valor à vida nem a experiência possa dar-lhe sentido – consegue conferir sentido à sua vida pela maneira como ele enfrenta o destino, pelo modo como assume para si o sofrimento. Precisamente assim, é dada a ele uma última chance de realizar valores.

Dessa forma, a vida tem sentido até o último suspiro. A possibilidade de realizar o que chamo de valores de atitude – por meio da própria atitude com que encaramos nosso sofrimento – está lá até o último momento. Agora podemos entender a sabedoria de Goethe quando afirmou: "Não há situação que não possa ser engrandecida, seja pela ação, seja pelo sofrimento". Mas devemos acrescentar que o tipo certo de sofrimento é, em si, um feito, ou melhor, a mais alta conquista concedida ao homem.

Contudo, o sentido da existência humana é ameaçado não só pelo sofrimento mas também pela culpa – e pela morte. Aquilo que causa nossa culpa, pela qual somos responsáveis, não pode ser modificado. Mas a culpa, em si, pode ser redimida e aqui, novamente, tudo depende da atitude correta que adotamos diante de nós mesmos – tudo depende do verdadeiro arrependimento. (Aqui não me refiro aos casos em que o dano causado pode ser desfeito por expiação.)

E que dizer da morte: será que ela não anularia completamente o sentido de nossa vida? De modo nenhum. Assim como o fim pertence à história, a morte pertence à vida. Se a vida tem sentido, então ela o mantém, não importa se é longa ou curta, ou se um homem vive adiante em seus filhos ou morre sem os ter. Se o sentido da vida consistisse na reprodução, então cada geração encontraria seu sentido apenas na próxima. Dessa forma, o problema do sentido seria adiado de uma geração para outra, mas nunca resolvido. Se a vida de cada geração humana não tem sentido, não seria, da mesma forma, desprovido de sentido perpetuar algo que não tem sentido?

Vimos que a vida, toda a vida, em cada situação e até o último suspiro, tem um sentido, retém um sentido. Isso é igualmente verdadeiro no que diz respeito à vida de uma pessoa doente, até mesmo do mentalmente enfermo. A assim chamada vida indigna de ser vivida[6] não existe. E até as manifestações da psicose

---

[6] Ver nota 4, p. 80. (N. T.)

escondem uma pessoa espiritual real, inatacável pela doença mental. Apenas as iniciativas de comunicação com o mundo exterior estão inibidas pela doença. Contudo, o núcleo do homem permanece indestrutível. E se não fosse esse o caso, ser psiquiatra seria algo fútil, em vão.

Quando estive em Paris sete anos atrás, para o primeiro Congresso Mundial de Psiquiatria, o padre Beirnaert[7] me perguntou se eu, como psiquiatra, acreditava que idiotas[8] poderiam tornar-se santos. Respondi afirmativamente. Porém, mais que isso, disse a ele que o próprio fato, horrível como é, de ter nascido um idiota poderia constituir uma ocasião e uma chance de provar a si mesmo muito bem – por meio de uma atitude interior – que alguém assim poderia equivaler a um santo. Sem dúvida, outras pessoas, até nós, psiquiatras, dificilmente perceberiam algo, já que a possibilidade de se manifestar exteriormente seria bloqueada pela doença mental. Só Deus sabe quantos santos se esconderam por trás da aparência de idiotas. Mas então perguntei ao padre Beirnaert se não seria uma presunção intelectualista até mesmo duvidar dessa possibilidade. Duvidar dela não significaria pressupor que a santidade ou qualquer qualificação moral do homem seriam dependentes de seu QI, de modo que alguém, por exemplo, poderia perguntar: abaixo de um QI 90 não há nenhuma chance? E outra coisa: quem duvidaria de que uma criança tem, ou melhor, é, uma personalidade? Nesse sentido, o que seria um idiota se não um homem infantilizado que, dessa maneira, permaneceu criança?

Não há, portanto, e espero ter demonstrado, razão para duvidar do sentido da vida, mesmo da mais miserável. A vida tem um sentido incondicional e precisamos de uma *crença* incondicional nele. Isso, hoje, é mais essencial que nunca, numa época como a nossa, em que o homem se vê ameaçado pela frustração existencial, pela frustração da vontade de sentido, pelo vazio existencial.

Mas a psicoterapia só pode ter uma crença incondicional no sentido da vida, de toda vida, se ela começa com o tipo correto de filosofia, se ela escolhe a

---

[7] Louis Beirnaert (1906-1985) foi um prestigiado sacerdote jesuíta e psicanalista francês, aluno e amigo de Jacques Lacan. (N. T.)

[8] Expressão aqui empregada no seu sentido clínico antigo, indicando pessoa com grave deficiência intelectual. (N. T.)

filosofia correta. Dessa maneira, conseguimos compreender como Waldo Frank pôde escrever em um periódico americano que a logoterapia dava testemunho dos esforços, em toda parte, para suplantar as inválidas hipóteses filosóficas inconscientes dos freudianos e adlerianos por uma filosofia consciente, assumida. Psicanalistas modernos, em particular nos Estados Unidos, já compreenderam e concordaram que uma psicoterapia sem uma concepção de mundo, sem uma hierarquia de valores, mesmo que inconsciente (não assumida), não pode existir. É ainda mais importante tornar o próprio psicanalista consciente de sua imagem de homem, muitas vezes inconsciente. Um psicanalista, mais que ninguém, deveria perceber os perigos de deixar essa imagem inconsciente. Em todo caso, o único modo de ele fortalecer sua imagem de homem, distorcida que foi pelas influências do século passado, é dar-se conta de que aquilo que ele muitas vezes assumiu como ponto de partida é, na verdade, uma caricatura de homem, não uma verdadeira imagem deste. Isto é necessário para corrigir essa imagem caricatural de homem.

Foi precisamente isso que tentei fazer com a análise existencial e a logoterapia: suplementar, e não suplantar, a psicoterapia existente e, assim, transformar a imagem implícita de homem numa imagem total e integral do verdadeiro homem, uma imagem em todas as suas dimensões, fazendo, dessa forma, justiça àquela realidade que pertence apenas ao homem e que se chama existência.

Estou bem consciente do fato de que agora podem me repreender por ter produzido uma caricatura da imagem de homem que busquei corrigir. E, talvez, haja algo aí. Talvez eu realmente tenha sido unilateral; talvez tenha exagerado quando pressenti o perigo ameaçador do niilismo, do homunculismo, como o chamei, por trás de tantas teorias e sistemas filosóficos inconscientes e não assumidos da moderna psicoterapia. Talvez eu seja realmente muito sensível à menor insinuação de niilismo. Mas, se esse for o caso, por favor, compreendam que sou hipersensível assim apenas porque tive de superar o niilismo dentro de mim. E talvez seja por isso que sou tão capaz de farejá-lo, onde quer que ele se esconda.

E, se me permitirem contar histórias tiradas da escola de minha própria autoanálise existencial, talvez eu consiga ver tão bem o cisco nos olhos dos outros porque eu mesmo tive de retirar a trave dos meus.[9]

---

[9] Referência ao Evangelho de Mateus, 7,3-5. (N. T.)

XI. Análise Existencial e Ontologia Dimensional[1]

Análise existencial (*Existenzanalyse*) e logoterapia são a mesma coisa, na medida em que ambas representam um aspecto particular de uma mesma teoria.[2] Contudo, a *Existenzanalyse* não deve ser confundida com a *Daseinanalyse*, mesmo apesar do fato de que ambas as expressões alemãs têm sido traduzidas em língua inglesa como "análise existencial".[3]

Ambas, análise existencial e daseinanálise, esforçam-se na direção de algo como o esclarecimento da existência (*Existenzerhellung*, Karl Jaspers). A ênfase da daseinanálise, contudo, é posta na elucidação da existência, compreendida no sentido do ser. A análise existencial, por sua vez, acima de qualquer elucidação do *ser*, ousa avançar na direção de um esclarecimento do *sentido*.[4] A ênfase, dessa

---

[1] Versão reduzida e revisada de um trabalho apresentado no IV Congresso Internacional de Psicoterapia, em Barcelona, em 5 de setembro de 1958.

[2] Edith Weisskopf-Joelson, "Logotherapy and Existential Analysis. In: *Acta Psychotherapeutica*, 6: 193, 1958.

[3] Paul Polak, "Frankl's Existential Analysis". In: *American Journal of Psychotherapy*, 3: 517, 1949.
O termo "análise existencial", como usado no presente capítulo, aplica-se apenas à teoria desenvolvida pelo Dr. Frankl, ao passo que o termo daseinanálise se aplica à teoria de Ludwig Binswanger. Dr. Frankl começou a falar em *Existenzanalyse* já em 1932, e passou a empregar o termo em publicações a partir de 1939, de maneira independente dos esforços de Binswanger, que foram posteriormente formulados na *Daseinanalyse*. [Nota do editor da edição original.]

[4] Paul Polak, "Existenz und Liebe: Ein kritischer Beitrag zur ontologischen Grundlegung der medizinischen Anthropologie durch die 'Daseinsanalyse' Binswangers und die 'Existenzanalyse' Frankls". In: *Jahrbuch für Psychologie und Psychotherapie*, 1: 355, 1953.

forma, muda de uma elucidação de realidades ônticoontológicas para uma clarificação das possibilidades de sentido. Talvez seja essa a razão pela qual a análise existencial vá além de mera análise e constitua uma terapia, ou seja, uma logoterapia, enquanto a daseinanálise, ao menos de acordo com as definições dadas por seus principais praticantes, não representa em si mesma uma (psico-)terapia no verdadeiro sentido da palavra. Como escreve Medard Boss: "Daseinanálise nada tem a ver com prática psicoterapêutica".[5] *Logos*, antes de tudo, significa sentido. Dessa forma, a logoterapia é uma psicoterapia orientada ao sentido e que reorienta o paciente em direção ao sentido.

A daseinanálise de Ludwig Binswanger equivale a uma ontologização da tese de Alfred Adler acerca da apercepção tendenciosa. A daseinanálise (que às vezes é, com mais correção, chamada de ontoanálise) propõe-se a desnudar o que chama de estrutura *a priori* das *Daseinsgestalten*. Isso se refere ao modo específico de ser-no-mundo que corresponde a um modo subjetivo específico de experimentar o mundo. O que Adler chamou de estilo vida da pessoa, do qual a apercepção tendenciosa – o modo subjetivo de vivenciar o mundo – é um aspecto, representa a mesma ideia geral.

Estou ciente de que os daseinanalistas abominariam falar de um "modo subjetivo de vivenciar", pois isso pressuporia a existência de um mundo objetivamente dado. A logoterapia, contudo, sustenta que, não importa quão subjetivo (ou até mesmo patologicamente distorcido) seja o segmento que estamos "recortando" do mundo (o qual, como um todo, sempre permanece inacessível a um espírito finito), esse recorte será de um mundo objetivo. A típica terminologia daseinanalítica, que afirma ter fechado a distância entre subjetividade e objetividade, parece-me autoenganosa. O homem não é capaz de superar essa distância, e isso nem sequer seria desejável.[6] A cognição é baseada, indispensavelmente, num campo de tensão polar entre o objetivo e o subjetivo, pois é apenas nesses termos que a dinâmica

---

[5] "Die Bedeutung der Daseinsanalyse für die Psychologie und die Psychiatrie". In: *Psyche*, 6: 178, 1952.

[6] Até mesmo a mais íntima união entre dois seres, isto é, o amor, não elimina a alteridade de ambos esses seres. Se esse fosse o caso, o sujeito perderia imediatamente o objeto na direção do qual

essencial do ato cognitivo se estabelece. Chamo essa dinâmica de "noodinâmica", em contraste com toda a psicodinâmica.

A daseinanálise contribuiu para nossa compreensão da psicose. A análise existencial, por outro lado, busca ser útil no que diz respeito ao tratamento da neurose. Nesse sentido, daseinanálise e análise existencial não se opõem entre si, mas complementam uma à outra. Para avançar no entendimento da psicose, a daseinanálise concentra-se na unidade do ser-no-mundo (*In-der-Welt-sein*, Martin Heidegger), enquanto a análise existencial enfatiza o caráter multiforme do corpo--mente-espírito no interior da unidade da existência humana. Ela assim procede a fim de estar apta a apelar ao que, em logoterapia, se chama de o poder desafiador do espírito humano (*Trotzmacht des Geistes*). Se se permitisse dissolver a pessoa espiritual numa existência noético-psico-somática neutra, tal como ocorre na daseinanálise, então a que esse apelo poderia ser feito? Apelar-se-ia para o poder desafiador de quem? Como um tal apelo poderia ser feito, quando a distinção entre a pessoa espiritual[7] e o processo patológico é negada em favor de uma imagem monista do homem? O indivíduo psicótico, cujo modo único de ser a daseinanálise se propõe a esclarecer com tanto sucesso, é tão dominado e aprisionado por esse modo existencial que é necessário falar de uma infiltração da psicose na existência do indivíduo. De acordo com a daseinanálise, não há como o indivíduo psicótico se distanciar de sua constituição psicótica, de seu peculiar modo de ser-no-mundo.

A análise existencial busca ser não apenas uma análise da pessoa concreta, isto é, uma análise no sentido ôntico, mas também uma análise no sentido ontológico. Em outras palavras, ela busca ser uma análise e uma explicação, um desdobrar-se da essência da existência pessoal, para além do autodesdobramento da existência pessoal, assim como esta ocorre na vida e torna-se visível nas biografias.

Que significa existência? Esta especifica certo modo de ser – o modo específico de ser do qual o homem, e apenas ele, é capaz. Uma característica da existência humana é sua transcendência. Isto é, o homem transcende seu ambiente em

---

transcende a si próprio. O amor – o paradigma da autotranscendência e coexistência humanas – pode unir existências, mas não as fundir.

[7] O uso deste termo não implica nenhuma conotação religiosa.

direção ao mundo; porém, mais que isso, ele também transcende seu ser na direção de um *dever*. Quando assim procede, ele se eleva por sobre o nível do somático e do psíquico e adentra o reino do genuinamente humano. Esse reino é constituído por uma nova dimensão, a noética, a dimensão do espírito. Nem o somático nem o psíquico, por si, representam o genuinamente humano; eles representam apenas dois lados do ser do homem. Dessa forma, não se pode falar nem de um paralelismo no sentido do dualismo nem de uma identidade no sentido do monismo. No entanto, apesar de toda a variedade ontológica do somático, do psíquico e do noético, a unidade antropológica e a totalidade do ser humano são preservadas e postas a salvo logo que nos voltemos de uma análise da existência para o que eu chamo de ontologia dimensional.[8]

O erguer-se espiritualmente por sobre a própria condição psicofísica pode também ser chamado de ato existencial. Por meio deste, o homem abre e adentra a dimensão noológica do ser; ou melhor, ele até mesmo cria essa dimensão como uma dimensão sua. Mas isso de modo nenhum diminui o fato de que humanos e animais têm as dimensões biológica[9] e psicológica em comum. É bem verdade que as propriedades de tipo animal, no homem, levam a marca de sua humanidade, mas isso não significa que ele deixe de ser um animal, do mesmo modo que um avião não deixa de ser um avião quando se movimenta no solo, de maneira muito semelhante a um carro. Por outro lado, o avião não provará ser um avião de verdade até que ele se eleve aos céus, até a dimensão

---

[8] V. E. Frankl, "On Logotherapy and Existential Analysis". In: *American Journal of Psychoanalysis*, 18: 28, 1958.

[9] Pagar o devido tributo ao fundamento biológico da existência humana é tão legítimo na teoria como o é, na prática, ao reconhecermos os recursos terapêuticos que se podem obter por meio do tratamento farmacológico e da terapia com o choque. Quanto a este último, ele é certamente indicado em casos severos de depressão endógena. Não creio que se justifique privar um paciente que sofre de depressão endógena das oportunidades de alívio que são oferecidas pela eletroconvulsoterapia (ECT). O problema já muda de figura no caso de uma depressão psicogênica ou neurótica. Aí, a ECT e a farmacoterapia podem bem ser contraindicadas, visto que funcionariam como uma pseudoterapia, que viria a obscurecer a etiologia, de forma muito semelhante ao que a morfina faz num caso de apendicite. Mas não nos esqueçamos de que isto vale também para a psicoterapia, por exemplo, naqueles casos para os quais cunhei o termo "noogênico".

do espaço. O mesmo vale para o homem. Em certo sentido, ele continua sendo um animal, mas, ainda assim, ele ultrapassa infinitamente suas propriedades animais. Assim como o avião se torna um avião apenas ao elevar-se na terceira dimensão, o homem manifesta sua humanidade apenas ao emergir na dimensão noológica, ou transcendendo a si mesmo.

Como vocês veem, estou falando de dimensões, e não, tal como em geral e formalmente se tem feito, de camadas do ser. Isso porque, em minha opinião, o único modo de lidar com o antigo problema psicofísico no homem, sem prejudicar sua totalidade e unidade, parece-me ser essa abordagem que nomeei de ontologia dimensional. Isso significa que não mais falamos em camadas físicas, psíquicas e espirituais, porque, na medida em que o fizermos, parecerá que as ditas camadas poderiam ser separadas uma das outras. Por outro lado, se tentamos entender corpo, psiquismo e espírito como diferentes dimensões de um único e mesmo ser, sua totalidade não é, de modo algum, destruída. Uma interpretação dimensional dessa natureza abstém-se de ver o fenômeno inteiro como se fosse composto de muitos elementos.

Permitam-me demonstrar com um exemplo. Um copo sobre a mesa, se projetado do espaço tridimensional para um plano bidimensional, parecerá um círculo. O mesmo copo, projetado em sua face lateral e visto de perfil, parecerá um retângulo. Mas ninguém poderia afirmar que o copo é composto de um círculo e de um retângulo. Da mesma forma, tampouco podemos afirmar que o homem é composto de partes, como um corpo e uma alma. Constitui uma violação do homem projetá-lo do reino do genuinamente humano para o plano seja do somático, seja do psíquico.

Essa imagem de dimensões e de projeções nos permite compreender a simultaneidade da totalidade e unidade do homem, por um lado, e, por outro, as diferenças entre os processos corporais, psíquicos e espirituais. A arte tem sido definida como unidade na diversidade. Algo análogo, eu diria, vale para o homem, na medida em que ele pode ser definido como diversidade na unidade. Isso porque, de fato, há dimensões variadas envolvidas no ser humano, e a psicoterapia deve seguir o homem em todas essas três dimensões. Nenhuma dimensão deve ser negligenciada, nem a somática, nem a psíquica, nem a noética. A psicoterapia não pode desconsiderar seus próprios problemas metaclínicos, nem abandonar o solo firme dos fatos empíricos e dos dados clínicos. Se ela vagar até alturas esotéricas, devemos chamá-la e trazê-la de volta à terra.

Uma abordagem dimensional oferece, até onde vislumbro, a única chance de compreender algumas aparentes contradições. Gostaria de chamar novamente a atenção de vocês para a analogia com a qual iniciamos esta abordagem. Embora o copo seja um recipiente aberto, seu contorno é de um círculo fechado. Visto dimensionalmente, no entanto, torna-se claro que essa contradição é apenas aparente e que deve, necessariamente, ocorrer. Ora, o mesmo se passa com o homem. No quadro de observação da neurologia, por exemplo, o homem necessariamente aparece como "nada mais que" um sistema "fechado" de reflexos fisiológicos, sem nenhum espaço restante para alguma coisa como a qualidade autotranscendente da existência humana. Temos de nos precaver do autoengano de que esta dimensão da neurologia é a única que existe.

Onde quer que abramos o livro da realidade, nós o encontramos cheio de contradições; a realidade é retratada de modo diferente em cada página. Permitam-me ilustrar isso por meio de uma imagem óptica. Aqui estão um retângulo e um triângulo dispostos lado a lado. Mesmo quando viramos a página, de modo que as duas figuras fiquem superpostas, elas permanecem incongruentes. Apenas quando incluímos a próxima dimensão superior e posicionamos a página com o triângulo em pé, de modo que ela fique perpendicular à página com o retângulo, é que as contradições se resolvem. Pois, assim, vemos que essas duas figuras representam dois planos diferentes da projeção de uma pirâmide.

Até certo ponto, realizar projeções faz parte da natureza da ciência. Em princípio, a ciência deve, metodologicamente, desconsiderar a dimensionalidade plena da realidade e basear-se na indispensável ficção de um mundo unidimensional. A ciência deve tratar até o homem dessa forma; ela deve projetá-lo da dimensão noológica. Se, por exemplo, examino um paciente neurologicamente, por suspeita de que tenha um tumor cerebral, então tenho, obviamente, de agir "como se" ele só existisse nesta dimensão. Mas, quando ponho de lado meu martelo de reflexos, amplio minha visão novamente, e posso, mais uma vez, tomar consciência da qualidade humana do paciente.

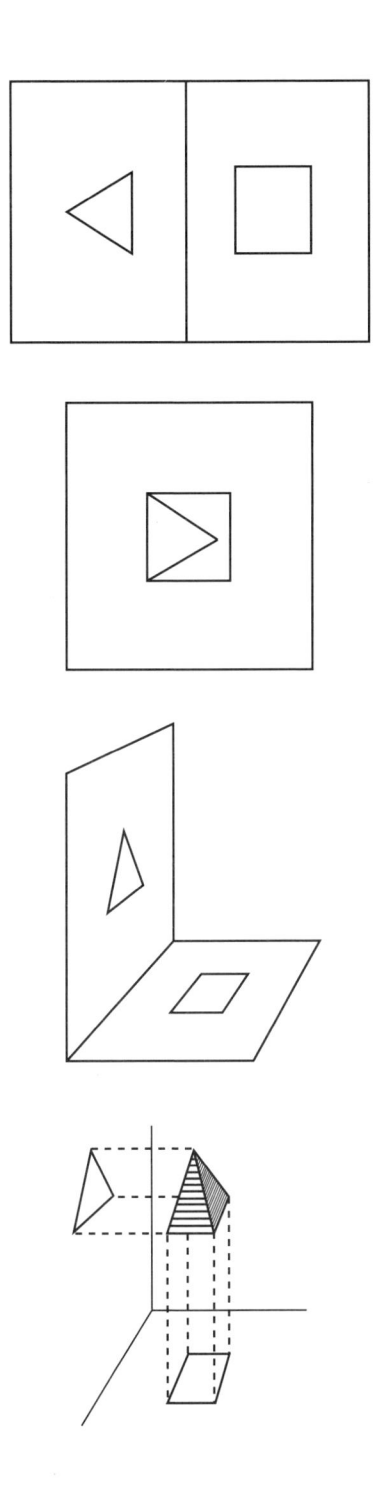

XI. ANÁLISE EXISTENCIAL E ONTOLOGIA DIMENSIONAL   151

De maneira semelhante, pode ser legítimo projetar o homem a partir da dimensão noológica, não na dimensão biológica (como no caso do exame neurológico), mas na dimensão psicológica. Isso ocorre, por exemplo, dentro do contexto de uma investigação psicodinâmica. Contudo, se esta não for feita com a plena consciência de que uma abordagem metodológica específica foi escolhida, podemos ser completamente levados a erro. Acima de tudo, devemos ter em mente tudo aquilo que nosso filtro deixou de fora, pois, numa abordagem exclusivamente psicodinâmica, certos fenômenos humanos vão nos escapar por completo. Pensemos aqui apenas em coisas como sentido e valor; eles devem desaparecer do nosso campo visual assim que considerarmos instintos e dinâmica como os únicos critérios válidos. E eles devem, de fato, desaparecer, pela simples razão de que valores não empurram – valores atraem. E existe uma grande diferença entre empurrar e atrair, a qual devemos reconhecer sempre que buscamos, no sentido de uma análise fenomenológica, o acesso à total e íntegra realidade de ser humano. Numa abordagem exclusivamente psicodinâmica, o genuinamente humano é, de modo obrigatório, retratado de forma distorcida.

Freud era genial o bastante para ter ciência de que seu sistema estava limitado a certas dimensões da existência humana, e, por exemplo, numa carta endereçada a Ludwig Binswanger, ele expressou essa ciência e confessou que sempre se houvera "confinado" ao "piso térreo e ao porão do edifício". Ele foi vítima do reducionismo apenas depois de ter expressado sua crença de "haver achado um lugar para a religião, posicionando-a na categoria de neurose da humanidade".[10]

Pensamos a logoterapia como um complemento, mais que como um substituto para a psicoterapia, no sentido estrito da palavra. Mas, adicionalmente, a logoterapia pode também dar uma contribuição para completar a visão de homem da psicoterapia, em direção a uma visão de homem em todas as suas dimensões, em direção a uma imagem que também inclua o genuinamente humano, isto é, a dimensão noológica.

---

[10] Ludwig Binswanger, *Sigmund Freud: Reminiscences of a Friendship*. New York, Grune & Stratton, 1957, p. 96, 99.

Se a psicoterapia deve permanecer terapia e não se tornar um sintoma no interior da patologia de nosso tempo (*Zeitgeist*), então ela necessitará de uma correta imagem do homem; ela necessita disso, ao menos tanto quanto necessita de uma técnica apropriada.

XII. Intenção Paradoxal: uma Técnica Logoterapêutica[1]

Na medida em que o processo psicoterapêutico consiste numa cadeia contínua de improvisações, tem-se questionado, com frequência, até que ponto a psicoterapia pode ser ensinada e aprendida. Adicionalmente, deve-se ter em mente que a infinita diversidade de pacientes impede que se extrapole de um paciente para outro. Assim, o psicoterapeuta é sempre confrontado com a – aparentemente impossível – dupla tarefa de considerar tanto a unicidade de cada pessoa quanto a unicidade da situação de vida com que cada pessoa tem de lidar. Contudo, é precisamente essa *individualização* e essa *improvisação* que devem ser ensinadas e aprendidas.

A escolha de um método de tratamento apropriado a ser aplicado em cada caso concreto depende não apenas da *individualidade* do paciente envolvido, mas também da *personalidade* do terapeuta. A dificuldade do problema reside no fato de que, no mínimo, dois fatores devem ser considerados como "incógnitas", pelo menos inicialmente. Para ilustrar esse argumento, frequentemente, digo a meus alunos que a escolha de um método terapêutico a ser usado numa situação específica deve ser comparada à seguinte equação algébrica: $\Psi = x + y$, na qual Ψ é o método terapêutico, x representa a individualidade do paciente, e y representa o médico envolvido.[2]

---

[1] Lido diante da Associação Americana para o Avanço da Psicoterapia, em Nova York, em 26 de fevereiro de 1960.

[2] Nenhum método pode pretender ser o melhor. Na medida em que uma verdade absoluta não nos é acessível, devemos contentar-nos com as verdades relativas que se corrigem umas às outras. O que se exige de nós é a coragem de sermos unilaterais e termos ciência disso.

Essa equação salienta a realidade de que o fator crucial na psicoterapia não é tanto o método, mas sim o relacionamento entre o paciente e seu médico ou, para usar uma expressão atualmente popular, o "encontro" entre o terapeuta e seu paciente. Esse relacionamento entre duas pessoas parece ser o aspecto mais significativo do processo psicoterapêutico, fator mais importante que qualquer método ou técnica. Contudo, não devemos desdenhar da técnica, pois, em terapia, certo grau de distanciamento por parte do terapeuta é indispensável. De fato, às vezes, deve-se deixar de lado o elemento humano, a fim de agilizar o tratamento.

O relacionamento terapêutico desenvolve-se num campo polar de tensão, no qual os polos são representados pelos extremos da *proximidade humana*, por um lado, e do *distanciamento científico*, de outro. Desse modo, o terapeuta deve ter cuidado para não ser enganado e tornar-se vítima do extremo de considerar apenas um dos polos mencionados. Isso significa que o terapeuta não deve ser guiado nem pela mera compaixão, isto é, por seu desejo de ajudar o paciente, nem deve, inversamente, reprimir seu interesse humano pela outra pessoa ao lidar com ela apenas tecnicamente. O terapeuta deve precaver-se de interpretar seu próprio papel como o de um técnico, de um *médicin technicien*. Isto equivaleria a reduzir o paciente (nas palavras do famoso materialista francês La Mettrie) a um *l'homme machine*.

Também tem sido colocada a questão sobre se a logoterapia inclui o que, justificadamente, se pode considerar como técnica terapêutica. Apesar do fato de esse questionamento ser frequentemente acompanhado de uma dose de dúvida, a logoterapia usa, sim, um procedimento psicoterapêutico especial. Esse método foi apresentado pela primeira vez por mim em 1946, no livro *The Doctor and the Soul*,[3] e de maneira mais detalhada em 1956.[4]

A fim de compreender plenamente o que ocorre quando essa técnica é empregada, devemos ter como ponto de partida um fenômeno que é bem conhecido

---

[3] V. E. Frankl, *Ärztliche Seelesorge*. Wien, Deuticke, 1946. Edição americana: *The Doctor and the Soul, An Introduction to Logotherapy*. New York, Alfred A. Knopf, 1955.

[4] V. E. Frankl, *Theorie und Therapie der Neurosen, Einführung in Logotherapie und Existenzanalyse*. Wien, Urban & Schwarzenberg, 1956.

de todo psiquiatra com treinamento clínico: a ansiedade antecipatória. É comumente observado que tal ansiedade, com frequência, produz exatamente a situação temida pelo paciente. O indivíduo eritrofóbico, por exemplo, que tem medo de enrubescer quando adentra um recinto e se defronta com um grupo de pessoas, irá, de fato, ruborizar-se precisamente num momento assim.

Em históricos de casos que apresentam ansiedade antecipatória, isto é, o medo de algum evento patológico (que, ironicamente, precipita o evento temido), pode-se observar um fenômeno análogo. Trata-se da compulsão pela auto-observação. Por exemplo, em casos de insônia, os pacientes, frequentemente, relatam na anamnese que tomam consciência do problema em adormecer quando vão deitar. Obviamente, essa mesma atenção é que inibe o processo de sono.

Somado ao fato de que uma *atenção* excessiva prova ser um fator intrinsecamente patogênico no que diz respeito à etiologia das neuroses, observamos que, em muitos pacientes neuróticos, a *intenção* excessiva pode também ser patogênica. Muitas neuroses sexuais, ao menos de acordo com os achados e ensinamentos da logoterapia, podem remontar à intenção forçada de atingir o objetivo da relação sexual – seja pelo homem que busca demonstrar sua potência, seja pela mulher que busca demonstrar sua habilidade em experimentar o orgasmo. O autor discutiu amplamente esse assunto em vários artigos, apontando que, em geral, o paciente busca o prazer intencionalmente (poder-se-ia dizer que tal paciente leva o "princípio do prazer" de forma literal). No entanto, o prazer pertence àquela categoria de eventos que não podem ser produzidos pela intenção direta; pelo contrário, o prazer é mero efeito colateral ou subproduto. Dessa maneira, quanto mais alguém se esforça pelo prazer, tanto menos será capaz de obtê-lo. Assim, vemos um interessante paralelo na medida em que a ansiedade antecipatória traz à tona, precisamente, o que o paciente teme, ao passo que a intenção excessiva, bem como uma excessiva auto-observação com relação ao próprio funcionamento, torna esse mesmo funcionamento impossível.

É justamente sobre essa dupla realidade que a logoterapia fundamenta a técnica conhecida como *intenção paradoxal*. Por exemplo, quando um paciente fóbico tem medo de que algo lhe venha a acontecer, o logoterapeuta o encoraja a intencionar ou desejar, mesmo que por apenas um segundo, precisamente, o que ele teme.

O seguinte relato clínico ilustrará o que quero dizer:

> Um jovem médico veio à nossa clínica por causa de uma severa hidrofobia, medo excessivo de transpirar em público. Ele já vinha sofrendo de perturbações do sistema nervoso autônomo por longo tempo. Certo dia ele encontrou seu chefe na rua e, ao estender a mão para cumprimentá-lo, percebeu que suava mais que o habitual. Numa posterior oportunidade em que esteve em posição semelhante, ele teve expectativa de suar novamente, e essa ansiedade antecipatória precipitou a transpiração excessiva. Era um círculo vicioso. A hiperidrose provocava a hidrofobia, e a hidrofobia, por sua vez, produzia a hiperidrose. Aconselhamos nosso paciente, caso sua ansiedade antecipatória retornasse, a resolver deliberadamente demonstrar às pessoas à sua frente o quanto ele, de fato, poderia suar. Uma semana depois, ele retornou, relatando que, sempre que encontrava alguém que provocava sua ansiedade antecipatória, ele dizia a si mesmo: "Eu apenas suava um litro antes, mas agora vou jorrar, ao menos, dez litros!". Qual foi o resultado de sua resolução paradoxal? Depois de sofrer com sua fobia por quatro anos, ele conseguiu rapidamente, depois de uma única sessão, livrar-se dela de forma definitiva com esse novo procedimento.

O leitor notará que esse tratamento consiste não apenas numa inversão da atitude do paciente com relação a sua fobia – visto que a habitual resposta de "evitação" é substituída por um esforço intencional – mas também que o tratamento é levado a cabo num *setting* tão humorístico quanto possível. Isso ocasiona uma mudança de atitude com relação ao sintoma, capacitando o paciente a colocar-se à distância deste, a descolar-se de sua neurose. Esse procedimento é baseado no fato de que, segundo os ensinamentos da logoterapia, a patogênese em fobias e neuroses obsessivo-compulsivas se deve, parcialmente, ao aumento de ansiedades e compulsões causado pelo esforço em evitá-las e de lutar contra elas. Uma pessoa fóbica, geralmente, tenta evitar a situação em que sua ansiedade emerge, ao passo que o obsessivo-compulsivo busca suprimir, e dessa maneira, combater, suas ideias ameaçadoras. Em ambos os casos, o resultado é o fortalecimento do sintoma. Inversamente, se temos êxito em levar o paciente ao ponto em que ele para de fugir de seus sintomas ou de lutar contra eles, e, ao contrário, até os exagera, aí poderemos observar que os sintomas diminuem e que o paciente não mais é atormentado por eles.

Um procedimento dessa natureza deve fazer uso da potencialidade única de autodistanciamento inerente ao senso de humor. Junto à tese de Heidegger de que o "cuidado" (*Sorge*) é a característica essencial que permeia a existência humana, e da subsequente substituição, operada por Binswanger, da "união amorosa" (*liebendes Mitenandersein*) como principal atributo do ser humano, eu me arriscaria a dizer que o humor também merece ser mencionado entre as capacidades humanas básicas.[5] Nenhum animal é capaz de rir.

De fato, quando a intenção paradoxal é empregada, o objetivo, dito de maneira simples, é o de possibilitar ao paciente um senso de distanciamento em relação à sua neurose ao rir dela. Uma afirmação de certo modo consistente com esse posicionamento é encontrada no livro de Gordon Allport, *The Individual and His Religion*: "O neurótico que aprende a rir de si mesmo pode bem estar a caminho do autocontrole e, talvez, da cura".[6] A intenção paradoxal é a aplicação clínica da frase de Allport.

Mais alguns relatos de caso podem servir para aprofundar e esclarecer o método em questão:

> Certa vez recebi uma carta de uma jovem estudante de medicina que havia ouvido algumas de minhas conferências clínicas sobre logoterapia. Ela me lembrou de uma demonstração da intenção paradoxal a que assistira e prosseguiu dizendo: "Tentei aplicar em mim mesma o método que o senhor usou na demonstração em sala de aula. Eu sofria continuamente com o medo de que, ao praticar dissecação no instituto de anatomia,

---

[5] Além de ser um elemento constitutivo da existência humana, o humor pode ser considerado um atributo da divindade. (Cf. Salmos 2,4; 37,13; e 59,8.)

[6] New York, The Macmillan Company, 1956.

começaria a tremer logo que o instrutor da disciplina entrasse no recinto. Em pouco tempo, esse medo, realmente, veio a causar um tremor. Então, lembrando o que o senhor nos disse na palestra abordando esse mesmo tipo de situação, sempre que o instrutor entrava na sala de dissecação, passei a dizer a mim mesma: 'Oh, olha aí o instrutor! Agora vou mostrar a ele como sou boa em tremer! Vou mostrar a ele como é que se treme!' Mas, sempre que eu tentava deliberadamente tremer, não conseguia!".

Involuntária e inconscientemente, a intenção paradoxal tem, decerto, sido usada o tempo todo. Um de meus alunos americanos, diante de uma prova que lhe apliquei, na qual ele era solicitado a explicar a técnica, recorreu ao seguinte relato autobiográfico:

"Meu estômago costumava roncar quando eu estava na companhia de outras pessoas. Quanto mais eu tentava impedir que isso acontecesse, tanto mais ele roncava. Logo comecei a aceitar que isso seria algo que me acompanharia pelo resto da vida. Comecei a conviver com o problema – eu ria dele com os outros. Em pouco tempo ele acabou desaparecendo".

Em uma ocasião, encontrei o caso mais severo de gagueira que vi em meus muitos anos de profissão: conheci um homem que havia gaguejado a vida inteira – exceto em uma ocasião, que aconteceu quando ele tinha doze anos de idade e tentou andar de bonde sem pagar. Quando foi pego pelo condutor, pensou que o único modo de escapar seria provocando pena, de modo que logo buscou demonstrar que ele era apenas um "pobre garoto gago". Mas, quando ele tentou gaguejar, viu-se totalmente incapaz de fazê-lo! De maneira não intencional, ele praticou a intenção paradoxal, ainda que não visando a um um propósito terapêutico.

Outro exemplo de intenção paradoxal aplicada à gagueira me foi reportado pelo chefe do Departamento de Psiquiatria da Universidade de Mainz, na Alemanha Ocidental. Quando ele cursava o ensino médio, sua classe teve de apresentar uma peça. Um dos personagens era um gago, então deram o papel a um aluno que, de fato, gaguejava. Logo, contudo, ele teve de desistir do papel, pois descobriu-se que, em cima do palco, o jovem, simplesmente, não conseguia gaguejar. Assim, teve de ser substituído por outro garoto.

Outro caso, tratado por um de meus assistentes, o Dr. Kurt Kocourek, envolvia uma mulher, Mary B., que já vinha se submetendo a vários métodos de tratamento por onze anos, mas suas queixas, em vez de serem aliviadas, só aumentavam. Ela sofria de ataques de palpitação acompanhados por pronunciada ansiedade e medos antecipatórios de um colapso repentino. Após o primeiro ataque, ela começou a temer que este retornaria, o que, consequentemente, ocorreu. A paciente relatou que, todas as vezes em que sentia esse temor, as palpitações vinham em seguida. Sua maior preocupação era, no entanto, de ter um ataque na rua. Assim, o Dr. Kocourek a aconselhou a dizer a si mesma nessa situação: "Que meu coração bata ainda mais rápido! Vou ter um ataque bem aqui na calçada!". Além disso, a paciente foi orientada a buscar, deliberadamente, lugares que ela considerava desagradáveis ou, até mesmo, perigosos, em vez de evitá-los. Duas semanas depois, a paciente relatou: "Estou muito bem agora e raramente sinto alguma palpitação. O medo desapareceu por completo". Algumas semanas depois de sua alta, ela informou: "Ocasionalmente, palpitações leves ocorrem, mas, quando elas vêm, eu digo a mim mesma: 'Que meu coração bata ainda mais rápido', e nesse momento as palpitações param".

A intenção paradoxal pode ser usada terapeuticamente até em casos que têm uma base somática subjacente:

> Um paciente sofrera um infarto coronariano. Em seguida, ele desenvolveu ansiedade como resposta psicológica à sua doença somática, e essa ansiedade se tornou intensa a tal ponto que passou a ser sua queixa principal. Ele, então, começou a evitar seus contatos sociais e profissionais; mais adiante, ele nem sequer conseguia suportar ter de deixar o hospital onde fora paciente por seis meses e no qual um cardiologista estava sempre à disposição. Finalmente, o paciente foi transferido para nosso hospital, e o tratamento logoterapêutico teve início com a Dra. Gerda Becker. A seguir, temos um breve resumo de comentários feitos pelo paciente gravados em fita:

"Eu me sentia muito ansioso, e a dor na região do coração começava a me perturbar de novo. Em seguida, pedi à enfermeira que chamasse a médica. Ela veio me ver por um momento e pediu-me que tentasse fazer com que meu coração batesse mais rápido e que *aumentasse* minha dor e meu medo até que ela pudesse voltar um pouco mais tarde. Segui a orientação e, quando ela voltou, cerca de quinze minutos depois, tive de confessar a ela que, para minha grande surpresa, meus esforços haviam sido em vão – eu não conseguira aumentar nem a dor nem as palpitações. Na verdade, ambas acabaram por desaparecer! Encorajado por esses acontecimentos, deixei o hospital por cerca de uma hora e caminhei um pouco pelas ruas – algo que eu não tentara fazer por mais de seis meses. Ao entrar numa loja, senti uma ligeira palpitação, mas, como a médica havia sugerido, imediatamente, comecei a dizer a mim mesmo: 'Tente sentir ainda mais ansiedade!'. Mais uma vez foi em vão: simplesmente não conseguia fazê-lo. Voltei à clínica feliz por minha conquista de conseguir dar uma volta sozinho". Convidamos o paciente a nos visitar seis meses depois, e ele relatou que estava livre das suas queixas e havia retomado seu trabalho profissional".

Agora voltemos ao seguinte caso:

A Senhora H. R. já vinha sofrendo por quatorze anos quando chegou ao hospital, severamente prejudicada por uma compulsão de contagem e por uma compulsão de checar se suas gavetas de cômoda estavam em ordem e seguramente fechadas. Ela fazia isso por meio de uma checagem contínua do conteúdo das gavetas, fechando-as com um rápido golpe com os dedos e, finalmente, girando a chave na fechadura por várias vezes. No fim das contas, o problema tornou-se tão crônico que seus dedos apresentavam hematomas e, frequentemente, sangravam, além do que as chaves e fechaduras estavam arruinadas.

No dia de sua admissão, a Dra. Eva Niebauer demonstrou à paciente como praticar a intenção paradoxal. Mostrou a ela como atirar as coisas sem nenhum cuidado nas gavetas e armário, procurando criar o máximo de desordem possível. Ela deveria dizer a si mesma: "Essas gavetas devem estar o mais bagunçadas possível!". O resultado foi de que, dois dias depois de dar entrada no hospital, sua compulsão de contagem desaparecera, e, depois do quarto dia, ela já não sentia necessidade de checar reiteradamente a cômoda. Ela até se esqueceu de trancá-la – algo que jamais falhou em fazer por décadas! Dezesseis dias depois da hospitalização, ela se sentia livre de qualquer queixa ou sintoma, estava muito orgulhosa de sua conquista e conseguia realizar as atividades domésticas diárias sem nenhuma repetição compulsiva. Ela admitiu que ideias obsessivo-compulsivas, ocasionalmente, reapareciam, mas que tinha condições de ignorá-las ou de minimizá-las. Dessa maneira, ela superou a compulsão, não lutando freneticamente contra ela (algo que só fortalece o problema), mas, ao contrário, "fazendo piada dela" – em outras palavras, aplicando a intenção paradoxal.

Um fato marcante sobre esse caso é o de que, depois de experimentar o desaparecimento dos sintomas, a paciente, espontaneamente, durante uma sessão psicoterapêutica, reviveu algumas memórias significativas. Ela recordou que, quando tinha cinco anos, seu irmão destruíra sua boneca predileta. Após o ocorrido, ela começou a guardar os próprios brinquedos na gaveta de sua cômoda. Aos dezesseis anos, ela flagrou sua irmã experimentando algumas das suas melhores roupas de festa sem sua permissão. Daí em diante, ela sempre trancou com cuidado suas roupas. Assim, mesmo que ignoremos que suas compulsões tinham raízes nessas experiências traumáticas, foi, contudo, a radical *mudança de atitude* diante dos sintomas que se mostrou terapeuticamente efetiva.

Trazer esses traumas psíquicos à consciência não pode, em nenhum caso, ser, *em si mesmo*, o tratamento apropriado, visto que um método que não inclui esse procedimento se provou tão eficiente. Isso nos traz à mente uma afirmação de Edith Weisskopf-Joelson no artigo "Some Comments on a Viennese School of Psychiatry" (Alguns Comentários sobre uma Escola Vienense de Psiquiatria): "Apesar de a psicoterapia tradicional insistir em que as práticas terapêuticas devam ser baseadas nos achados etiológicos, é possível que certos fatores causem neuroses durante a primeira infância e que diferentes fatores possam aliviá-las durante a idade adulta".[7] Os traumas, meramente, fornecem os conteúdos das respectivas obsessões, compulsões e fobias. Até mesmo os psicanalistas estão cada vez mais inclinados a assumir que os traumas, em si, não causam diretamente as neuroses. Em alguns casos, eu ousaria dizer que até o contrário é verdadeiro: o trauma não causa a neurose, mas a neurose faz o trauma aparecer. Uma ilustração pode servir para esclarecer esse ponto. Um recife que aparece numa maré baixa não é a causa da maré baixa: na verdade, é a maré baixa que causa o aparecimento do recife. Seja como for, a terapia que usamos deve ser independente da validade das suposições etiológicas de quaisquer sintomas neuróticos particulares. Assim, o comentário de Weisskopf-Joelson revela-se pertinente. De qualquer modo, é interessante notar que "associações" mais ou menos "livres", remontando às experiências traumáticas que produziram certos hábitos e sintomas, podem ocorrer *depois* de a terapia ter tido efeito.

Dessa forma, vemos que a intenção paradoxal funciona até mesmo em casos nos quais ou a verdadeira base *somática* (o paciente com infarto coronariano) ou a suposta causa *psíquica* (o caso da Sra. H. R.) não foram tocadas. A intenção paradoxal é eficaz, independentemente da base etiológica subjacente: em outras palavras, trata-se de um método intrinsecamente não específico. De acordo com a opinião do autor, baseada em sua experiência clínica, em todo caso severo que envolve sintomas fóbicos, há que se lidar com uma subestrutura autônomo-endócrina ou com uma subestrutura anancástica. Isso, contudo, não implica um ponto de vista fatalista, pois uma neurose de pleno direito nada mais é que uma superestrutura construída sobre esses elementos constitucionais. Talvez ela possa ser aliviada sem que necessariamente se remova, ou mesmo se leve em conta, a base subjacente. Uma terapia assim é paliativa, mais que causal. Isso não quer dizer, porém, que se trate de uma terapia sintomática, visto que o logoterapeuta, ao aplicar a intenção paradoxal, não se preocupa tanto com o sintoma em si, mas com a *atitude* do paciente ante sua neurose e suas manifestações sintomáticas. É o próprio ato de mudar essa atitude que está envolvido sempre que se obtém uma melhora.

---

[7] *The Journal of Abnormal and Social Psychology*, 51: 701, 1955.

Essa não especificidade ajuda a esclarecer por que razão a intenção paradoxal é, às vezes, eficaz em casos severos. Enfatizo o "às vezes" porque não quero comunicar a impressão de que resultados benéficos são *sempre* obtidos, nem de que a intenção paradoxal constitui uma panaceia universal ou método milagroso. Por outro lado, sinto-me obrigado a apresentar, com precisão, o alcance de sua aplicabilidade e o grau de sua eficácia. Gostaria de acrescentar, entre parênteses, que o percentual de curas ou de casos com melhora em que tratamentos ulteriores se mostraram desnecessários é um tanto quanto maior (75,7%) que os números apresentados na literatura.[8]

A intenção paradoxal também é aplicável em casos mais complexos que aqueles que envolvem uma neurose monossintomática. O relato a seguir demonstrará que até mesmo casos de neurose de caráter obsessivo-compulsivo (na terminologia clínica alemã, fala-se em estrutura de caráter anancástico) podem ser tratados de forma adequada e benéfica por meio da intenção paradoxal.

> A paciente era uma mulher de 65 anos que, nos últimos sessenta anos, vinha sofrendo de uma compulsão tão grave por limpeza que dera entrada em nossa clínica para um período de observação, a fim de que eu a liberasse para uma lobotomia (o que eu acreditava ser o único procedimento disponível para aliviar um caso tão severo).[9] Os sintomas dela começaram quando ela tinha quatro anos de idade. Quando a proibiam de realizar sua compulsão, ela chegava até a lamber as próprias mãos. Mais tarde ela passou a ter, continuamente, medo de ser infectada por pessoas com doenças de pele. Ela jamais tocava uma maçaneta. Também insistia em que o marido se comprometesse com um complicadíssimo ritual profilático. Por longo tempo, a paciente mostrou-se sem

---

[8] K. Kocourek; E. Niebauer; P. Polak, "Ergebnisse der klinischen Anwendung der Logotherapie". In: *Handbuch der Neurosenlehre und Psychotherapie*. Eds. V. E. Frankl, V. E von Gebsattel e J. H. Schultz. München e Berlin, Urban und Schwarzenberg, vol. III, 1959.

[9] Nesse sentido, gostaria de enfatizar minha convicção de que, em alguns pacientes, essa cirurgia constitui a única forma de ajudar. Eu ousei fazer essa indicação em certos casos e, em nenhum deles, me arrependi de minha decisão.

condições de realizar qualquer serviço doméstico; por fim, permanecia na cama o dia inteiro. No entanto, até na cama, ela insistia em esfregar objetos com um pano durante horas, por trezentas ou mais vezes, obrigando, ainda, o marido a lavar o tecido repetidas vezes. "A vida me era um inferno", confessou.

Na esperança de evitar a cirurgia cerebral, minha assistente, a Dra. Eva Niebauer, iniciou um tratamento logoterapêutico por meio da intenção paradoxal. O resultado foi o de que, nove dias após a admissão, a paciente começou a ajudar na ala em que estava, remendando as meias de seus companheiros pacientes, auxiliando as enfermeiras a limpar a mesa de instrumentos cirúrgicos, lavando seringas e, finalmente, até mesmo esvaziando baldes de dejetos pútridos e sangrentos. Treze dias depois de dar entrada, ela foi até sua casa por algumas horas e, no retorno ao hospital, relatou, triunfante, ter comido um pãozinho com as mãos sujas. Dois meses depois ela já estava em condições de levar uma vida normal.

Não seria exato dizer que ela está completamente livre de sintomas, visto que ideias obsessivo-compulsivas lhe vêm à mente com frequência. Contudo, ela conseguiu alívio parando de lutar contra seus sintomas (a luta só serve para reforçá-los) e, em vez disso, era irônica em relação a eles – resumidamente, aplicando a intenção paradoxal. Ela é até capaz de fazer piadas sobre seus pensamentos patológicos. Essa paciente se manteve em contato com a clínica ambulatorial, pois continuava a precisar de logoterapia de apoio. No entanto, a melhora de seus sintomas persistiu, e a lobotomia, que anteriormente parecia inevitável, tornou-se desnecessária.

O autor incluiu aqui um número de casos tratados por seus colaboradores, mais que por ele mesmo. Isso não foi acidental. Serve para indicar que é o método que funciona e não a personalidade do criador do método (apesar de que, como apontei anteriormente, o fator pessoal nunca deve ser negligenciado).

O leitor, certamente, deve ter notado, quanto aos relatos de caso supramencionados, que a intenção paradoxal é particularmente útil como terapia de curta duração, em especial em casos de fobia[10] com um mecanismo subjacente de ansiedade antecipatória. A seguir, temos um exemplo notável de terapia breve, que obteve sucesso apesar das manifestações patológicas de longa data. O trecho foi retirado de um relato da paciente, a Sra. Rosa L., gravado em fita.

"Certa vez me esqueci de trancar a porta e, quando voltei para casa, ela estava aberta. Isso me assustou muito. Posteriormente, sempre que eu deixava a casa, não conseguia me livrar do sentimento de que a porta ainda estava aberta. Eu voltava sempre e de novo para verificar. Isso perdurou por vinte anos. Eu sabia que essa obsessão era boba, pois todas as vezes em que eu retornava a porta estava fechada, mas eu não conseguia parar de obedecer ao impulso. A vida se tornou insuportável. Desde minha consulta com a Dra. Becker, no entanto, as coisas mudaram completamente. Sempre que me vem a compulsão para checar se a porta está trancada ou não, eu digo a mim mesma: 'E daí se a porta *estiver* aberta! Deixe que roubem tudo do apartamento!', e nesse momento eu tenho condições de ignorar o impulso e seguir, calmamente, o meu caminho".

Três meses depois, nós a convidamos de volta para nos dar um retorno sobre seu problema. Ela disse: "Eu me sinto ótima; sem a mínima obsessão. Eu não consigo nem imaginar como pude ter todos esses pensamentos nos últimos anos. *Por vinte longos anos* fui atormentada por eles, mas agora que se foram estou muito feliz".

Deve-se ter cuidado para evitar a impressão, sustentada em muitos círculos psicoterapêuticos, de que terapias de curta duração, necessariamente, produzem resultados de curta duração. Os seguintes excertos de outra gravação em fita ilustrarão esse ponto:

---

[10] Ao menos em alguns pacientes, a intenção paradoxal parece ser eficaz em casos de psicose também; por exemplo, uma paciente em nosso hospital relatou a um dos médicos na primeira consulta que ela havia lido sobre a intenção paradoxal, conseguindo aplicá-la, com sucesso, às "vozes" que ouvia. Ela tomara suas alucinações auditivas por uma neurose!

"Não havia um minuto sequer do dia em que eu estivesse livre do pensamento de que eu poderia quebrar uma vitrine de loja. Mas o Dr. Frankl me mandou ir diretamente a uma vitrine com a intenção de despedaçá-la. Quando fiz isso, o medo desapareceu completamente, e eu sabia que não poria em prática essa intenção. Tudo agora parece um sonho; os medos e o impulso de fazer essas coisas sumiram completamente".

O que é mais digno de nota acerca desse depoimento é o fato de que ele foi dado vinte anos depois do tratamento!

A respeito da terapia de curta duração, gostaria de citar uma afirmação de Gutheil, em refererência "às ilusões mais comuns da ortodoxia freudiana, tal como a de que a duração do tratamento é sinônimo de profundidade da terapia; de que a profundidade da terapia depende da frequência das sessões; de que os resultados da terapia são proporcionais à duração e à profundidade do tratamento; de que a durabilidade dos resultados corresponde à duração da terapia".[11] Um alerta dessa natureza pode chamar a atenção para o fato de que a intenção paradoxal não é tão superficial quanto pode parecer à primeira vista. Algo está certamente ocorrendo num nível mais profundo quando ela é aplicada. Assim como um sintoma fóbico se origina por debaixo da superfície da consciência, também a intenção paradoxal parece afetar uma camada mais profunda. As formulações humorísticas desse método baseiam-se numa restauração da confiança básica no Ser (*Urvertrauen zum Dasein*).[12] O que ocorre é mais que uma modificação de padrões comportamentais; mais que isso, trata-se de uma reorientação existencial (*existentielle Umstellung*).

É nesse sentido que a intenção paradoxal representa um procedimento verdadeiramente "logo"-terapêutico, na acepção mais verdadeira da palavra.[13] Jorge

---

[11] E. A. Gutheil, discussão sobre "Emergency Methods of Psychotherapy", por Joost A. M. Meerloo, em "Proceedings of the Association for the Advancement of Psychotherapy". In: *American Journal of Psychotherapy*, 10: 134, 1956.

[12] V. E. Frankl, *Das Menschenbild der Seelenheilkunde, Drei Vorlesungen zur Kritik des dynamischen Psychologismus*. Stuttgart, Hippokrates-Verlag, 1959, p. 41.

[13] Edith Weisskopf-Joelson, "Logotherapy and Existential Analysis". In: *Acta Psychotherapeutica*, 6: 193, 1958.

Marcelo David, um logoterapeuta argentino, apontou que a técnica se baseia naquilo que, em logoterapia, se chama de antagonismo psiconoético (ou, às vezes, *Die Trotzmacht des Geistes*), que se refere à capacidade especificamente humana de distanciar-se não apenas do mundo mas também de si mesmo. A intenção paradoxal mobiliza essa potencialidade humana básica para o propósito específico de combater as neuroses.

Obviamente, é de esperar que se encontrem diferenças individuais acerca do grau em que essa habilidade pode ser aplicada. Ela não pode ser usada indiscriminadamente, e o terapeuta deve ter consciência de suas limitações com respeito a certos pacientes e situações.[14] Sem dúvida, seria desejável estabelecer critérios para avaliar em que medida um paciente específico está em condições de mobilizar seu próprio antagonismo psiconoético. De qualquer forma, tais procedimentos de avaliação ainda se encontram por ser criados. O próprio autor insiste em que essa habilidade está presente em todo ser humano, visto que se trata de uma característica essencial do ser do homem.

Com a intenção paradoxal, adentra-se na dimensão noética, como dimensão característica e constitutiva da existência humana. Observada do ponto de vista dos ensinamentos logoterapêuticos, essa dimensão, o reino do espiritual, abrange mais que os processos meramente racionais ou intelectuais, embora estes estejam, certamente, nela incluídos. Por causa dessa inclusão, pode-se apreciar a afirmação feita por Gutheil em seu último artigo, "Problems of Therapy in Obsessive-Compulsive Neurosis" [Problemas da Terapia em Neuroses Obsessivo-Compulsivas], ou seja, de que "novos meios terapêuticos devem ser introduzidos... O apelo à razão, por mais infrutífero que possa ser em outros casos, mostra-se promissor em casos de neurose obsessiva-compulsiva, nos quais a racionalização e a intelectualização desempenham papel bastante relevante".[15]

Isso, por sua vez, leva a outra questão, ou seja, se a intenção paradoxal pertence ou não a um dos métodos de persuasão, como o de Paul Dubois, por

---

[14] V. E. Frankl, em *Critical Incidents in Psychotherapy*. Eds. S. W. Standal e R. J. Corsini. Englewood Cliffs, Prentice-Hall, 1959.

[15] *American Journal of Psychotherapy*, 13: 793, 1959.

exemplo. De fato, já que não se sugere ao paciente que simplesmente suprima seus medos (por meio da convicção racional de que eles não têm fundamento), mas, em vez disso, que ele os supere exagerando-os, a intenção paradoxal é o exato oposto da persuasão. A diferença essencial entre intenção paradoxal e técnicas sugestivas nos foi trazida à atenção por Polak.[16]

Como mencionado anteriormente, a intenção paradoxal pode, também, ser aplicada a casos de distúrbios de sono. O medo da insônia aumenta a perturbação do sono, porque a ansiedade antecipatória completa e perpetua o círculo vicioso. Além disso, esse medo resulta numa intenção forçada em dormir, tornando impossível que o paciente caia no sono. Dubois, o famoso psiquiatra francês, certa vez comparou o sono com um pombo que pousa perto da mão de alguém e lá permanece enquanto ninguém presta atenção a ela; se se tenta segurá-la, ela rapidamente voa para longe. Mas como se pode remover a ansiedade antecipatória, que é a base patológica da intenção forçada? A fim de tirar o vento das velas dessa expectativa temorosa em particular, aconselhamos o paciente a não tentar forçar o sono, visto que a quantidade necessária de sono será, automaticamente, garantida pelo organismo. Dessa forma, ele pode tentar, com segurança, fazer exatamente o contrário, isto é, permanecer acordado o máximo possível. Em outras palavras, a intenção forçada de adormecer, que emerge da ansiedade antecipatória a respeito de não ser capaz de cair no sono, deve ser substituída pela intenção paradoxal de não adormecer de modo algum! (O que, por sua vez, dará lugar rapidamente ao sono).[17]

Nos últimos anos, o uso da intenção paradoxal tem sido cada vez mais relatado na literatura. Autores de vários países, assim como aqueles que colaboram

---

[16] Paul Polak, *Frankls Existenzanalyse in ihrer Bedeutung für Anthropologie und Psychotherapie*. Innsbruck, Tyrolia-Verlag, 1949.

[17] É digno de nota que esse procedimento, em casos de insônia, foi posteriormente desenvolvido, de maneira independente, por outros dois pesquisadores da área. Um deles aconselha seus pacientes a manter os olhos abertos pelo máximo de tempo possível, enquanto o outro recomenda a médicos que trabalham com pacientes hospitalizados que os orientem a bater o ponto num relógio de frequência a cada quinze minutos. Ele relata que, depois de poucos intervalos de quinze minutos, eles sucumbem à fadiga e sonolência crescentes.

com o trabalho do Departamento de Neurologia da Policlínica de Viena, têm publicado os resultados da aplicação clínica dessa técnica. Além de David (Buenos Aires), podem-se mencionar os assistentes do Prof. Kretschmer (Clínica Universitária Psiquiátrica de Tübingen), Langen e Volhard, além de Prill (Clínica Universitária de Ginecologia de Würzburg) e Rehder (Hamburgo). O Prof. Bazzi (Universidade de Roma) chegou até a elaborar indicadores especiais a fim de permitir que o psiquiatra distinga aqueles casos em que a intenção paradoxal deve ser aplicada e aqueles em que o método do treinamento autógeno de Schultz é mais indicado.[18] No Congresso Internacional de Psicoterapia realizado em Barcelona em 1958, Ledermann (Londres) declarou: "Os resultados [da logoterapia] não podem ser negados. Considero o método útil em casos de neurose obsessiva". Frick (Bolzano, Itália) vai ainda além, quando declara haver casos severos de neurose obsessivo-compulsiva nos quais um procedimento logoterápico constitui a "única via terapêutica". Ele também se refere a alguns de seus casos em que o tratamento com eletrochoque se mostrou ineficaz, mas em que a logoterapia, sozinha, serviu como *ultima ratio*.[19] O Prof. Lopez-Ibor (Universidade de Madri) fez uma declaração semelhante.

Entre meus colaboradores, além de meus assistentes Kocourek e Niebauer, que publicaram artigos sobre a intenção paradoxal, havia também um psicanalista cujo treinamento e orientação eram estritamente freudianos. Por um ano ele tratou quase todos os casos de distúrbios sexuais no ambulatório de nosso hospital e, visto que uma terapia de curta duração era indicada, usou exclusivamente procedimentos logoterapêuticos. Sua experiência foi condensada num artigo em que também colaborei e que ele apresentou em um Congresso Alemão de Sexologia.

Afirmei, anteriormente, que uma compulsão à auto-observação acompanha a ansiedade antecipatória, e, na etiologia de uma neurose, frequentemente se encontram tanto um excesso de atenção quanto um excesso de intenção. Isto é especialmente verdadeiro na insônia, em que a intenção forçada de dormir é

---

[18] T. Bazzi, *Considérations sur les Limitations et les Contraindications de la Logothérapie*. Trabalho apresentado no Quarto Congresso Internacional de Psicoterapia. Barcelona, Espanha, 1958.

[19] Último recurso, do original em latim. (N. T.)

acompanhada pela atenção forçada de observar se a intenção está se efetivando ou não. Essa atenção, portanto, contribui para perpetuar o estado de vigília.

Acerca desse fenômeno, a logoterapia inclui uma técnica terapêutica conhecida como "derreflexão". Assim como a intenção paradoxal é destinada a neutralizar a ansiedade antecipatória, a derreflexão destina-se a neutralizar a inclinação compulsiva à auto-observação. Em outras palavras, o que se deve alcançar em tais casos é mais que ridicularizar o problema por meio da intenção paradoxal e sua formulação humorística; deve-se também conseguir *ignorar* o problema em alguma medida. Essa ignorância, ou derreflexão, no entanto, só pode ser alcançada na medida em que a consciência do paciente é direcionada a aspectos positivos. O paciente deve ser derrefletido *de* sua ansiedade antecipatória *para* outra coisa. Essa convicção é apoiada por Allport, que afirmou: "Na medida em que o foco dos esforços muda do conflito para objetivos altruístas, a vida como um todo torna-se mais sã, mesmo que a neurose jamais venha a desaparecer completamente".[20] Esses objetivos podem ser descobertos por meio de uma espécie de procedimento analítico que chamamos de *Existenzanalyse*.[21] Dessa maneira, o paciente pode descobrir o sentido concreto de sua existência pessoal.[22]

Para concluir, façamos uma revisão[23] das indicações da intenção paradoxal sob a perspectiva dos quatro padrões característicos de resposta a problemas neuróticos apresentados pela logoterapia:

1. *Passividade Inadequada*. Esta se refere ao padrão comportamental que pode ser observado em casos de neurose de ansiedade ou condições

---

[20] G. W. Allport, *The Individual and His Religion*, p. 95.

[21] V. E. Frankl "Zur Grundlegung einer Existenzanalyse". In: *Schweizerische medizinische Wochenschrift*, 69: 707, 1939.
K. Dienelt, *Die Existenzanalyse V. E. Frankls und Hire Bedeutung für die Erziehung*. Wien, Österreichischer Bundesverlag, 1955.
Paul Polak, "Frankl's Existential Analysis. In: "*American Journal of Psychotherapy*, 3: 517, 1949.

[22] V. E. Frankl, "Logos and Existence in Psychotherapy". In: *American Journal of Psychotherapy*, 7: 8, 1953.

[23] V. E. Frankl, "Logotherapy and Existential Analysis, A Review". In: *American Journal of Psychotherapy*, 20: 252, 1966.

fóbicas, ou ambos. Diz respeito à evitação daquelas situações em que o paciente, por causa de sua ansiedade antecipatória, tem a expectativa de que seus medos ocorram novamente. Aquilo com que temos de lidar nesse caso é a "fuga do medo" – mais comumente, o medo de ter um colapso na rua ou de ter um ataque cardíaco.
2. *Atividade Inadequada*. Esse padrão comportamental é característico, em primeiro lugar, da neurose obsessivo-compulsiva. O indivíduo, em vez de tentar evitar situações de conflito, *luta* contra suas ideias obsessivas e compulsões neuróticas, consequentemente, reforçando-as. Essa luta é motivada por dois medos básicos: (a) de que as ideias obsessivas indiquem uma condição psicótica iminente ou real; (b) de que as compulsões resultarão, algum dia, em tentativa de homicídio ou suicídio. Outro aspecto da "atividade inadequada" pode ser observado em neuroses sexuais – a saber, uma luta *por* algo, em vez de *contra* algo: um esforço por orgasmo e potência. A motivação subjacente, em geral, é a seguinte. O paciente sente que um desempenho sexual competente é "exigido" dele, ou pela parceira, ou pela situação ou por si mesmo, caso ele tenha, por assim dizer, "agendado" esse desempenho para aquele momento. Devido precisamente a essa "busca por felicidade", o indivíduo sexualmente neurótico afunda-se da mesma forma que o neurótico obsessivo-compulsivo o faz, devido a respostas que são inapropriadas para a situação; pressão precipita contrapressão.

Em contraste a esses padrões comportamentais negativos, neuróticos e "errados", há dois que são positivos e normais:
3. *Passividade Adequada*. Este é o caso em que o paciente, por meio da intenção paradoxal, ridiculariza seus sintomas, em vez de ou tentar fugir deles (fobias) ou lutar contra eles (compulsões obsessivas).
4. *Atividade Adequada*. Por meio da derreflexão, o paciente é capacitado a ignorar sua neurose ao focar sua atenção em algo que não ele mesmo. Ele é direcionado a uma vida cheia de sentidos e valores potenciais que apresentam um apelo específico às suas potencialidades pessoais.

Além desse aspecto pessoal, um fator social também está envolvido. Cada vez mais, encontramos indivíduos que sofrem daquilo que a logoterapia chama de "vazio existencial" no homem. Tais pacientes reclamam experimentar uma total e derradeira falta de sentido na vida. Eles apresentam um vazio interior no qual os sintomas neuróticos podem abundar. O preenchimento desse vazio pode, em consequência, ajudar o paciente a superar suas neuroses, ao auxiliá-lo a conscientizar-se do amplo espectro das suas possibilidades concretas e pessoais de sentido e valor ou, em outras palavras, ao confrontá-lo com o "logos" de sua existência.

RESUMO

No quadro teórico da logoterapia ou análise existencial (*Existenzanalyse*), uma técnica específica foi desenvolvida para lidar com condições obsessivas, compulsivas e fóbicas. Esse procedimento, chamado de intenção paradoxal, baseia-se no fato de que certa quantidade de patogênese em fobias e neuroses obsessivo-compulsivas se deve ao aumento de ansiedade e compulsões causadas pelo esforço em evitá-las ou combatê-las. A intenção paradoxal consiste numa inversão da atitude do paciente ante seu sintoma, capacitando-o a autodistanciar-se de sua neurose. Essa técnica mobiliza o que, em logoterapia, se chama de antagonismo psiconoético, ou seja, a capacidade especificamente humana de autodistanciamento. A intenção paradoxal presta-se, particularmente, a uma terapia de curta duração, em especial, em casos com um mecanismo subjacente de ansiedade antecipatória.

XIII. Psicoterapia, Arte e Religião[1, 2]

Trazer luz à luta espiritual do indivíduo constitui a tarefa da logoterapia; dessa maneira, devemos nos perguntar de que trata essa luta. O que, nessa luta, faz com que o paciente neurótico busque auxílio na psicoterapia? O seguinte relato de caso demonstra como a resposta a essa pergunta surgiu durante um tratamento logoterapêutico.

Devem-se ter em mente dois pontos importantes ao longo deste estudo. Primeiramente, se um artista desenvolve uma psicose e, no entanto, dá continuidade à sua produção artística, ele o faz apesar de sua psicose, nunca por causa dela. Uma doença mental, em si, nunca é produtiva. Apenas o espírito humano pode ser criativo, mas nunca uma doença mental. E, ainda assim, mesmo que confrontado com o terrível destino de uma doença dessa natureza, o espírito humano pode atingir o máximo em termos de habilidade criativa. De maneira semelhante, o inverso também é verdadeiro. Assim como não podemos dar crédito à enfermidade como tal pela habilidade criativa, não devemos usar o fato da doença mental como um argumento contra o valor artístico de uma obra de arte. Jamais competirá ao psiquiatra julgar o que tem valor e o que não tem, o que é verdadeiro e o que é falso, se a visão de mundo de Nietzsche é verdadeira ou se os poemas de Hölderlin são belos.

A paciente cujo histórico médico e tratamento se apresentarão aqui lutava por duas coisas: por seu trabalho e por Deus. Deve-se notar que o problema

---

[1] Tradução do alemão para o inglês por Judith e Joseph Fabry.

[2] Este capítulo encontra-se publicado também como apêndice à primeira edição da obra *Die Psychotherapie in der Praxis*. Edição em português: *A Psicoterapia na Prática*. Trad. Vilmar Schneider. Petrópolis, Vozes, 2019. (N. T.)

religioso não era manifesto no início do tratamento, mas irrompeu, de maneira espontânea, no decorrer dele. Isso fornece prova adicional à validade de uma afirmação que fiz alhures: "O médico não tem nem o dever moral nem o direito de interferir na visão de mundo de um paciente (visto que qualquer interferência dessa natureza seria uma ordem advinda da autoridade do médico)". Além disso, prova-se que a psicoterapia, se conduzida corretamente, liberará a religiosidade do paciente, mesmo que essa religiosidade esteja latente e sua liberação não seja pretendida pelo terapeuta.

Nosso caso envolve uma mulher de meia-idade, artista de profissão. As queixas que originalmente a motivaram a buscar ajuda médica diziam respeito a uma "falta de contato com a vida" que vinha de longa data. "De alguma forma, tudo é uma fraude", declarava a paciente. "Preciso com urgência que alguém me ajude a sair deste círculo vicioso", escrevera numa autoavaliação. "Estou sufocando num grande silêncio. A doença da minha alma continua a crescer. Chega o momento em que se percebe que a vida não tem nenhum conteúdo, tudo se tornou sem sentido, não se consegue achar um caminho para fora dessas ruínas. Mas eu quero encontrar um novo sentido para minha vida."

Para todas as aparências exteriores, a paciente parecia perfeitamente bem ajustada à sua vida, até socialmente. Mas ela mesma sentia quão superficiais eram todos os seus êxitos sociais, artísticos e eróticos. Comentava: "No momento, só consigo existir mantendo um ritmo de vida rápido. Convites, concertos, homens, livros, tudo... Sempre que essa sucessão de impressões desacelera ou para, defronto-me com um abismo de vazio e desespero. O teatro é apenas outra fuga. Minha pintura (a única atividade que realmente me interessa) me assusta severamente – como qualquer outra experiência profunda! Logo que quero muito alguma coisa, ela dá errado. Tudo o que amo eu destruo – todas as vezes. Eu já não ouso amar nada. Na próxima vez em que essa destruição ocorrer, eu realmente vou me enforcar".

O tratamento de uma neurose dessa natureza deve iniciar-se atraindo a atenção do paciente para o típico fatalismo neurótico. Numa discussão mais geral, ela foi auxiliada a entender esse fatalismo e o quanto era livre de seu passado e de suas influências, não apenas "livre das" antigas inibições mas também "livre para" encontrar seu sentido de vida especial e pessoal, em toda sua unicidade, e para achar seu "estilo pessoal" em todas as suas expressões artísticas.

Quando questionada sobre seus princípios artísticos, respondeu: "Não os tenho, com exceção, talvez, de um: honestidade absoluta!". E, em seguida: "Eu pinto porque me sinto impulsionada a fazê-lo, porque *devo* pintar. Ocasionalmente, até me sinto obcecada por isso". Em outro momento: "Eu realmente não sei por que pinto – tudo o que sei é que tenho de pintar – e é por isso que o faço". Por trás dessas explicações da paciente, não havia nenhum flerte lúdico com o impulso que a forçava a criar: ela não estava "apaixonada" por esse fenômeno, que lhe parecia mais próximo de uma doença. Ela mesma disse: "Eu tenho *medo* dessa obsessão". Mas o fato permanecia: "Não é uma questão de por que ou para que – trata-se apenas de ânsia e inibições". Em certa medida, ela tinha noção da "atividade" de seu inconsciente, desse criar de seu próprio inconsciente. Afirmou: "Nada sei, além de me manter trabalhando, tentando, descartando e tentando novamente. Não sei nada sobre a escolha de cores, por exemplo, a não ser o fato de que ela não depende do humor do pintor. A escolha é feita em regiões muito mais profundas!".

Posteriormente, seguiram-se queixas que, mais tarde, nos levariam ao caminho de um resultado terapêutico: "Sonho frequentemente com pinturas finalizadas que me satisfazem no sonho, mas que nunca consigo reproduzir quando estou acordada". Aqui apareceu uma pista que o terapeuta poderia seguir. Em outro momento, a paciente disse, com paixão: "Quero encontrar a pintura para a qual eu possa dizer 'sim' com todo meu coração. Tenho de fugir à força do hábito, de parar com essa contínua cópia de mim mesma. Tenho de trazer à consciência essas formas criativas que residem em mim". Certo dia, disse, espontaneamente: "Gostaria de saber se alguém pode ser criativo sob hipnose; se eu poderia, então, por exemplo, liberar minhas próprias experiências e transformá-las em obras de arte". Ela se declarou interessada em trazer impressões do passado à consciência. Sua consciência artística, seu autocontrole e até mesmo a desconfiança de sua habilidade artística estavam tão aguçados que ela chegou a dizer: "Gostaria de saber até que ponto os surrealistas estão trapaceando. Os assim chamados desenhos automáticos deles não são diferentes daqueles feitos conscientemente".

A paciente relatou sonhar com composições de cores que ela não conseguia reconstruir quando acordada. A essa altura, tornou-se necessário abordar sua vida onírica inconsciente. Assim, foi usada uma forma modificada dos exercícios sistemáticos de relaxamento ("treinamento autógeno") desenvolvidos por J. H. Schultz.[3] A paciente, imediatamente após o processo, descreveu sua experiência: "Um sentimento de grande clareza. Tem-se menos consciência de si mesmo – mas todos os objetos parecem mais nítidos. Um sentimento de frescor, como se um véu tivesse sido removido dos meus olhos. Isso é bastante novo. Agora estou deitada no divã. Poltrona, cesto de papel, a sombra do birô – tudo está nítido... Estou desenhando...". Essas foram as notas que a paciente escreveu posteriormente.

Na noite seguinte, ela sonhou com formas coloridas. "Minha mão direita busca um lápis", escreveu. "Algo em mim me diz para começar a desenhar. Isto me acordou várias vezes. Por fim tentei me acalmar. Dormi muito calmamente depois, até as nove horas."

Seguindo a fórmula de Schultz para elaborar resoluções e usando também comandos pós-hipnóticos, a paciente começou a pintar na tarde seguinte. Ela relatou: "Esboço uma paisagem... Após meia hora de pintura, tomo consciência de que estivera trabalhando automaticamente. Um sentimento definido de compulsão... Percebo que estou pintando algo bem diferente do que pensei querer. Um sentimento de impotência... Luto contra essa compulsão – não quero sucumbir a ela. A última fase: alguma pintura automática em alternância com um resto de avaliação crítica e pintura consciente, depois, de volta para a pintura automática".

---

[3] No contexto do ecletismo metodológico adotado por Frankl em sua prática psicoterapêutica, cabe um esclarecimento por parte do autor quanto ao emprego do treinamento autógeno: "Os métodos e a finalidade do tratamento moderno de relaxamento já foram suficientemente elaborados por J. H. Schultz. Segundo ele, trata-se, em última instância, de ampliar a esfera de influência do eu ante o próprio organismo, de tal maneira que mesmo regulações inconscientes e sobretudo involuntárias possam se submeter à vontade consciente. (...) O significativo nesse método parece ser, porém, que a esfera de poder da vontade, a esfera do eu como consciência e responsabilidade, é ampliada sem que isso signifique, por sua vez, uma limitação da responsabilidade própria. Essa é a diferença essencial entre o método dos exercícios de relaxamento [de Schultz] e o método da terapia sugestiva". (V. E. Frankl, *A Psicoterapia na Prática*. Trad. Vilmar Schneider. Petrópolis, Vozes, 2019. (N. T.)

Em seguida, a anotação: "Olhos fechados, lápis na mão, estou esperando pelas figuras. Um quadrado rosa, uma meia-lua crescente branca, uma forma oval de cor violeta-escuro, e, de repente, a imagem de um perfil feminino: um poderoso *chiaroscuro*. E – eu pinto – semiconsciente. Vejo formas coloridas claramente delineadas, que minha mão logo passa a tracejar. Sinto que as vejo na tela, mas não tenho certeza. Em minhas pinturas anteriores, também não conseguia dizer em que exato momento eu colocava minhas visões sobre a tela. Mas agora há uma diferença nítida no meu pintar consciente. As imagens estão muito mais nítidas e, ocasionalmente, trabalho de maneira compulsiva. Mas hoje não estou lutando contra a compulsão. Estou muito disposta e me deixo levar; às vezes, observo o quadro com olhar crítico e fico feliz. Quando posicionei o quadro numa moldura menor, cortando a parte de cima e de baixo, de repente me senti livre, leve e clara".

No dia seguinte: "Gosto desse quadro! Posso ver dois novos começos nessa pintura. O primeiro, a composição; o segundo, o tratamento da imagem. A composição de cor é como a que desejei para a primeira pintura 'automática', mas que não consegui realizar. A imagem hoje é muito harmoniosa". Em seguida: "Um historiador da arte, especialista em arte moderna, viu o quadro hoje. Ele disse: 'Esse quadro é equilibrado; está perfeito na sua composição de cor; é harmonioso – diferente do seu trabalho habitual!'".

Em seguida, uma recaída. Suas notas diziam: "Sou péssima. Pinto tão mal quanto todos os outros. Não sei o que fazer: como conseguir arrancar essas imagens pessoais da minha alma? Faço os exercícios de relaxamento com o Dr. F. Alívio imediato da tensão – sinto-me praticamente flutuando... Vejo fragmentos de quadros. Oh, render-me às cores que surgem em mim, pintar... Devo pintar! Estou pintando – posso sentir o cheiro das cores, mal posso esperar ir para casa e trabalhar. Quero sair e começar a pintar. Corro para casa. Mais fragmentos de quadros; começo a esboçar – não consigo pintar; sem inspiração – as cores são intrigantes, mas não se relacionam no espaço. Anoitece. Tenho de parar; coisas a fazer na cozinha. Logo que chego à cozinha, consigo ver! O rolo de massa próximo à tigela: uma relação excitante entre curvas e linhas retas – um entrelaçamento de linhas que vinha buscando por dias! Por que não posso fazê-lo? Provavelmente, porque *quero* fazê-lo". No dia seguinte: "Tenho praticado o treinamento autógeno regularmente por conta própria. Mas, simplesmente, não consigo pintar. Sinto-me inibida, vazia, fria". E então, novamente: "Hoje o Dr. F., mais uma vez, recomendou que eu praticasse sozinha. Tenho dois corpos; estou separada do meu peso; sinto-o abaixo e flutuo até o teto...".

"Amanhã conseguirei ver com os olhos de uma artista – amanhã vou experimentar novas relações entre cores e formas – e o obstáculo sairá do caminho." Em seguida: "Dormi bem... Pratiquei o relaxamento pela manhã. Mesma resolução de ontem. De repente: quadros! Posteriormente, renovada e otimista. Pela manhã, más notícias da América, e tudo de repente desaba. Perdi todo o apoio. Estou totalmente só, nada tem sentido. A que devo me apegar? Os amigos estão sumindo. E não consigo rezar. Deitar e morrer... Deus compreenderá. Mas não devo. Estranho: logo hoje que consegui ver como artista. Trabalho um pouco. Desenho. Mas, de novo, esse colapso interior. É insuportável... De algum modo quero seguir com minha humanidade dignamente. Entregar-me a Deus completamente, profundamente... Mas não consigo fazer isso. É inútil. Tudo está perdido! Outro exercício de relaxamento? Mas não consigo avançar. No entanto, consigo me acalmar".

Então a crise continua. No dia seguinte: "Pratico o treinamento autógeno. Finalmente, depois de meia hora, um transe leve. Minha resolução é formulada: nada importa; só a pintura importa – e Deus. Conseguirei rezar; conseguirei pintar; estou só, com Deus e minha pintura... Manhãs e noites, mesmos exercícios". E um dia depois: "Exercício. O transe vem rapidamente. Um ar morno e azul sopra através de mim – meu braço direito pressiona seu peso sobre o colchão. Resolução: as imagens que experienciei devem se libertar de novo; aquelas imagens de rara beleza há muito esquecidas. Vejo-as novamente – minhas impressões mais pessoais. E, desta vez, com tanta clareza que consigo lhes dar forma. Desenhei a tarde toda; enxergando como uma artista. Muitas ideias, mas numa sucessão tão rápida que não consegui registrá-las. Muito otimista; entusiasmada e alegre. Mal dormi". Logo, o dia seguinte: "Imagens surgem em mim continuamente. Mas tenho de receber convidados, atender ao telefone – muito movimento. Porém, nos intervalos, pintei paisagens, as melhores que já pintei! A uma louca velocidade, 'os quadros pintaram a si mesmos'. Entusiasticamente feliz. Logo que fecho os olhos, uma imagem vem atrás da outra; memórias e novas pinturas de coisas vistas há pouco. Também composições de quadros – harmonias de cores muito sofisticadas. Tudo se move tão rápido que mal consigo acompanhar. Para relaxar, um exercício autógeno antes de ir para a cama. No dia seguinte, as imagens continuam. Estou muito feliz! A graça de Deus... A vida é bela. Imagens movem-se como num rolo de filme, e durmo maravilhosamente. Pela manhã, sinto-me renovada, saudável, cheia de ânimo. Hoje fiz mais um exercício. Imediata sensação de estar flutuando. Uma espécie de transfiguração: sou luz... É maravilhoso sentir-se como nada além de luz! É tão maravilhoso que, na prática de hoje, não planejei nada. Não sei quanto tempo durou. De qualquer forma, trabalhei melhor em seguida. Quadro ainda não finalizado – tenho tempo. Sinto-me muito calma, muito feliz...".

Depois de meses, durante os quais a paciente esteve definitivamente mais produtiva e precisou apenas de poucas consultas com o terapeuta, ela relatou: "N. N. [um famoso crítico de arte] olhou os dez quadros e escolheu um deles como o melhor que eu já criara. Ele falou de uma visão muito pessoal e disse: 'Essas pinturas são verdadeira arte; muito mais fortes e pessoais que suas obras anteriores à guerra; elas têm profundidade – algo que as outras não tinham. Tudo é independente, genuíno e honesto; só aqui e ali algum resquício naturalista'. Enquanto nas primeiras semanas de terapia houve algumas 'explosões', e o trabalho normal não me era possível, agora consigo trabalhar em uma rotina regular. Tenho novamente aqueles dias de trabalho tranquilos e consistentes como antes da guerra, e isso mesmo sem um transe. Hábitos de trabalho estão estabelecidos, e posso dizer, de consciência limpa, que o tratamento pode ser considerado concluído e exitoso. Agora, quando enfrento sérias dificuldades externas, vejo quão bem-sucedida foi a terapia. Não sinto nem desespero nem repulsa; não me encho de ansiedade nem clamo por comiseração, mesmo estando sozinha e sabendo que ninguém irá me ajudar... Mas encaro isso como um teste e farei o melhor dessa situação. Deus me observa – apesar de que dizer isso é, provavelmente, presunção minha. Sinto-me muito fortalecida. Quando comecei a compreender, o tratamento foi removendo um obstáculo atrás do outro, e as coisas foram libertadas. A terapia me deu a melhor coisa que alguém poderia esperar receber".

Apesar de um grau quase patológico de autocrítica, a paciente estava satisfeita com seu trabalho recente. Ela se sentia capaz outra vez. Ocasionalmente, fazia um exercício de relaxamento por conta própria. À pergunta sobre suas resoluções, ela ofereceu a seguinte fórmula: "Que tudo seja libertado – que minhas experiências mais pessoais de cor e forma se tornem conscientes – e que eu consiga colocá-las na tela".

Agora que sua habilidade de trabalhar havia sido restaurada, um segundo problema – até então latente na paciente – veio à superfície. Desse ponto em diante, a logoterapia teria de ir além do estágio que alcançara. Enquanto, até esse momento, a terapia fora algo como uma parteira para a artista, agora ela teria de funcionar como uma parteira para o espírito da paciente. Isso porque, agora, tornava-se tarefa da logoterapia esclarecer, ou talvez auxiliar, a luta de nossa paciente com os problemas religiosos que ela desenvolvera durante esse período. Poder-se-ia formular a situação da psicoterapia, nesse momento, da seguinte forma: a segunda parte do bem conhecido lema beneditino *ora et labora* havia sido realizada, mas o que ainda pendia era realizar a primeira.

As notas da paciente durante esse período continham esta passagem: "Hoje, ao amanhecer, depois de um sono profundo, de repente, estou totalmente desperta. Primeiro pensamento: Deus me faz cair de joelhos. Mais uma vez, experimento a perda de meu marido e me dou conta do quão terrivelmente falhei. Eu já sabia disso à época, de alguma forma, vagamente; mas só agora consigo me arrepender. Hoje Deus me acordou. Pela manhã fui à igreja menorita... Não direi o que aconteceu nessa hora – exceto que, subitamente, ocorreu-me que, quatro anos atrás (depois da notícia da morte de meu marido na guerra), também fui a essa igreja. Naquela ocasião, orei ardentemente pela minha morte. Hoje quero viver! Há tanto a expiar".

Muitas semanas depois, a paciente fez o seguinte registro em seu diário: "Tento, em vão, me reconciliar com a culpa oculta que tenho vagamente sentido por anos, mas que não consigo encarar com clareza. Pois, nesse tempo todo, não me permiti experimentar nenhuma fé (fé, especialmente em Deus, não é virtude, mas bem-aventurança, graça). Que eu estava fazendo? Por que eu me punia? Devo descobrir". Dessa forma, a paciente assumia que ela mesma bloqueara o caminho em direção a sua fé. Sob recomendação do médico, ela então iniciou exercícios autógenos em que a resolução se formulava da seguinte maneira: hoje terei um sonho sobre o significado da minha culpa. O registro da paciente, contudo, indicou que ela não obteve êxito. É digno de nota, porém, que, no mesmo pedaço de papel, ela pedia que o médico interpretasse um sonho antigo – do tempo da guerra – que "ainda a inquietava muito". Recordemos aqui o famoso e importante conselho de Freud para avaliar psicologicamente memórias de infância, independentemente de serem lembranças reais de algo que de fato aconteceu ou de serem apenas atitudes projetadas no passado pelo inconsciente – falsas memórias. Neste caso, pouco importava se o sonho não veio como a resposta desejada à pergunta feita a seu inconsciente. A relevância analítica reside, aqui, no fato de que esse sonho antigo foi apresentado ao terapeuta agora, pela primeira vez, em conexão com a pergunta com a qual a paciente lutava.

Os conteúdos do sonho: a paciente, pela janela do corredor, observa a porta de seu apartamento e vê uma jovem mulher entrar nele. Ela percebe imediatamente que se trata dela mesma. "O primeiro *eu* está olhando para o segundo *eu*", descreveu ela. "A número dois destranca a porta e entra no cômodo maior; em seguida, vira à esquerda – agora as paredes tornam-se transparentes – e adentra o cômodo menor (agora, meu ateliê) e dirige-se ao canto, onde está o fogão. Ali há um soldado alemão deitado sobre uma esteira. O segundo *eu* se inclina sobre ele e o mata. Em seguida, acordo." Não nos equivocaremos em ver, nesse sonho antigo, a resposta antecipada à pergunta que se colocou muito tempo depois. Podemos supor que a paciente – ao trazer esse sonho exatamente nesse momento – respondeu à própria pergunta para o médico e para si mesma.

A constante luta artística continuava, sem folga, na forma de autoexame e autocrítica. Porém, cada vez mais, o poder criativo liberado irrompeu, "forçando" a paciente a trabalhar, apesar de sua autocrítica. Ela relatou: "Uma pintura do gênero natureza-morta está pronta. Ou muito ruim ou muito boa – não sei dizer; comecei a pintar sem pensar. Finalmente – tive de notar – a ideia é minha. Continuo com os exercícios de Schultz. Eles funcionam bem, até as sensações de calor. Mas o mais importante: consigo orar de novo! Já por semanas. A oração surge o tempo todo – quase contra minha vontade. Às vezes é difícil, para mim, voltar a minhas pinturas".

Essas notas parecem comprovar uma luta genuína e intrínseca na direção de um esforço religioso honesto: "Reiteradamente, Deus torna-se inacessível, intangível... Apenas na oração Deus se aproxima. Devo tentar, repetidamente, criar o meu Deus. Isso me parece fazer parte de ser humano, mas até isso reflete, talvez, o modo como Deus quis nos criar. Com frequência, tenho preferido orar a pintar; pintar é tão mais difícil. Mas isso seria pecaminoso, de qualquer forma". Em seguida: "Encontro Deus apenas na alegria. Porém, depois, experimento euforia. Ainda não estou bem preparada para sofrer. Mas a cada dia aprendo um pouco a sacrificar meu Isaque.... Deus quer algo de mim, não sei bem o quê; cabe a mim descobrir. Às vezes poderia gritar de alegria: a vida é bela, bela, bela!".

A paciente prova-se tão cética com relação à própria pintura quanto o faz no que diz respeito à sua religiosidade. "Algumas coisas acho bem suspeitas. Por exemplo, o fato de eu vir até o senhor com esses problemas. As mulheres adoram enfeitar-se com Deus. Eu poderia também recorrer a um padre." Ou: "É intrigante o fato de eu achar meu caminho para Deus exatamente agora... Não quero me tornar a noiva de Cristo! Não quero fazer negócios com Deus! Desejo Deus sem erotismo e sem esperança por justiça". Ou, em outra ocasião: "Não quero amar a Deus só porque N. N. não gosta de mim. Se esse é o caminho que minhas preces vão seguir, preferiria abrir um bordel. Os homens estão aqui para ser amados; já Deus não consigo – não consigo expressar em palavras. Isso, no entanto, consigo ver: eu deveria ter aprendido a sofrer apropriadamente. Estou de novo sofrendo do jeito errado. Sem a graça, porém, é provável que eu não consiga sofrer com sentido".

Para liberar a paciente de suas inibições, perguntamos se ela se lembrava de alguma experiência religiosa assustadora da infância. Ela se identificou: foi criada como católica, de uma maneira pouco fervorosa. Aos catorze ou quinze anos, experimentou uma crise religiosa. "Por que a carne deveria ser considerada pecaminosa? Não conseguia entender isso. Converti-me ao protestantismo. Isso, mais que tudo, significou para mim um divertido questionamento de autoridade. Não sei quando orei pela última vez; a primeira vez em que orei de novo foi num sonho, e aí experimentei (e digo, intencionalmente, 'experimentei') pela primeira vez uma imagem de Deus: infinitamente luminoso e incrível, nada humano... Não faz sentido pedir favor a Deus. A única coisa digna de Deus: amá-lo por ser quem é."

"Recentemente, no meio da noite, pela primeira vez, orei de maneira consciente. Veio de modo inesperado, não busquei fazê-lo. Essa, sem dúvida, foi a primeira oração verdadeira em minha vida. Uma oração que já é contentamento, não apenas implorar por algo."

A própria paciente compreendeu: ela não tinha coragem de crer. Nós a orientamos, em um "exercício", a formular a seguinte resolução: "Hoje à noite sonharei sobre o que me ata a esses nós". No dia seguinte ela relata o este sonho: "Tento, desesperadamente, construir 'o quadro'. Eu não o pinto – eu o vivo!". A interpretação é clara: "o quadro" é sua vida inteira, que ela deseja reconstruir. No imaginário do sonho, a própria vida tornou-se a pintura. Mais adiante: "Vejo uma carruagem partindo". Ao ser questionada, ela indicou que se tratava de uma carruagem puxada por cavalos, do tipo em que as pessoas, em geral, viajavam quando ela era criança. À esquerda do quadro, ela rememorou, estava uma estranha forma "que eu, desesperadamente, gostaria que ficasse íntegra, mas que continuava a partir-se em pedaços. Do lado direito, vejo uma clivagem cruzando o quadro de cima a baixo". Em resposta à pergunta "o que você sente que perturbou a totalidade da sua vida?", ela, prontamente, afirmou que era a morte do marido. (Vemos aqui como o círculo se completa. O sentimento de que sua vida estava destruída aponta na mesma direção do sentimento de culpa que perturbava sua fé religiosa.) Mesmo antes de o médico ajudá-la a interpretar esse sonho, ela teve outro – podemos dizer terapêutico –, complementando o sonho diagnóstico. Ela recordou apenas uma coisa a respeito desse segundo sonho. Um sentimento de grande alegria e uma voz dizendo "Deixe que durma – deixe que durma – essa antiga dor!".

Mas a crise ainda não fora mitigada. Foi necessário outro exercício *ad hoc*, com a resolução: "Hoje sonharei sobre o porquê de eu sentir hostilidade contra o cristianismo – sobre o que me afastou dele. Em seguida, acordarei imediatamente e tomarei nota do sonho".

Eis o sonho da paciente: ela está na cidade de Waldegg, onde passou a infância, e espera por um trem com destino a Viena. (Com isso, a paciente recapitula no sonho a trajetória de seu passado ao presente, já que hoje reside em Viena.) O Dr. K. N. mora em Viena, e ela quer vê-lo. (O Dr. K. N. é um famoso psicoterapeuta e amigo da família. Essa parte do sonho significa: a psicoterapia é necessária.) Ela não sabe onde o médico mora. Ela pergunta a uma mulher, que responde: "Perto da igreja". (A paciente tem consciência de que sua cura só pode ser completada no domínio do religioso.) No sonho, a paciente sabe que encontrará a igreja. (Ela está otimista no que diz respeito a reencontrar seu caminho de volta a suas crenças religiosas.) Mas tudo parece diferente. (Achar o caminho de volta à fé não é nada fácil nem simples para a adulta que atravessara os infernos da vida e da dúvida.) No sonho, ela se questiona sobre que rua tomar. (A paciente está incerta acerca de que caminho escolher para recuperar a fé.) Ela continua a vagar por longo tempo; ela tem dúvidas... (No sonho, suas dúvidas dizem respeito ao caminho certo para encontrar o Dr. K. N.; na realidade, trata-se de suas dúvidas sobre Deus.) De repente, uma garotinha lhe aparece, dando-lhe instruções sobre o caminho. (Durante a análise do sonho, a paciente oferece a informação de que a garotinha era ela mesma na infância. Perguntou-se se ela conhecia o versículo da Bíblia que diz "Deves tornar-te como uma pequena criança"[4] e ela respondeu que sim.) A garotinha no sonho diz a ela: "Para a igreja? Você está no caminho errado. Você tem de retornar". (Novamente o tema: antes de encontrar a igreja – salvação, cura – a paciente deve reencontrar o caminho de volta à fé inocente de sua infância.) No sonho, ela está com sede. (Durante a interpretação, a paciente confirma conhecer o versículo bíblico que diz "Como a corça anseia por água, a minha alma anseia por Ti..."[5] A criança lhe oferece água de uma fonte, mas o jarro do qual a paciente deve beber está sujo. (Ela conhece a passagem de meu livro *Psicoterapia e Sentido da Vida*, na qual a infidelidade sexual da esposa é contrastada à do marido e na qual se usa como comparação uma fonte e um jarro.[6]) No sonho, a paciente quer comprar um jarro – o dela está quebrado. (Ela reclamava reiteradamente de que, depois da morte do marido, não conseguia

---

[4] Referência a Mateus, 18,3. (N. T.)

[5] Referência a Salmos, 42,1. (N. T.)

[6] A fim de situar o leitor, cumpre ressaltar que a referida metáfora não está presente na edição em catálogo da obra citada no Brasil. No entanto, trata-se, no contexto do debate frankliano acerca do sentido do amor, de uma alegoria que se presta a ilustrar a diferença sociológica entre os sexos no que tange ao duplo padrão de avaliação quanto à virgindade e à infidelidade sexual. Nela, Frankl afirma que uma fonte de água pura que tenha a água colhida por um jarro sujo não perderá a pureza. Contudo, um jarro que se enche de água suja, mesmo que apenas uma vez, torna-se sujo, talvez para sempre. (N. T.)

amar ninguém, mas que, por outro lado, sentia falta de alguém consigo.) Agora, no sonho, ela retorna. (Isto se refere ao tratamento logoterapêutico.) De repente, o caminho está bloqueado por árvores de álamo que se estendem pela rua. (Dificuldades e recaídas que ocorreram durante o tratamento.) Mas, em seguida, o caminho é reaberto e, ao longe, aparece a igreja – uma bela catedral de cor branca como o leite, parecida com a de Caen. Então, a paciente acorda. Em sessões posteriores, ela comentou sobre sua viagem de carro pela Normandia. Ela ansiava por ver a Catedral de Caen, que conhecia apenas por fotografias, mas lá chegou apenas à noite e durante um pesado nevoeiro, de modo que nunca, de fato, conseguira ver a catedral. A aparição da nunca vista mas admirada igreja em seu sonho significou a transformação que lhe ocorrera durante a análise: a transformação de sua experiência religiosa com um Deus escondido por névoa e escuridão para uma experiência religiosa com um Deus revelado.

Pouco depois, outro sonho: "Viro o rosto para a luz. Atrás de mim, um profundo abismo de escuridão. Um vento gélido sopra dele. No entanto, não tenho medo, pois pertenço a Deus. Um maravilhoso sentimento de alegria, humildade, amor, proteção. Tenho a expectativa de que terei de sofrer muito, mas Deus está comigo. Uma entrega religiosa como eu jamais tinha experimentado antes; uma definitiva, segura e evidente unidade com Deus. Dúvidas são impossíveis nesse estado! Ser em Deus...". E o sonho continua: "Uma mulher me diz: 'você está muito suja – também pudera, depois de uma viagem tão longa'. E eu digo: 'sim, também sofri uma cirurgia'". (A cirurgia parece referir-se ao dano à totalidade de sua vida, mencionado antes.) "Sinto-me cansada. Irei para casa tomar um banho". (Novamente, a sujeira como tema.) "Depois seguem-se aventuras, obstáculos que são superados. Sonhei um romance inteiro. Finalmente, porém, chego a meu apartamento e, muito feliz, troco a mobília por uma nova." Esse sonho, poucas semanas depois do último citado, expressava esta experiência: a de estar em casa novamente e tornar-se, mais uma vez, limpa.

Seguindo o tema desse sonho, mas sem nenhuma ligação consciente com ele, a paciente escreveu em suas notas: "Devo começar do zero, pois não conheço nenhuma oração. Já me esqueci de todos os ritos, não tenho igreja alguma em que me apoiar... Mas crer em Deus implica uma obrigação".

Por fim: "Fui salva, como num conto de fadas. O tratamento me devolveu a habilidade de pintar. E posso orar de novo! Orar mais profunda e fervorosamente que nunca. Isto é uma graça. Serei digna dela?".

Notamos a relação emergente entre um sonho antecipatório e experiências de vida. Agora também vemos como o tema do último sonho encontra realização em sua vida acordada. A paciente ainda lutava pela pureza derradeira de sua experiência: "Será que não estou facilitando demais as coisas para mim? Atrevo-me a crer? Realmente, não sou digna de ter encontrado sentido". Porém, na mesma página de suas anotações, ela registrou: "Essa bem-aventurança que sinto no meu sonho, agora, experimento intensamente em meu estado de vigília, já por vários dias. Agora aconteceu... Descanso em Deus – agora tudo tem sentido!".

Dessa maneira, o tratamento – para citar as palavras da própria paciente – realmente havia "feito emergir de si tudo que havia para emergir". Logo ela aprendeu a encontrar e seguir seu próprio caminho de maneira independente. Isso foi expresso ainda em outro sonho: "É noite. Entrego um bilhete a um homem; há um endereço escrito nele. Tenho de segui-lo – esse é nosso acordo. No início, estou ofegante, mas logo torna-se fácil. Por fim, o homem desaparece. (Isso significava, obviamente, o fim da terapia.) No início, tenho medo, mas logo me acalmo e penso: por que estou ficando tão agitada? Sei o endereço. Consigo achar o caminho sozinha em meio à escuridão".

Mas a paciente ainda não estava satisfeita com esse progresso, nem consigo mesma: "Durante os últimos meses, tive forte desejo de entrar para um convento, não de verdade, mas para estar só, pintar, aceitar as coisas como elas vêm. Agora vejo que isso é impossível e que eu não poderia fazê-lo". "Por que não consigo me render?", reclamava. Em seguida, respondendo a si mesma: "Anseio por isso, mas também, ao mesmo tempo, tenho medo". Ela até suspeita de que sua experiência religiosa seja falsa, não autêntica o suficiente: "Como distinguir entre o verdadeiro e o falso? Será o meu Deus apenas um sintoma da idade? Será que eu o inventei para que não o tivesse de procurar? Não duvido da existência de Deus, mas, cada vez mais, questiono minha fé. Fujo de Deus em direção a um relacionamento íntimo com ele".

"Deus está aqui, sei disso. Ele está por detrás de uma parede fina como papel, mas que não consigo penetrar. Tento de novo e mais uma vez esforço-me de verdade, mas só consigo atravessar essa parede em meus sonhos. Logo que acordo já não posso mais." Eis um de seus sonhos: "Restos de uma catedral gótica no topo de uma montanha. Colunas adoráveis... Afundo-me no chão rochoso, e ele se torna macio e quentinho.... Oro... Todo o resto se afunda também... Apenas as colunas para Deus permanecem. Penso: Deus estará aqui num instante... Uma interrupção dolorosa e desperto".

Certo dia, a paciente decidiu que estava curada. "Ou será histeria essa profunda e tranquila proximidade com Deus, essa aceitação incondicional e, ao mesmo tempo, essa postura tranquila e atenciosa de fazer o que precisa ser feito? Não é mérito meu – não estou assumindo os créditos, mas estou surpresa e grata. O que realmente me aconteceu esta noite eu não sei. Acredito, no entanto, que seja algo maravilhoso, que ainda está comigo mas que ainda não consigo expressar."

Esse estado de coisas retornava. "É como um ataque doloroso. Sinto que vou morrer, bem ali, naquele instante, mas isso não me assusta; pelo contrário, seria lindo. Experiências extremamente fortes, inefavelmente belas... Longas horas de um estado de Luz, como se estivesse sendo absorvida por Deus... unida a Deus. Ser em unidade com todas as coisas e com Deus. Tudo aquilo que vejo eu sou; tudo que toco eu sou... Na mesma frequência de onda de todas as linhas e cores... Contato com as coisas... Através de mim, toda a existência terrena flui em direção a Deus; agora sou um pedaço de fio condutor." Algo aparece a ela como "um pedaço de Deus, como se transparente ele se fizesse". A paciente fala de uma Presença e diz sobre si mesma: "Estou em contato com ela...". Contudo, nesse ponto, ela diz "afastar-se de uma maior clareza". "Este é o começo da insanidade... E daí? Se isto é insanidade, então a quero sempre... Então a verdade reside na insanidade, e prefiro isto à sanidade."

Em seguida, uma crise: "Sinto-me apática, vazia". Depois de todas essas experiências grandiosas, o vazio lhe parece ainda mais angustiante. Certa vez, ela mesma interpretou isso como uma autopunição – ela não "mereceria essa felicidade". Sua experiência é tão gratificante que sua vida parece realizada: "O sentimento de que minha vida já acabou, de que mal posso seguir adiante, de que a única coisa que falta é a morte torna-se cada vez mais forte. Tudo me é tedioso, e desejo apenas uma coisa (uma repetição daqueles êxtases) e que se dane todo o resto. Estou viciada. Sou patética e insignificante diante da graça e penso, dia e noite, sobre como me tornar digna; mas isso pode ser apenas um orgulho tolo. Tenho muito medo do vazio, mesmo sabendo que devo aceitar tudo completa e incondicionalmente – até mesmo o vazio".

Por fim, a experiência de alegria e uma vida ativa alcançaram a vitória: "Esta é minha primeira primavera em Deus. Até agora estive cega e surda". Agora, "todas as coisas estão iluminadas por Deus", e a paciente conseguia "experienciar Deus. É como se outro sentido fosse adicionado aos cinco: experienciar Deus, assim como ouvir ou enxergar. Não há nome para isso. Foi a terapia que me levou a Deus. Já não há um abismo, esse ser-em-Deus me carrega, e não posso cair. A vida é maravilhosa novamente, rica e cheia de possibilidades. Quando relacionado a Deus, tudo pode ser suportado, tudo é cheio de sentido. Acho que sei o que tenho de fazer: colocar minha vida diária em ordem por amor a Deus".

XIV. Um Estudo Experimental no Âmbito do Existencialismo: A Abordagem Psicométrica do Conceito Frankliano de Neurose Noogênica[1]

James C. Crumbaugh e
Leonard T. Maholick
The Bradley Center, Columbus, Geórgia

A abordagem psicoterapêutica frankliana, a *logoterapia*, constitui uma aplicação dos princípios da filosofia existencial à prática clínica. Seu argumento básico é o de que um novo tipo de neurose vem sendo cada vez mais observado nos consultórios de hoje, em contraste com as histerias e outros padrões clássicos, e que essa nova síndrome – que ele denomina de neurose noogênica e, supostamente, constitui cerca de 55% dos casos típicos na atualidade – emerge como resposta a um completo vazio de propósito na vida. A dinâmica central reside na "frustração existencial", criada por um vazio do sentido percebido na existência pessoal e manifestada no sintoma de tédio. De acordo com Frankl, a essência da motivação humana está na "vontade de sentido" (*Der Wille zum Sinn*); quando o sentido não é encontrado, o indivíduo torna-se "existencialmente frustrado". Isto

---

[1] Uma versão resumida deste trabalho foi apresentada diante do Departamento de Metodologia e Psicologia Social da Southern Society for Philosophy and Psychology, em seu encontro anual realizado em Miami, no dia 12 de abril de 1963. Expressamos nossos agradecimentos a J. L. Chambers, PhD., diretor de pesquisa da Mix Memorial Fund of Americus, da Geórgia, pela revisão crítica deste trabalho e pelos valiosos e pertinentes comentários.

pode ou não levar a uma psicopatologia, a depender de outros fatores dinâmicos. Contudo, Frankl acredita que a incidência de casos clínicos com essa origem tem alta significância.[2]

O fato de o existencialismo aceitar o conhecimento intuitivo, assim como o de natureza racional e empírica, para chegar a valores e sentido, tem sido execrado pelos cientistas do comportamento nos Estados Unidos, que se têm inclinado a descartar tal escola, considerando-a um conglomerado de especulações amplamente divergentes, carente de consistência e senso operacional. Se, no entanto, abordarmos a doença mental a partir desse quadro de referência e conseguirmos especificar uma condição sintomática que é mensurável por um instrumento construído a partir dessa orientação, mas que não se identifica com nenhum outro transtorno mensurado com base nas referências tradicionais, então haverá evidência de que estamos, de fato, lidando com uma síndrome nova e distinta. Frankl especificou um transtorno dessa natureza, mas fez apenas tentativas bem informais e vagamente quantitativas para mensurá-lo (como demonstraremos mais adiante).

Kotchen publicou uma crítica quantitativa a respeito da relação entre doença mental e conceitos existenciais.[3] Ele analisou a literatura a respeito dos traços referentes à saúde mental tal como concebidos pelos autores existencialistas e encontrou sete características a respeito do tipo de sentido de vida que se supõe estar presente na boa saúde mental (como unicidade, responsabilidade

---

[2] A *neurose noogênica* não deve ser identificada com o *vácuo existencial*. Aquela, segundo Frankl, constitui uma doença, ao passo que este integra a condição humana. Naqueles casos em que se apresenta uma patologia (que Frankl designa como "sintomas"), aplica-se a expressão *neurose noogênica*, enquanto casos que carecem de sintomas patológicos se referem a vítimas do *vácuo existencial* e/ou da frustração da *vontade de sentido*. A insistência frankliana em estabelecer uma distinção aqui se deve, em grande medida, a seu posicionamento no sentido de que o tratamento de neuroses (sejam elas somatogênicas, psicogênicas ou noogênicas) deve restringir-se a médicos, enquanto o tratamento do vácuo existencial deve também ser aberto a psicólogos, assistentes sociais, educadores e conselheiros pastorais. Afora essa política, no entanto, Frankl, certamente, concordaria com o uso mais amplo de seu conceito de neurose noogênica, tal como usado no presente artigo, que ele leu e aprovou, com exceção deste ponto.

[3] T. A. Kotchen, "Existential Mental Health: An Empirical Approach". In: *Journal of Individual Psychology*, 16: 174, 1960.

etc.). Em seguida, construiu uma escala de atitudes com itens que representam cada uma das sete categorias. Ele previu que o nível de saúde mental, definida operacionalmente pela natureza de cada uma das cinco amostras de população, com trinta casos cada, que iam de internos de um hospital psiquiátrico a estudantes da Harvard Summer School, coincidiria com o nível de pontuação do questionário. A previsão foi confirmada em nível geralmente satisfatório de significância estatística. Sua escala, no entanto, possuía alguns itens abertos que só podiam ser quantificados por meio de um código de avaliação, e três itens se aplicavam apenas a pacientes hospitalizados e tiveram de ser omitidos na pontuação. Além disso, suas amostras se compunham, totalmente, de pessoas do sexo masculino, e esta é uma área em que pode haver diferenças entre os sexos, como será visto a seguir.

O objetivo do presente estudo é o de desenvolver a quantificação do conceito existencial de "propósito" ou "sentido na vida", em particular, a fim de mensurar a condição de frustração existencial descrita por Frankl, com o objetivo de determinar se sua neurose noogênica existe de maneira à parte das neuroses comuns, tais como concebidas dinamicamente. Podemos definir, racionalmente, a expressão "propósito na vida" como a significação ontológica da vida com base no ponto de vista do indivíduo da experiência. Operacionalmente, podemos dizer que se trata daquilo que é medido por nosso instrumento,[4] e esse é o quadro de referência aqui adotado. A tarefa, logo, passa a ser a da demonstração de que o instrumento mede algo que é: (a) aquilo que Frankl quer designar com a expressão em questão, (b) diferente da patologia usual e (c) identificável como uma característica distintiva de grupos patológicos, em contraste com populações "normais".

SUJEITOS

Um total de 225 sujeitos abrangendo cinco subpopulações, como segue: Grupo I, 30 não pacientes de "alto propósito", composto de 6 mulheres da Junior League e de 24 estudantes de pós-graduação da Harvard Summer School (14

---

[4] R. L. Ebel, "Must All Tests Be Valid?". In: *American Psychologist*, 10: 640, 1961.

homens e 16 mulheres).⁵ Grupo II, 75 estudantes de graduação, não pacientes (44 homens e 31 mulheres).⁶ Grupo III, pacientes externos de vários psiquiatras colaboradores com atendimento em consultório particular na Geórgia,⁷ num total de 49 (25 homens e 24 mulheres) casos de diagnósticos diversos. Grupo IV, pacientes externos do Bradley Center (uma clínica psiquiátrica privada sem fins lucrativos), num total de 50 (22 homens e 28 mulheres) casos de diagnósticos diversos. Grupo V, pacientes hospitalizados, todos alcoolistas, num total de 21 (14 homens e 7 mulheres). As idades variavam entre 17 e mais de 50 anos, com todos os grupos, exceto o de estudantes de graduação, mostrando-se bastante heterogêneos, mas com médias de idade próximas a 30.

MATERIAIS

1. *O Teste "Purpose in Life" (PIL)*. Uma escala de atitudes foi especialmente desenvolvida para evocar respostas que se creem relacionadas ao grau em que o indivíduo experimenta "propósito na vida". A base *a priori* dos itens fundamentou-se na literatura acerca do existencialismo, particularmente na *logoterapia*, e numa "estimativa" sobre que tipo de material viria a distinguir pacientes de não pacientes. A estrutura de todos os itens seguiu o padrão de uma escala de sete pontos, tal como segue:

    1. Geralmente sinto-me

1	2	3	4	5	6	7
Completamente entediado			(Neutro)			Enérgico Entusiasmado

---

⁵ Expressamos nossa gratidão ao Dr. Viktor Frankl, por permitir que administrássemos nossa escala em seu seminário de Harvard, no verão de 1961, e por sua cooperação em aplicar nossa versão piloto do PIL nas suas turmas em Viena, além do grande encorajamento prestado a nós ao longo desse estudo.

⁶ Também somos muito gratos pelo apoio do Sr. Ed Shivers, que organizou a administração do PIL, do A-V-L e do Questionário Frankl a estudantes do MacAlester College.

⁷ Desejamos expressar nosso reconhecimento aos seguintes psiquiatras do Estado da Geórgia, que gentilmente coletaram dados de seus próprios pacientes: Alfred Agren, M.D.; R. E. Felder, M.D.; Sidney Isenberg, M.D.; Harry R. Lipton, M.D.; Joseph Skobba, M.D.; Carl A. Whitaker, M.D.

Um estudo piloto foi realizado com 25 itens desse tipo; com base nos resultados, metade deles foi descartada, e novos itens foram inseridos. Vinte e dois itens passaram na análise e foram usados no presente estudo.

A escala foi desenvolvida sob o princípio pouco ortodoxo de que, embora na teoria um sujeito não possa descrever com precisão suas atitudes reais, devendo chegar a elas de maneira indireta, na prática – e em particular nessa área de atitudes – ele pode e vai fornecer uma aproximação bastante confiável de seus reais sentimentos com base na consideração consciente. Essa também é a teoria que norteou o trabalho de Kotchen. Se esse pressuposto estivesse errado, isso viria a refletir-se tanto em uma baixa confiabilidade quanto em uma baixa validade, tal como mensuradas em comparação com um critério operacional de saúde mental ou de "propósito de vida".

O PIL foi concebido de maneira que cada item se torne uma escala dentro da escala. Isto se assemelha à técnica de Likert, com a exceção de que os extremos quantitativos de cada item, no caso, foram formados por frases qualitativas que, *a priori*, pareciam identificar-se com os extremos quantitativos da atitude. Consideramos que, se tais escolhas estivessem erradas, a baixa validade do item as eliminaria, ao passo que, se estivessem corretas, a escala seria menos monótona e estimularia mais respostas significativas. A pontuação seria, simplesmente, a soma das avaliações individuais referente a cada um dos itens. A magnitude da escala foi randomizada, de modo que alguns itens apresentavam escores invertidos, a fim de que preferências de posição e o efeito "halo" pudessem ser minimizados.

2. *O Questionário Frankl.* Para demonstrar sua tese, Frankl utilizava, na avaliação clínica, uma série um tanto informal de perguntas, que, aparentemente, dependiam em grande medida do Item 3 do referido questionário para determinar a porcentagem de indivíduos "existencialmente frustrados". Para o presente estudo, Frankl traduziu seu questionário para o inglês, e nós introduzimos uma quantificação, designando o valor 1 para escolhas de item que pareciam representar o menor grau de propósito e sentido na vida, e o valor 3 para respostas que pareciam envolver

o maior grau de propósito. Por exemplo, o item 3 ("Você sente que sua vida é desprovida de propósito?") foi pontuada da seguinte forma: 1 = frequentemente (*häufig*); 2 = raramente (*selten*); 3 = nunca (*niemals*). Seis dos 13 itens (números 1, 3, 7, 8, 10 e 11) puderam ser quantificados de maneira semelhante, e uma pontuação total era obtida a partir da soma desses seis itens.
3. *A Escala de Valores Allport-Vernon-Lindzey (A-V-L)*. Esta famosa escala de valores foi administrada e corrigida de acordo com as instruções publicadas. Os escores foram, então, computados com base nos desvios das normas publicadas, considerando-se o sexo dos participantes; esses desvios foram, em seguida, codificados para processamento IBM.
4. *O Inventário Multifásico Minnesota de Personalidade (IMMP)*. Administrado e pontuado de acordo com as instruções publicadas. Apenas os escores T foram registrados.

PROCEDIMENTO

O Teste Purpose in Life foi administrado em todos os cinco grupos de sujeitos. O Questionário Frankl e a Escala de Valores Allport-Vernon-Lindzey foram aplicados apenas nos Grupos II, III e V, enquanto o IMMP, somente ao Grupo IV (como parte da bateria usual de testes de admissão no Bradley Center). Por causa da já extensa quantidade de testes regularmente aplicados no Bradley Center, não foi possível incluir o Questionário Frankl nem a Escala A-V-L. Tampouco foi possível incluir a administração destes ao Grupo I, por causa da pressão temporal. Todos os testes empregados são praticamente autoadministráveis, de modo que tanto pacientes quanto não pacientes não apresentaram dificuldade em seguir as orientações impressas. Cada paciente do Bradley Center (Grupo IV), depois da primeira consulta de psicoterapia, foi avaliado com base nas estimativas do terapeuta, que analisou a maneira como cada paciente deveria ter-se avaliado no PIL se partisse de um autojulgamento preciso.

RESULTADOS

1. *O Teste Purpose in Life*. Há uma diferença significativa entre pacientes e não pacientes, além de um declínio progressivo nos escores médios do Grupo I ao Grupo V, tanto para os escores totais quanto para a maior parte dos itens individuais (Tabela 1). Uma análise de item (r de Pearson entre o escore total e o escore de cada item, N = 225) revelou um espectro de correlação com variação de -0,06 (Item 19) a 0,82 (Item 9), com 17 itens acima de 0,50 e 20 acima de 0,40. A confiabilidade do escore total revisado do PIL, determinada pelo método ímpar-par (r de Pearson, N = 225), é de 0,81, corrigida para 0,90 pela fórmula de Spearman-Brown.

As normas mais apropriadas (médias, arredondadas para o número inteiro mais próximo) para o PIL (baseadas no escore total "revisado", N = 47 mulheres não pacientes, 58 homens não pacientes, 59 mulheres pacientes, 61 homens pacientes) são: não pacientes, 119; pacientes, 99; mulheres, 111; homens, 107. Pacientes são mais variáveis que não pacientes. A condição de paciente reduz os escores de homens mais que de mulheres: a norma para mulheres não pacientes é de 121; para mulheres pacientes é de 102. Ao passo que, para homens não pacientes, é de 118; para homens pacientes, 97. A diferença entre sexos, ainda que não significativa, é sugestiva. Mulheres são mais variáveis que homens (exceto no Grupo V, de alcoolistas). Além disso, o instrumento demonstrou maior eficácia de predição na população masculina.

Resultado do teste Purpose in Life (PIL). Os escores são a soma das pontuações para todos os 22 itens

Escore Total	Não Pacientes						Pacientes				Diferença em M entre pacientes e não pacientes
	Grupo I		Grupo II		Grupo III		Grupo IV		Grupo V		
	M	DP	M	DP	M	DP	M	DP	M	DP	
Homens	122.86	10.04	116.14	13.17	98.24	20.06	100.45	17.41	87.50	17.63	21.19**
Mulheres	126.50	12.90	117.84	15.04	105.50	24.02	101.96	18.67	93.72	13.40	18.37**
Ambos	124.78	11.80	116.84	14.00	101.80	22.38	101.30	18.14	89.57	16.60	19.66**

** Diferença significativa em $p = 0,01$

Os seguintes escores de corte, média entre as normas para pacientes e não pacientes, considerando cada sexo, foram empregados: para mulheres, 111,5; para homens, 107,5. Neste escore de corte, o poder preditivo da pontuação total revisada do PIL foi de: para mulheres, 65,4% de classificações corretas (dos quais 34,6% eram pacientes e 30,8%, não pacientes); para homens, 75,4% de classificações corretas (dos quais 35,6% eram pacientes e 39,8%, não pacientes).

Uma parcial validação "concorrente" do escore total do PIL contra um tipo de critério – no caso, a pontuação de cada item, tal como o terapeuta considerou mais preciso para cada paciente – rendeu um r de 0,27 (coeficiente produto-momento de Pearson, $N = 39$). Os escores do PIL não estavam relacionados com a idade dos sujeitos, mas deve-se salientar que os extremos de idade não foram contemplados nas amostras populacionais. Em particular, uma relação significativa no nível superior pode não ter sido captada.

2. *O Questionário Frankl.* As normas para o escore total são de 15,7 para não pacientes e de 13,7 para pacientes, com amplitude total que vai de 8 a 19. O poder preditivo do escore total (usando-se um escore de corte de 14,5, média entre as normas para pacientes e não pacientes) foi de 66,9% de classificações corretas (dos quais 26,5% eram pacientes, e 40,4% não pacientes). Esse escore total se correlacionou em 0,68 (coeficiente produto-momento de Pearson, $N = 136$) com o escore total do PIL.

3. *A Escala A-V-L.* Das seis escalas de valores, nenhuma fez distinção entre pacientes e não pacientes, apesar de a escala social ter apresentado uma diferença de 5% no nível de confiança. Houve pouca relação entre qualquer das escalas da A-V-L e o PIL.

4. *O IMMP.* Como só havia dados disponíveis para o Grupo IV, não se pôde efetuar nenhuma comparação entre pacientes e não pacientes, mas as normas publicadas são bem conhecidas. De todas as escalas, apenas os escores da escala K (Validade) e da escala D (Depressão) demonstraram alguma relação substancial com o PIL (respectivamente, de 0,39 e -0,30, coeficiente produto-momento de Pearson, $N = 45$). Como a escala K é uma medida de defensividade, a indicação é de que sujeitos que possuem alto grau de "propósito na vida" tendem a ter defesas adequadas; eles também tendem a ser menos deprimidos que outros.

DISCUSSÃO

O Teste Purpose in Life apresentou uma distinção significativa entre as populações de pacientes e de não pacientes (Tabela 1) e também demonstrou – tanto na maioria de seus itens individualmente considerados como no escore total – uma progressão constante da pontuação, partindo do grupo de não pacientes tidos como altamente motivados (Grupo I) até o grupo de pacientes mais graves (Grupo V). Isto condiz com as predições advindas da orientação da *validade do construto*.[8]

A variabilidade muito mais expressiva no grupo de pacientes (Tabela 1) sugere que alguns deles se tornam pacientes por causa de uma perda de "propósito na vida", ao passo que outros adoecem em virtude de fatores dinâmicos, como os concebidos convencionalmente. A posse de um grau significativo de "propósito" parece constituir uma das propriedades usuais do funcionamento normal. Porém, pode ou não haver uma carência de propósito na personalidade anormal. Tudo isso é coerente com a crença frankliana de que, paralelamente aos tipos convencionais, uma nova classe de neuroses está presente nos consultórios.

O estudo de *validade concorrente*, com base na correlação dos escores do PIL com as avaliações dos terapeutas quanto ao "nível de propósito" dos pacientes rendeu apenas um êxito muito modesto. Isto se deveu, ao menos em parte, ao fato de que as avaliações dos terapeutas foram feitas logo após a primeira sessão de terapia, momento que se mostrou muito precoce para que o terapeuta pudesse conhecer bem a dinâmica do paciente. Contudo, uma avaliação feita depois de certo número de sessões poderia causar uma confusão entre os efeitos da terapia (caso existentes) e o aumento de conhecimento sobre o paciente. Além disso, a relação obtida é provavelmente um tanto menor que o valor real, por causa da restrição na amplitude da variabilidade, por meio do uso apenas de pacientes na amostra. No caso de não pacientes, porém, não foi possível realizar essas avaliações por terapeutas.

A alta relação entre o PIL e o Questionário Frankl indica que aquele alcança essencialmente as mesmas funções que Frankl descreve como "frustração

---

[8] L. J. Cronbach e P. E. Meehl, "Construct Validity in Psychological Tests". In: *Psychological Bulletin*, 52: 281, 1955.

existencial" (já que se presume que tal questionário representa seu esforço para definir operacionalmente o conceito). Essa frustração, sustenta ele, é o ingrediente básico da neurose noogênica.

As baixas relações entre o PIL e as Escalas A-V-L sugerem que os conceitos de "propósito ou sentido na vida" não constituem apenas outro nome para valores na acepção usual. Frankl insiste em que elas representam uma força motivacional básica, mais bem descrita como espiritual.[9]

As baixas relações entre o PIL e as escalas do IMMP indicam que a significativa discriminação que o PIL apresentou entre populações normais e patológicas não constitui apenas outra medida de formas comuns de patologia. Novamente, a hipótese frankliana acerca de um novo tipo de neurose encontra apoio. Por causa da restrição do espectro de variabilidade, em virtude da aplicação restrita apenas a pacientes (Grupo IV) na amostra, as verdadeiras relações podem ser um tanto maiores. Contudo, apenas para as escalas K e D, elas poderiam ser grandes o suficiente para indicar medidas consideravelmente sobrepostas. E alguma sobreposição poderia ser prevista, já que Frankl postula que fatores noogênicos podem causar uma queda nas defesas e, como consequência, afetar outros mecanismos dinâmicos do paciente. A tendência de pacientes altamente deprimidos a demonstrar perda de propósito e de sentido é claramente observada na clínica.

Isto levanta a questão de saber se o PIL é uma medida indireta de depressão. A correlação limitada, mas significativa, com a escala D sugere que esse não é basicamente o caso, e é provável que as causas tanto da depressão quanto da falta de sentido e de propósito na vida sejam complexas e variáveis. É provável que a falta de sentido possa constituir tanto uma causa quanto um efeito da depressão, assim como também é provável que tanto a falta de propósito quanto a depressão possam ser resultado de outras causas. A depressão, por exemplo, pode advir de uma abundância de sentido acompanhada, no entanto, de uma deficiência de técnicas para aquisição de fins significativos, ao passo que, por outro lado, a falta de sentido e propósito pode estar presente numa personalidade

---

[9] V. E. Frankl, "The Will to Meaning". In: *Journal of Pastoral Care*, 12: 28, 1958.

ratímica (distante da depressão), que vaga sem rumo por falta de organização na experiência de vida. Com base na orientação, aqui adotada, de psicopatologia como transtorno comportamental, o que faz com que um traço seja o reflexo de uma patologia é o efeito incapacitante sobre a habilidade individual de ajustar-se com eficiência aos problemas da vida. A falta de propósito ou sentido implica uma falha em perceber um padrão integrado de objetivos e valores na vida, com uma consequente dissipação de energias que só pode ser debilitante. A existência pode tornar-se tediosa e indigna do esforço para superar obstáculos. As necessidades ainda operam interiormente, e o indivíduo pode estar altamente frustrado, mas ele não tem nenhum quadro de referência organizado para perceber sentido nos elementos de sua experiência. Consequentemente, ele não consegue planejar nenhum ataque ativo às causas da frustração. Logo, vive sem rumo, numa constante busca de novas distrações, a fim de aliviar tensões de que ele, com frequência, nem sequer tem consciência. A depressão, muitas vezes interpretada dinamicamente como uma agressão hostil contra causas reais ou imaginadas de frustrações, representa, de maneira semelhante, um meio ineficaz de lidar com a situação. Falta de propósito talvez seja uma expressão mais geral que depressão, na medida em que esta representa uma técnica relativamente específica e inadequada de ajustamento a um conflito. A perda de sentido e propósito pode suceder de uma falha em qualquer técnica de ajustamento.

Algumas variáveis que se mostraram impossíveis de controlar nas amostras disponíveis de pacientes e não pacientes requerem discussão. Surge a questão de saber se a diferença nos escores do PIL entre as amostras é um reflexo do nível educacional, mais que de psicopatologia, visto que as amostras de não pacientes eram compostas de estudantes de graduação, enquanto as de pacientes se compunham de indivíduos com níveis educacionais diversos. O grau de instrução exato só estava disponível para nossos próprios pacientes (Grupo IV), mas mostrou-se típico de pacientes ambulatoriais de clínicas psiquiátricas *particulares*: dois terços frequentaram faculdade; 18% tinham diploma de mestrado ou superior; a média era de um ano de faculdade. Ainda que isto ainda deixe um pouco do equilíbrio educacional em favor das amostras de não pacientes, a correlação entre o PIL e o nível de instrução para o Grupo IV é de apenas 0,19 (coeficiente produto-momento de

Pearson, N = 49). Além disso, Snavely[10] descobriu que calouros pontuam significativamente *mais* que veteranos no PIL. Dessa forma, pareceria pouco provável que as diferenças entre pacientes e não pacientes pudessem ser atribuídas à educação.

Pode-se suspeitar de que outras variáveis, como inteligência e classe socioeconômica, tenham correlação com os escores do PIL e que apresentem diferença significativa entre as amostras de pacientes e de não pacientes. Há, obviamente, alguma relação entre educação, inteligência e classe socioeconômica, e parece-nos provável que estas duas últimas variáveis acompanhem de perto o nível de instrução nas amostras presentes. Parece bastante possível, ainda, que os extremos de inteligência, de fato, tenham correlação com a presença de propósito e sentido na vida, visto que há uma conhecida tendência de pessoas com inteligência em grau de gênio a alcançar e realizar muito na vida (logicamente, portanto, encontrando muito sentido e propósito). Por outro lado, é difícil visualizar como pessoas com retardo mental podem integrar sua vida satisfatoriamente em torno de objetivos dotados de propósito. As amostras aqui usadas, tanto de pacientes quanto de não pacientes, eram, no entanto, compostas primariamente de sujeitos com nível educacional acima da média, situando-se muito poucos em qualquer dos extremos. A conhecida relação substancial entre nível educacional e inteligência sugere que esta não se mostrou consideravelmente diferente, ao menos, entre os Grupos II (não pacientes, estudantes universitários) e III (pacientes particulares), nos quais as diferenças no PIL são as mais altas. Desse modo, parece pouco provável que as diferenças entre pacientes e não pacientes se devam, primariamente, a tais variáveis.

Poder-se-ia questionar se as respostas ao PIL por parte do grupo composto de alunos de Frankl em Havard foram influenciadas por suas aulas. Tais estudantes eram todos profissionais que trabalhavam em alto nível de funcionamento (pastores, professores, assistentes sociais e afins), e é provável que eles já possuíssem elevada orientação a propósito na vida. As aulas de Frankl, presumivelmente, não modificaram muito tal condição, visto que se inclinaram inteiramente ao lado teórico da questão, sem intenções de ajudar estudantes perdidos a encontrarem-se. Ademais, é improvável que uma atitude tão básica diante da vida pudesse ser modificada nas poucas semanas

---

[10] H. R. Snavely, projeto especial de curso não publicado. Carleton College, 1962.

dedicadas ao curso, ainda que se possa ter estabelecido um enviesamento nas respostas em direção a objetivos "com propósito". Contudo, os sujeitos que faziam parte da Junior League, compondo o restante do Grupo I, pontuaram de maneira semelhante. O nível do grupo talvez reflita uma tendência genuína ao propósito.

Há também a questão a respeito da possível influência do viés de desejabilidade social nas respostas ao PIL. A relação moderada entre a escala K do IMMP e os escores do PIL pode ser interpretada como um indicativo do esforço defensivo do sujeito para parecer orientado ao propósito. Como já registrado antes, parece provável que indivíduos genuinamente dotados de alto nível de propósito apresentariam defesas fortes, que viriam a refletir-se na escala K. Contudo, poderia também ser o caso de que indivíduos altamente defensivos exercessem suas defesas respondendo aos itens do PIL. Obviamente, o instrumento não poderia ser usado numa situação de competição, já que, assim como outros testes de "autoavaliação", o PIL poderia ser, tanto de modo voluntário quanto por motivação inconsciente, distorcido na direção de respostas desejáveis ou orientadas ao propósito. Mas os achados referentes à maior parte das medidas dessa natureza demonstram que há, relativamente, pouca distorção voluntária na maioria dos contextos de não competição. A distorção inconsciente, provavelmente, refletiria a presença de, ao menos, algum grau de perturbação emocional e deveria apresentar-se, com mais frequência, em pacientes do que em não pacientes. Isso explicaria, em parte, a maior variabilidade encontrada em pacientes, sugerindo que as diferenças entre pacientes e não pacientes tenham sido, de algum modo, afetadas por escores espuriamente elevados ou indicativos de maior orientação ao propósito entre pacientes. Mas isso está dentro da margem de "segurança", na medida em que, em vez de esse efeito criar diferenças espúrias entre essas populações, as diferenças obtidas são reduzidas, o que reforça a crença de que as significâncias são confiáveis.

RESUMO

A questão a respeito da existência da neurose noogênica frankliana – transtorno devido à "frustração existencial" ou a uma carência na percepção de sentido ou "propósito" na vida – foi abordada psicometricamente, por meio de uma escala atitudinal projetada para medir o grau de consciência desse sentido entre diferentes populações. O conceito de "propósito na vida" foi definido operacionalmente como aquilo que o instrumento mede. Dessa maneira, o problema dividiu-se em três, consistindo em demonstrar que seus escores representam: (a) o que Frankl descreve; (b) algo diferente das neuroses convencionais; e (c) uma característica de grupos psicopatológicos, em distinção a grupos "normais".

Os resultados dos 225 sujeitos,[11] compreendendo duas amostras de não pacientes e três de pacientes, sustentam, com consistência, a hipótese noogênica: (a) a relação entre a escala e o questionário concebido por Frankl para descrever os fatores envolvidos em seus conceitos foi alta; (b) a relação entre a escala e uma medida consagrada de psicopatologia tradicionalmente concebida, o IMMP, foi baixa; e (c) a escala distinguiu, significativamente, populações de pacientes da de não pacientes, demonstrando uma queda prevista nos escores até coincidir com o nível de patologia suposto para a natureza do grupo.

Mais estudos a respeito da neurose noogênica, por meio do Teste Purpose in Life e de outros métodos, são necessários para responder a várias questões que os presentes dados trataram apenas em parte, e no intuito também de que se definam as propriedades dinâmicas que possibilitariam o isolamento diagnóstico dessa síndrome, determinando as variáveis que a afetam. Deve-se considerar o trabalho aqui apresentado, basicamente, como heurístico e exploratório, mais do que definitivo.

---

[11] Até o presente momento, o teste já foi aplicado em 1200 sujeitos, com os mesmos resultados. Confira-se o trabalho de J. C. Crumbaugh, "Experimental Studies in Existentialism: II. The Purpose in Life Test As a Measure of Frankl's Noögenic Neurosis" (trabalho apresentado à Divisão 24 da Associação Americana de Psicologia em seu encontro anual ocorrido em Nova York em setembro de 1966), publicado em *Newsletter for Research in Psychology* (Veterans Administration Center, Hampton), 1966, VIII (14), 45 (Sumário). [Nota do Editor da edição original.]

XV. O Tratamento do Paciente Fóbico e Obsessivo-Compulsivo por Meio da Intenção Paradoxal segundo Viktor E. Frankl

Hans O. Gerz, M.D.[1]

O tratamento de pacientes fóbicos e obsessivo-compulsivos sempre foi uma tarefa muito difícil, até mesmo para um psiquiatra experiente. A teoria psicanalítica e a "psicologia profunda" desses problemas neuróticos são muito interessantes, mas, com frequência, revelam-se de pouca ajuda ao paciente. Por muitas vezes, tentei (assim como muitos outros psiquiatras) tratar tais pacientes por meio de terapia de orientação psicanalítica, sem muito êxito. Tentamos aplicar teorias e conceitos psicanalíticos e passamos anos analisando os conflitos inconscientes dos pacientes, como o complexo de Édipo e outros. Quando um paciente nessa condição não melhora, logo o frustrado psiquiatra, que tentou com tanto empenho "trabalhar com o paciente por meio de sua psicodinâmica subjacente", muitas vezes tende a rotular a resistência do paciente como a responsável pela persistência dos sintomas neuróticos. Ou ainda, assim como ocorreu em alguns dos casos que estou prestes a relatar, o psiquiatra rotula o paciente como "esquizofrênico" e, com isso, alivia sua própria ansiedade por não conseguir que o paciente melhore, colocando, então, a responsabilidade pelo fracasso da terapia inteiramente no paciente.

---

[1] O Dr. Gerz é vinculado ao Connecticut Valley Hospital, na cidade de Middleton, Estado de Connecticut. Trechos deste trabalho foram discutidos por Frankl no Simpósio de Logoterapia no Congresso Internacional de Psicoterapia em Viena, em agosto de 1961.

Antes de relatar 7 casos, dos 24 que consegui tratar com sucesso por meio da Intenção Paradoxal nos últimos quatro anos, gostaria de me referir a essa técnica da logoterapia tal como delineada pelo próprio Frankl[2] e apresentada recentemente por ele em um periódico americano.[3]

Um fenômeno característico das neuroses fóbicas é o da ansiedade antecipatória – o medo relativo a vários sintomas, como de desmaiar, enrubescer, entrar em pânico ao andar de carro, ônibus ou metrô, ou de atravessar uma ponte; medo de altura, de palpitação cardíaca etc. Essa ansiedade antecipatória, frequentemente, faz com que os sintomas venham, de fato, a materializar-se. Quanto mais o paciente teme a ocorrência do sintoma, buscando evitá-lo, mais provável é que ele ocorra. Por exemplo, o paciente que tem medo de enrubescer vai de fato ruborizar logo que se empenhe para que isso não aconteça. O que então ocorreria – Frankl pensou – se, em vez de tentar *não* enrubescer, o paciente *tentasse enrubescer*? Ou se, em vez de tentar não desmaiar ou de não entrar em pânico etc., ele buscasse realizar aquilo que tanto teme? Como não temos nenhum controle voluntário sobre nosso sistema nervoso autônomo, naturalmente, o paciente não conseguirá ruborizar quando efetuar a tentativa, e é exatamente esse fenômeno que se emprega na técnica da Intenção Paradoxal. Além disso, ao tentar produzir intencionalmente os sintomas neuróticos, o paciente não só fica incapaz de fazê-lo como também modifica sua atitude diante de sua neurose. Logo, o paciente que antes tinha medo de ficar vermelho ou de desmaiar, ao utilizar a Intenção Paradoxal, se esforçará para realizar os sintomas temidos. Assim que o sujeito muda sua atitude, parando de temer o sintoma e passando a gostar dele, logo se encontrará numa situação, de fato, engraçada. Ele experimentará seus sintomas com humor e começará a rir deles, estabelecendo, dessa forma, uma distância entre si mesmo e sua neurose. A remoção do medo irá sufocar os sintomas neuróticos. Em seguida, o paciente descobrirá que, paradoxalmente, quanto mais ele tenta produzir seus sintomas, mais ele se verá completamente sem condições de fazê-lo.

---

[2] *Ärztliche Seelsorge*. Wien, Deuticke, 1946. Edição em língua inglesa, *The Doctor and the Soul*. New York, Alfred A. Knopf, 1959.

[3] V. E. Frankl, "Paradoxical Intention: A Logotherapeutic Technique". In: *American Journal of Psychotherapy*, 14: 520, 1960.

Minha aplicação dessa técnica é descrita e ilustrada nos seguintes relatos de caso.

Caso 1. W. S., 35 anos, casado, pai de três crianças, foi encaminhado a mim por seu médico de família, por causa do medo de morrer de um ataque cardíaco, particularmente, durante uma relação sexual. O paciente passara por um *check-up* físico completo, que incluiu um eletrocardiograma, e chegou-se à conclusão de que sua saúde física estava excelente. Quando o atendi pela primeira vez, ele se mostrou ansioso, tenso, amedrontado e um tanto deprimido. Ele relatou que sempre fora "propenso à preocupação e do tipo nervoso", mas que "nunca havia passado por nada parecido". Na anamnese do paciente, é importante registrar que sua irmã faleceu de uma cardiopatia reumática aos 24 anos, e que sua mãe morreu de doença cardíaca complicada por uma pneumonia aos 50 anos. O paciente relatou que, certa noite, depois de uma relação sexual, fora ao banheiro lavar-se e inclinou-se na banheira. De repente sentiu "uma dor aguda, como se alguém retirasse algo de dentro do peito, onde fica o coração". Nesse momento, o paciente ficou extremamente amedrontado e entrou em pânico, de modo que sua ansiedade antecipatória latente, que ele tinha em virtude do histórico familiar, veio à tona. Ele tinha medo de que "morreria de um ataque cardíaco a qualquer momento". Retornou à cama e começou a suar intensamente. ("Fiquei deitado sem conseguir dormir. Cheguei à conclusão de que era meu fim.") Depois de algum tempo, ele finalmente adormeceu por pura exaustão. Daí em diante, desenvolveu a fobia de que viria a morrer de infarto, particularmente, depois de uma relação sexual, além do medo de não conseguir adormecer. ("É um horror ir para a cama.") A ansiedade antecipatória, por sua vez, trouxe-lhe mais medo, acarretando palpitações cardíacas e a necessidade constante de verificar seus batimentos. O paciente estava completamente preocupado com o medo de morte súbita e desenvolveu também uma depressão sobreposta. Depois de alguns dias, consultou um médico de família, que lhe afirmou que, fisicamente, ele estava bem. Isso, contudo, não tranquilizou muito o paciente, que, depois de consultar seu médico várias vezes, foi encaminhado a mim. Ele admitiu que, por causa de seu histórico familiar, tinha essa ansiedade a respeito de morrer de um ataque cardíaco. Precisamente na noite em que sua fobia começou, ele deve ter estirado um músculo da parte anterior do peitoral enquanto se curvava na banheira. Assim, foi exatamente essa dor que desencadeou sua neurose fóbica. A dor ocasionou a ansiedade antecipatória, que, por sua vez, através do sistema nervoso autônomo, acarretou a sudorese intensa e as palpitações cardíacas. Isso o conduziu a mais ansiedade antecipatória, fechando um círculo vicioso e um mecanismo de retroalimentação. No curso do processo de logoterapia, foi explicado ao paciente que a ansiedade antecipatória produz, exatamente, a situação que ele tanto teme. Na medida em que ele tem a expectativa ansiosa de que seu coração dispare, essa própria ansiedade fará com o que seu coração bata mais rápido. Como mencionamos anteriormente, já que não temos nenhum controle voluntário sobre nossas funções autônomas, veremos que, se o paciente tentar "com muito empenho" acelerar o batimento cardíaco, ele se verá completamente incapaz de fazê-lo. Dessa forma, quando pedi ao paciente em meu consultório para "tentar ao máximo" acelerar os batimentos e morrer de um infarto "ali mesmo", ele riu e respondeu: "Doutor, estou tentando muito, mas não consigo". Dando sequência à técnica frankliana, eu o instruí a "ir adiante e tentar morrer de um ataque cardíaco" sempre que sua ansiedade antecipatória o incomodasse. Assim que o paciente começou a rir de seus sintomas neuróticos, o humor o ajudou a estabelecer uma distância entre ele mesmo e sua neurose. O paciente deixou o consultório aliviado, depois de ser orientado a "morrer ao menos três vezes por dia de um ataque cardíaco" e a "tentar fortemente permanecer acordado em vez de se empenhar em dormir". Ele obteve êxito no emprego da Intenção Paradoxal de modo eficaz. Eu o atendi três vezes no total, e ele me relatou, quatro semanas depois, que se sentia bem. Isso foi há um ano e meio. Estou bem certo de que pelo tratamento psicanalítico seria possível criar um relato de caso e tanto com esse paciente. Em vez de "desfocar"[4] a atenção dada aos sintomas, como ensina a logoterapia, se o terapeuta fixar-se na psicodinâmica subjacente e causar, assim, uma neurose iatrogênica, poder-se-á empurrar o paciente ainda mais fundo em sua neurose.

---

[4] Ver Capítulo XII, p. 172.

Revisando o caso, poderíamos perguntar: "O que fez, de fato, com que o paciente melhorasse?". Ora, quando começou a rir de seus sintomas, buscando produzi-los (paradoxalmente) de modo intencional, ele modificou a própria atitude diante desses mesmos sintomas. Enquanto, antes do tratamento, o paciente tinha medo de morrer de um ataque cardíaco e de não conseguir dormir, ele agora "tentava" morrer de infarto e "adorava" ficar acordado. Com essa mudança de atitude, ele "retirou o vento das velas" de sua neurose (para citar Frankl) e, ao fazê-lo, ele mesmo interrompeu o círculo vicioso, sufocando o mecanismo de retroalimentação.

É importante notar que saliento bastante o fato de que o *paciente* é quem modifica sua atitude diante do medo e que, portanto, é ele que *cura a si mesmo*. O foco da responsabilidade fica no paciente e impede que ele se torne dependente do médico. Tornar o paciente responsável está em sintonia com os princípios logoterapêuticos.[5] A intenção paradoxal consiste em uma inversão da atitude do paciente ante seus sintomas, capacitando-o a distanciar-se de sua neurose.[6]

Descobri que essa técnica logoterapêutica pode, também, ser bem-sucedida em casos crônicos de neuroses fóbicas. O seguinte relato de caso demonstrará isso.

> *Caso 2.* A. V., 45 anos, casada, mãe de um filho de 16, apresenta histórico de neurose fóbica grave, que já dura 24 anos e consiste em claustrofobia severa, como medo de andar de automóvel. Apresentava medo de altura, de usar elevadores, de atravessar pontes, de desmaiar, de sair de casa (quando forçada a fazê-lo, ela se "agarrava a árvores, arbustos, a qualquer coisa"). Tinha medo também de espaços abertos, de ficar sozinha e de tornar-se paralítica. Nos últimos 24 anos, ela fora tratada de sua neurose fóbica por vários psiquiatras e submeteu-se, repetidamente, a psicoterapia psicanalítica de longa duração. Além disso, a paciente foi hospitalizada várias vezes e submeteu-se a muitas sessões de terapia eletroconvulsiva (ECT), até que, por fim, foi sugerida uma lobotomia. Nos quatro anos que antecederam meu

---

[5] V. E. Frankl, *Man's Search for Meaning: An Introduction to Logotherapy*. New York, Washington Square Press, 1963.

[6] V. E. Frankl, "The Spiritual Dimension in Existential Analysis and Logotherapy". In: *Journal of Individual Psychology*, 15: 157, 1959.

trabalho com ela, a paciente fora continuamente internada na ala de pacientes graves de um hospital estadual. Lá, administraram-lhe tanto ECT quanto terapia medicamentosa intensiva, com barbitúricos, fenotiazínicos, inibidores da monoaminoxidase, anfetamínicos – sem nenhum sucesso. Ela ficara tão paralisada por suas inúmeras fobias que não conseguia deixar determinada parte da ala onde estava seu leito. Mostrava-se, constantemente, em estresse agudo, apesar das altas doses de tranquilizantes que recebia. Sua tensão era de tal magnitude que seus músculos apresentavam dor intensa. Ela tentava a todo instante "não desmaiar", "não ficar nervosa" e "não entrar em pânico". Os diagnósticos para a doença, feitos por psiquiatras particulares, iam de psiconeurose a reação esquizofrênica, do tipo esquizoafetivo. O diagnóstico feito no hospital, alguns meses antes de ela chegar a mim, foi de reação esquizofrênica, do tipo pseudoneurótico, com ansiedade fóbica e manifestações depressivas. No hospital, ela fora tratada por um ano e meio com "psicoterapia intensiva de orientação analítica", conduzida por um experiente psicólogo clínico.

No dia 1º de março de 1959, toda a medicação foi suspensa, e iniciei o tratamento com a Intenção Paradoxal. A técnica foi explicada a ela em detalhes, e trabalhamos juntos, sintoma por sintoma e medo por medo. Começamos por remover os medos menores, como o de não conseguir dormir. A paciente foi removida da ala de internos graves e instruída a "desmaiar e a entrar em pânico o máximo possível". No início, ela disse, raivosamente: "Não tenho de ter medo! Eu tenho medo! Isso é ridículo! Você está me deixando pior!". Depois de algumas semanas de empenho, a paciente estava em condições de ficar numa ala localizada no terceiro andar e, "sem sucesso", tentava com todas as forças desmaiar e ficar paralisada. Certo dia, eu e ela nos dirigimos ao elevador, para subir ao quinto andar. A paciente foi instruída a entrar no elevador e subir com a forte intenção de perder os sentidos, demonstrando a mim "quão maravilhosamente ela poderia entrar em pânico e paralisar-se". Já dentro do elevador, mandei-a desmaiar, mas ao ouvir isso ela riu e respondeu: "Estou tentando muito – mas não consigo. Não sei o que está acontecendo comigo – não consigo mais ficar com medo. E estou me esforçando bastante para isso". Ao chegar ao quinto andar, a paciente estava exultante e cheia de orgulho. Esse pareceu ser o momento decisivo do tratamento. A partir daí, ela passou a usar a Intenção Paradoxal sempre que necessário. Pela primeira vez em muitos anos, a paciente caminhou ao ar livre, em torno do hospital, sem medo, "constantemente se esforçando para entrar em pânico e paralisar-se". Depois de cinco meses de terapia, ela já estava assintomática. Retornou a sua casa para uma visita de fim de semana e apreciou sua estada lá, sem nenhuma fobia, pela primeira vez em 24 anos. De volta ao hospital, mostrou-se contente e afirmou que restava apenas um medo, o de atravessar pontes. No mesmo dia, saímos juntos em meu carro e cruzamos uma ponte. Durante a travessia, eu a mandei desmaiar e entrar em pânico, mas ela só ria, dizendo "Eu não consigo! Eu não consigo!". Pouco depois, ela obteve alta do hospital. Desde então, ela me consulta a cada dois ou três meses para um *check-up* "por gratidão". É importante enfatizar que, propositadamente, não procurei me familiarizar com sua história pregressa, nem com a psicodinâmica subjacente.

Dois meses atrás, ela quis uma consulta especial. Quando a encontrei, ela estava bem tensa, relatando ansiedade antecipatória em adoecer novamente. Seu marido já estava afastado do trabalho havia vários meses, também sofrendo de um transtorno neurológico, em processo de tratamento. Ao mesmo tempo, ela também estava em seu período menstrual. Essa pressão lhe causou ansiedade, de modo que ela já começava a cair novamente no círculo vicioso de sua doença anterior. Numa única sessão, contudo, ela conseguiu entender o que acontecera e teve condições de evitar o restabelecimento do padrão destrutivo de suas fobias. A paciente, hoje, está há dois anos e meio fora do hospital, vivendo uma vida plena e feliz com a família. A recuperação veio sem nenhuma tentativa minha de "entender" os sintomas da paciente com base na teoria psicanalítica ou na "psicologia profunda".

Pode-se fazer a seguinte pergunta: o que realmente acontece durante as sessões? A terapia começa com o levantamento do histórico do caso e o registro da sintomatologia. Explico ao paciente os princípios básicos da Intenção Paradoxal e discuto com ele casos de que tratei, além de alguns dos casos típicos relatados por Frankl, Niebauer e Kocourek.[7] Isso, em geral, leva de uma hora e meia a duas horas. Essa parte da sessão fará duas coisas pelo paciente: ele compreenderá o que tentaremos fazer e também ganhará confiança na eficácia da terapia. Descobri, por exemplo, que é de muita valia promover o encontro entre um paciente que foi curado por esse método de tratamento e outro que está no início da terapia, tanto no hospital quanto em uma clínica particular. Isso pode ser feito muito bem no atendimento individual, mas também no contexto de uma psicoterapia de grupo. Não nego que uma iniciativa assim tenha valor de sugestão, mas permita-me perguntar que médico ou psiquiatra consegue tratar seus pacientes sem esse fator? Contudo, no que concerne à técnica em si, esta não deve ser confundida com sugestão. Na verdade, a Intenção Paradoxal representa o exato oposto. Ela não diz ao paciente, como o fez Coué, "tudo vai ficar cada vez melhor", mas instrui o paciente a *intencionalmente tentar piorar*. O logoterapeuta pede ao próprio paciente que deseje que a coisa temida venha a lhe ocorrer. Frankl afirma, de modo bastante específico, que a "Intenção Paradoxal é a mais genuína logoterapia. O paciente deve objetivar sua neurose ao distanciar-se de seus sintomas. O espiritual no homem distancia-se do psíquico em seu interior, e o paciente apela para o '*Trotzmacht des Geistes*', isto é, a capacidade espiritual do homem de resistir e, por meio de sua liberdade interior, decidir-se por uma atitude específica em uma situação qualquer".[8]

Quando sinto que o paciente compreendeu completamente o mecanismo envolvido na técnica, nós a aplicamos, praticando-a juntos em meu consultório. Por exemplo, pedimos ao paciente que tem medo de perder a consciência para levantar-se e tentar "desmaiar". Para estimular o humor no paciente, sempre exagero, dizendo, por exemplo: "Vamos lá! Vamos fazer; vamos desmaiar para valer. Mostre-me o maravilhoso 'desmaiador' que você é". Então, quando o paciente tenta desmaiar e se dá conta de que não o consegue, ele começa a rir. Logo, eu digo a ele: "Se você não consegue desmaiar aqui de propósito, intencionalmente, então você não vai conseguir desmaiar em nenhum outro lugar, se tentar". Assim, juntos,

---

[7] V. E. Frankl, *Theorie und Therapie der Neurosen — Einfuebrung in Logotherapie und Existenzanalyse*. Wien, Urban und Schwarzenberg, 1956.

[8] V. E. Frankl, Seminário sobre Logoterapia ministrado na Harvard Summer School, 1961.

praticamos a Intenção Paradoxal repetidamente no consultório, e também, caso necessário, na casa do paciente ou onde quer que seus sintomas neuróticos ocorram. O número de sessões de terapia vai depender, em grande medida, de quanto tempo o paciente passou doente. Quando o problema é agudo e os sintomas têm apenas algumas semanas ou meses, a maioria dos pacientes responde a essa terapia a partir de quatro a doze sessões. Aqueles que já vêm enfermos por muitos anos, até mesmo por vinte ou mais (tive experiência com seis casos assim, embora haja mais desse tipo na literatura), precisam de seis a doze meses de sessões duas vezes por semana para chegar à recuperação. Durante o curso do tratamento, é necessário ensinar reiteradamente a técnica ao paciente, encorajando-o a usá-la de acordo com seus sintomas específicos. Como o sistema nervoso em si mesmo é bem conhecido por suas qualidades de repetição, e como nossos sentimentos são conduzidos e expressos pelo tecido nervoso – a saber, pelo sistema nervoso autônomo –, um sintoma neurótico já estabelecido tenderá a repetir-se, tornando-se uma espécie de reflexo, mesmo quando suas causas já tenham sido resolvidas e removidas. Em virtude desse caráter repetitivo do sistema nervoso, é absolutamente essencial, na terapia, repetir a aplicação da Intenção Paradoxal reiteradas vezes.

Inicialmente, os pacientes apresentam uma resposta muito boa à Intenção Paradoxal, mas, ao longo da terapia – em particular nos casos crônicos –, eles experimentarão, repetidamente, pequenas recaídas. Estas são causadas pelo fato de que, logo que os pacientes *tentam melhorar*, eles adentram novamente o círculo vicioso, lutando por saúde e fornecendo mais combustível à neurose. Em outras palavras, eles se "esquecem" de aplicar a Intenção Paradoxal e pioram com o método sugestivo de Coué. Esse insucesso do paciente em continuar praticando a técnica se deve, precisamente, aos padrões repetitivos do comportamento neurótico. ("Tentei lutar contra minha neurose do jeito errado por tantos anos. É difícil reaprender.") Mas há outro elemento envolvido aqui: o terapeuta exige do paciente uma tremenda coragem, ou seja, a coragem de fazer as coisas que ele tanto teme. Por exemplo, solicita-se a um paciente que tem medo de ruborizar diante de um grupo a fazer exatamente isso. Aqui, apelamos ao orgulho pessoal do paciente e à liberdade interior de sua dimensão espiritual, e, dessa forma, praticamos a logoterapia em seu sentido verdadeiro. Por todas essas razões, o terapeuta nunca deve cansar-se de encorajar o paciente a continuar o emprego da Intenção Paradoxal repetidamente, do mesmo modo como sua neurose produz os sintomas, também de modo reiterado. Dessa maneira, por fim, os sintomas neuróticos se "tornarão desencorajados" e desaparecerão. Com bastante frequência, "eles tentam voltar", mas logo a Intenção Paradoxal os asfixia. "Quando viram que já não tinham tanto poder sobre mim, eles desistiram completamente."

> *Caso 3:* D. F., 41 anos, casado, pai de duas adolescentes, foi encaminhado a mim para tratamento de *delirium tremens*. Logo que sua psicose tóxica passou, buscamos entender, na psicoterapia, algumas das causas de seu abuso do álcool. Ele não podia ser considerado um verdadeiro alcoólatra, mas consumira álcool em excesso a fim de aliviar, por um lado, o que em logoterapia se chama de "vácuo existencial" ou "frustração existencial"[9] e, por outro, para aliviar seus sintomas neuróticos de fobia, como o medo de apresentar tremor nas mãos ao escrever na frente de outras pessoas. Em seu emprego como engenheiro, o transtorno fóbico interferia muito em sua habilidade de realizar trabalho mecânico detalhado na frente dos outros. Por muito tempo, ele não conseguia assinar cheques na presença de outras pessoas, afetando-se tanto pela ansiedade, que chegava a entrar em pânico quando tinha de apresentar relatórios em reuniões de negócios. Em ocasiões sociais, ele se via incapaz de levantar uma taça ou um copo sem experimentar o medo de tremer e derramar toda a bebida. Acender o cigarro de alguém era algo a ser evitado a todo custo. Esses sintomas neuróticos eram parcialmente responsáveis por seu abuso de álcool. Mais uma vez, a técnica foi completamente explicada ao paciente, que foi instruído a "expor-se" a situações fóbicas em vez de evitá-las, como ele costumava fazer. Solicitei a ele que buscasse cada oportunidade possível para demonstrar, diante de grupos, "que maravilhoso tremedor" ele era. Ele deveria mostrar aos outros "quanto conseguia ficar nervoso e como conseguia derramar seu café em toda parte". Tendo sofrido desses sintomas neuróticos debilitantes por tanto

---

[9] V. E. Frankl in *Handbuch der Neurosenlehre und Psychotherapie*. Eds. V. E. Frankl, V. E. von Gebsattel e J. H. Schultz. Münch e Berlin, Urban und Schwarzenberg, vol. III, 1959.

tempo, ele seguiu minhas orientações de bom grado. Após três sessões, ele me relatou: "Não consigo tremer. Não consigo mais entrar em pânico, não importa quanto eu me esforce para isso". Vemos mais uma vez como, de modo característico, o paciente usou a liberdade interior para modificar sua atitude diante dos próprios sintomas neuróticos, estabelecendo, por meio de uma atitude humorada diante deles, uma distância entre si mesmo e a sintomatologia, da qual, *assim, se livrou*. Posteriormente, no curso da logoterapia, logo que conseguimos auxiliar o paciente a encontrar um novo sentido para sua existência, ele se recuperou da neurose noogênica.

O caso a seguir será apresentado em detalhe, por conta da resposta dramática e imediata à Intenção Paradoxal por parte de uma paciente com reação fóbica aguda:

Caso 4: A. S., 30 anos, mãe de quatro filhos, encaminhada a mim por seu médico de família, em razão dos seguintes sintomas: pânico e ansiedade severos, medo de sofrer um ataque cardíaco e de sufocar-se. "Não consigo engolir. Minha garganta está paralisada. Sinto uma pressão na cabeça. Tenho medo de morrer de um ataque cardíaco." Queixava-se de tonturas, de dores de cabeça e de sensações de estar "decolando ou flutuando". Reclamava, também, de formigamento ao redor da boca, dormência, palpitações e de que "os sentimentos mais estranhos lhe apareciam". Em sua primeira sessão no meu consultório, ela estava tão sobrecarregada por seu medo de morte súbita que agarrou minhas mãos, tremeu toda e exclamou: "Doutor, devo ficar com o senhor! Não posso deixar seu consultório! Com o senhor estou segura. Verifique meu pulso. Ausculte meu coração". De fato, a paciente se recusou terminantemente a deixar meu consultório. Nessa situação, explicar a Intenção Paradoxal a ela não iria ajudar, visto que a ansiedade era muito intensa e ela não iria me ouvir. Chamei o marido dela e os instruí a "ir ao centro da cidade e escolher um belo caixão" para a paciente. Perguntei ao marido quanto ele queria gastar no caixão e, dirigindo-me à paciente, chocada, disse: "Que cor você prefere para o revestimento interior do caixão – rosa ou verde?". O marido entendeu minhas intenções. Logo, continuei dizendo à paciente: "Vá em frente, tente ao máximo morrer, instantaneamente, de um ataque cardíaco". Isso provocou um sorriso nela, que comentou: "Doutor, o senhor está brincando comigo". Em seguida, ela se juntou a mim e ao marido numa risada. Passamos mais tempo explicando à paciente e ao marido a técnica da Intenção Paradoxal. Aos poucos, ela foi mostrando sinais de alívio e compreensão. Quando a consulta terminou, a paciente levantou-se e disse: "Doutor, sinto-me muito melhor". Ao sair do consultório, eu a instruí a não se esquecer de "tentar morrer de um ataque cardíaco pelo menos três vezes ao dia".

Nas sessões de logoterapia seguintes, ela me relatou como tudo começou. Cerca de um ano antes, a paciente estava fazendo compras num supermercado e, de repente, teve uma "sensação de tremor" nos joelhos e ficou com medo de desmaiar. Nesse momento, ela se apressou em sair do estabelecimento e tentou esquecer o incidente. Na visita seguinte ao local, ela estava "esperando que isso não ocorresse novamente". Na verdade, ela já estava experimentando a ansiedade antecipatória. Quando foi de novo ao supermercado, ela "se empenhou em não desmaiar", o que só lhe ocasionou mais medo e pânico. A partir daí, passou a evitar todos os supermercados, lojas etc., chegando ao ponto em que não tinha mais condições de sair de casa. Ela exigia que o marido ficasse o tempo todo com ela por precaução, caso precisasse chamar um médico. A Senhora S. respondeu prontamente à Intenção Paradoxal. Devo mencionar que aquilo que Frankl descreveu como "neurose somatogênica" ou, mais especificamente, "pseudoneurose tetanoide"[10] foi descartado por exames laboratoriais. A dormência e o formigamento ao redor da boca e nas mãos, obviamente, deviam-se à hiperventilação, e o mecanismo fisiológico de tal fenômeno foi explicado a ela. A causa da neurose, tal como se revelou na psicoterapia, residia num conflito agudo na situação conjugal. Esse conflito foi resolvido, e a paciente permaneceu livre dos sintomas.

---

[10] Na teoria das neuroses de Frankl, trata-se do terceiro tipo de pseudoneurose, sucedendo as do grupo Basedow (ligado ao hipertireoidismo) e as do grupo Addison (ligado ao hipocortisolismo). O pai da logoterapia classifica as pseudoneuroses como transtornos de "sintomatologia micropsíquica" (menos graves que os sintomas de "psicoses endógenas") e de "etiologia microssomática" (inexistência de alterações estruturais de órgãos ou sistemas, mas apenas perturbações funcionais). (N. T.)

Novamente, gostaria de enfatizar que a aplicação da Intenção Paradoxal não exclui a compreensão e resolução do conflito neurótico do paciente. De fato, isso deve ser realizado ou tentado em cada caso, na medida do possível, e sempre que se considerar necessário.

É de se esperar que psicanalistas afirmem que esse tipo de tratamento não analítico seja "apenas" sintomático, nada além de sugestão, de modo que os pacientes virão a desenvolver outros sintomas ou sofrer recaídas. Contudo, não apenas Frankl mas grande número de outros psiquiatras proeminentes conseguiram provar que esse não é o caso. Num recente trabalho, Wolpe[11] afirma que "uma revisão de estudos de *follow-up* que envolveu 249 pacientes, cujos sintomas neuróticos melhoraram significativamente depois de passarem por psicoterapias não psicanalíticas, demonstrou apenas quatro recaídas (1,6%)". Ele, então, conclui: "Tal evidência contradiz a expectativa psicanalítica de durabilidade inferior da recuperação obtida sem o uso da psicanálise, bem como desmonta o principal argumento para se considerar a análise como tratamento de referência para o sofrimento neurótico". Se for necessário, no entanto, aplicar a teoria psicanalítica a fim de explicar a razão do sucesso da Intenção Paradoxal, poder-se-ia – novamente, apenas em teoria – supor que, se as fobias podem ser entendidas como impulsos hostis deslocados, quando o terapeuta diz ao paciente para realizar exatamente aquilo que teme, aquele dá a este permissão para, simbolicamente, dar vazão a seu impulso hostil.

Escuta-se com frequência o argumento de que é a "sugestão" que faz esses pacientes melhorarem. Alguns de meus colegas têm atribuído os resultados à minha abordagem "autoritária". Frankl, por sua vez, tem sido acusado de tornar a Intenção Paradoxal bem-sucedida apenas por ser a grande autoridade, o professor universitário, o diretor da Policlínica Neurológica da Universidade de Viena, vindo, assim, a ajudar seus pacientes por meio de uma "imensa e autoritária sugestão". O fato, contudo, é o de que muitos outros psiquiatras europeus, bem como alguns americanos, têm empregado a técnica de Frankl com sucesso. Há casos em que a remoção dos sintomas tem durado décadas.

---

[11] J. Wolpe, "The Prognosis in Unpsychoanalyzed Recovery from Neurosis". In: *The American Journal of Psychiatry,* 118: 35, 1961, e *Psychotherapy by Reciprocal Inhibition.* Stanford, Stanford University Press, 1958.

Quanto ao tratamento do paciente obsessivo-compulsivo, devemos considerar uma diferença fundamental: enquanto o paciente fóbico *evita* a situação temida, o obsessivo-compulsivo fará exatamente o oposto, isto é, *lutará contra* os sintomas.[12] E quanto mais ele os combate mais a sintomatologia se intensifica. Desse modo, em casos assim, a base da terapia reside, em termos logoterapêuticos, em tirar o foco do paciente de seus sintomas e ajudá-lo a modificar sua atitude diante de sua sintomatologia específica. Como a maioria dos pacientes obsessivo-compulsivos é conhecida pelo perfeccionismo, o tema subjacente aqui deve ser: "Ora, quem quer ser perfeito? Não dou a mínima!". O relato de caso do paciente a seguir, com características tanto fóbicas quanto obsessivo-compulsivas, ilustrará essa ideia.

> *Caso 5*: P. K., 38 anos, casado, pai de dois adolescentes, sofria por mais de 21 anos de uma multiplicidade de sintomas que envolvia ansiedade, estados de pânico, fobias, obsessões e compulsões, com características depressivas. Ele adoeceu dois anos antes de seu casamento, quando começou a ter dúvidas obsessivas e medos relacionados à correção de suas ações. Já casado, passou a ruminar sobre se amava ou não sua esposa. Quando criança, tinha medo de estar só e de ir ao cinema sozinho. Sofria de sentimentos de culpa em relação à masturbação, depois de sua mãe lhe contar que seu irmão fora internado num hospital psiquiátrico por causa de "autoabuso". O paciente recordava que um amigo lhe havia dito que uma garota sofrera um colapso nervoso depois de andar a cavalo visando à excitação sexual. Quase imediatamente, o paciente passou a atormentar-se por uma sensação sexual ao caminhar. Desenvolveu, assim, o medo de que poderia tornar-se homossexual, experimentando, cada vez mais, medo de "desgraçar-se" a si mesmo ao "tocar os genitais de um homem". Um diagnóstico de esquizofrenia fora emitido. O Sr. K foi tratado por anos com psicoterapia de orientação psicanalítica. Pelas mãos de diversos psiquiatras, ele também se submeteu a tratamento medicamentoso intensivo e a eletroconvulsoterapia. Nenhum desses

---

[12] Ver Capítulo XII, p. 173.

tratamentos lhe trouxe alguma melhora significativa. Quando ele veio me ver pela primeira vez, estava tenso e agitado. Com os olhos marejados, relatou que, por muitos anos, vinha sofrendo de inúmeros sintomas neuróticos. "Por mais de vinte anos, minha vida tem sido um inferno! Mantenho tudo em segredo, mas minha esposa sabe. Só tenho algum alívio quando estou dormindo!" O paciente prosseguiu, afirmando que seu maior medo era de que ele, estando sentado na cadeira do barbeiro, dirigindo um carro ou no balcão de um restaurante, viesse a "pegar no pênis de alguém". Ele temia que tal comportamento resultasse na perda do emprego, bem como na ruína de sua reputação. Tinha até medo de confessar algum crime sexual que não cometera. Ademais, queixava-se de incapacidade de concentrar-se e de inquietação, além do medo de que seu coração parasse de bater. Temia, ainda, que pudesse gritar em público. Juntava as mãos com força a fim de não perder o controle e cair em "desgraça". Sua obsessão mais recente era o ciúme com relação à esposa. Questionava-se constantemente se amava ou não a esposa. Tinha medo frequente de se arruinar em público ou de enlouquecer. Sentia-se compelido a olhar para certos objetos, lugares etc. Nunca conseguira viajar de férias com a família em virtude da severa neurose. Até onde sei, em nenhum momento o paciente apresentou algum sintoma psicótico evidente.

O Sr. K foi atendido por um período de seis meses em sessões logoterapêuticas que ocorriam duas vezes por semana. Tal como em casos anteriores, fomos removendo sintoma após sintoma. Suas dúvidas obsessivas acerca de seu amor pela esposa desapareceram logo que adotou a seguinte atitude: "Quem quer amar sua esposa?". Quando foi instruído a buscar qualquer oportunidade possível, na rua, no carro ou no trabalho de agarrar o pênis de um homem (o do terapeuta inclusive), o Sr. K começou a rir de suas obsessões, de modo que elas desapareceram completamente. Um dos pontos altos do tratamento ocorreu quando, pela primeira vez na vida, de férias, ele viajou de avião para a Flórida. Quando retornou, o paciente relatou ter-se esforçado bastante para entrar em pânico, o máximo possível, dentro do avião, bem como ter-se empenhado em sair "agarrando o pênis de todo mundo". No entanto, ele não experimentou nenhuma ansiedade, e aproveitou a viagem e as férias. Ainda o atendo uma vez por mês, mas, atualmente, ele desfruta de uma vida normal e plena com a família, seguindo completamente assintomático.

A Intenção Paradoxal, de algum modo, parece constituir uma espécie de tratamento natural ou fisiológico para transtornos fóbicos. Isso pode ser ilustrado pelo relato de uma autoaplicação do tratamento num caso de neurose fóbica por parte de uma amiga minha.

> A Sra. L. K., 38 anos, casada, sofria do medo de morrer de um ataque cardíaco em virtude de episódios de taquicardia e de severas palpitações. Seu marido, um médico, garantia a ela constantemente que nada havia de errado com seu coração. Durante a Segunda Guerra Mundial, quando estava na África com o Exército Britânico, ela experimentou pela primeira vez um estado agudo de ansiedade durante um período de temperatura extremamente alta. Logo, ela entrou em um círculo vicioso – "toda vez que as palpitações e o medo apareciam, eu me deitava no sofá, evitando qualquer atividade física, mas então eu acabava por me sentir ainda mais assustada, e meu coração batia mais rápido". Depois de sofrer desse transtorno quase intolerável por vários anos, ela decidiu, certo dia, "não dar mais a mínima. Eu ia ao jardim e começava a cavar", enquanto dizia a si mesma: "executar um trabalho pesado pode até me matar ou não, mas eu já vou descobrir". Depois de trabalhar por algum tempo, ela percebeu que o medo e as palpitações haviam desaparecido, de modo que pensou: "se esse trabalho pesado não me matou, então nada me matará". Em seguida, sempre que as palpitações e a ansiedade antecipatória surgiam, ela "tomava a iniciativa e trabalhava pesado". Logo, depois de aprender a "tratar-se" a si mesma, ela se tornou completamente assintomática e não voltou a ter nenhum ataque, faz mais de oito anos.

É interessante notar que essa senhora, na falta de qualquer psiquiatra disponível, usou instintivamente a Intenção Paradoxal com sucesso.

Podemos supor que não só pacientes mas também psiquiatras tenham usado, de maneira inconsciente, a Intenção Paradoxal, valendo-se da filosofia de que os pacientes jamais superarão seus medos até que os enfrentem.

Toll[13] relata que vem empregando o método frankliano de Intenção Paradoxal e a logoterapia, exitosamente, por mais de seis anos. Ela também descobriu que pacientes de psicoterapia grupal chegam, espontaneamente – sem nenhum conhecimento a respeito da técnica de Frankl –, a usar a Intenção Paradoxal e até mesmo a recomendá-la a membros do grupo que sofrem de sintomas fóbicos e obsessivo-compulsivos. As experiências do próprio Frankl em psicoterapia de grupo são mencionadas em dois de seus trabalhos.[14]

Revisando a literatura, no entanto, descobre-se que foi Frankl que não apenas sistematizou de modo específico a técnica como também conseguiu explicar os mecanismos psíquicos básicos envolvidos, que tornam a Intenção Paradoxal tão bem-sucedida.[15]

Os dois relatos de caso a seguir ilustram bem as dramáticas e duradouras remissões atingidas com esse método de tratamento:

> *Caso 6:* A. A., 31 anos, casada, sofreu por nove anos de uma neurose fóbica envolvendo medo de insônia, claustrofobia, "psicotofobia"[16] (medo de psicotizar). Queixava-se da incapacidade de permanecer na igreja, no trabalho ou de ficar sozinha em casa, forçando o marido a estar com ela constantemente. Ela passou a "ter medo de tudo", desenvolveu um temor a aglomerações, a água, e por fim confinou-se completamente em casa. Ela fora tratada de modo inconstante em hospitais estaduais e também no ambulatório do departamento de psiquiatria do curso de medicina de uma grande universidade. Durante o tratamento, ela se submeteu a psicoterapia de orientação psicanalítica, a ECT e a altas doses de vários ansiolíticos. A avaliação psicológica indicou que "psicoterapia individual seria, talvez, de extrema dificuldade; ao passo que a terapia de apoio poderia ser

---

[13] N. Toll. Comunicação pessoal.

[14] Ver Capítulo II, p. 46, e Capítulo VIII, p. 111.

[15] V. E. Frankl, *Die Psychotherapie in der Praxis, Eine kasuistische Einfuehrung fuer Aerzte*. Wien, Deuticke, edição ampliada, 1961, e *Ärztliche Seelsorge*. Wien, Deuticke, edição ampliada, 1966.

[16] Ver Capítulo XII, p. 173.

suficientemente eficaz para lhe permitir manter um ajustamento superficial e de reduzido alcance ao deixar o hospital". Um psiquiatra de orientação psicanalítica registrou no prontuário: "Nenhuma expressão de amor entre os pais foi testemunhada pela paciente, que também não experimentou o amor de nenhum deles... Culpa sexual e a situação edipiana mal resolvida tiveram importante papel no desenvolvimento de suas fobias. O prognóstico, considerando uma psicoterapia de longa duração conduzida por um 'especialista' (com isso só se pode presumir que o psiquiatra fez referência a uma terapia realizada por um psicanalista treinado), não deve ser muito ruim, ainda que haja dúvidas a respeito de uma cura plena".

A senhora A. A. foi tratada, com sucesso, durante seis semanas por um de meus assistentes, a quem ensinei a técnica de Frankl. Deve-se notar que esse jovem médico não tem uma personalidade nem dinâmica nem autoritária. A paciente permanece assintomática desde sua alta do hospital, ocorrida há mais de três anos.

Caso 7: S. H., mulher de 31 anos, sofria de uma neurose fóbica com a mesma sintomatologia do Caso 6 acima por mais de doze anos. Muitas hospitalizações em instituições estaduais e em sanatórios particulares, bem como todos os tipos de terapia, foram completamente malsucedidas. Em 1954, uma lobotomia foi realizada, mas a condição da paciente não melhorou. Um colega de orientação psicanalítica relacionou a origem das fobias a "impulsos de felação latentes, porém poderosos, direcionados em idade muito precoce ao pai, mas reprimidos, visto que intoleráveis... Ao ouvir essa 'interpretação', a paciente ficou bastante brava...".

Sob tratamento com a Intenção Paradoxal, ela se recuperou em seis semanas. Permanece assintomática desde sua alta do hospital há três anos e meio.

Casos 8 a 24: estes casos, tratados com sucesso por meio da Intenção Paradoxal, são igualmente impressionantes, mas, devido à limitação do espaço, não vamos relatá-los aqui.

EPÍCRISE

Ainda que eu venha utilizando a logoterapia, e, especificamente nestes casos, a Intenção Paradoxal, apenas nos últimos quatros anos e em 24 pacientes somente, minha opinião é de que a técnica de Frankl constitui um tratamento bastante específico e eficaz de quadros fóbicos e obsessivo-compulsivos.

A neurose obsessiva-compulsiva é, em geral, mais severa e incapacitante, porém os resultados obtidos com a Intenção Paradoxal para o problema não são tão impressionantes como nos casos de fobia. No entanto, o paciente que sofre de neurose obsessivo-compulsiva pode, por meio dessa técnica, atingir a remissão ou, ao menos, obter grande alívio. Ocasionalmente, tenho considerado de grande ajuda, como suporte à logoterapia, associar, em combinação, pequenas doses de Librium[17] e de Tofranil,[18] particularmente, no início do tratamento. A maior parte desses pacientes também sofre de alguma depressão sobreposta, que é aliviada com o Tofranil. A pronunciada ansiedade associada ao transtorno neurótico é consideravelmente reduzida com uso do Librium.

As medicações antidepressiva e ansiolítica facilitam ao paciente a coragem para aplicar a Intenção Paradoxal. Logo que o tratamento apresenta resultado, a medicação é descontinuada, e o paciente, já convencido de que a técnica "funciona", continua facilmente a usá-la.

No decorrer da logoterapia, o terapeuta não busca meramente remover sintomas. Terapeuta e paciente tentam, juntos, compreender a pessoa enferma, tendo em vista seu histórico e situação de vida, com seus conflitos atuais, além dos demais fatores envolvidos, os quais podem ter ocasionado o surgimento da neurose. A Intenção Paradoxal não minimiza o auxílio quanto à busca para que o paciente se entenda melhor ou para que ele resolva os próprios problemas; pelo contrário, ela encoraja exatamente isso. Contudo, a compreensão do paciente em

---

[17] Trata-se do ansiolítico *clorodiazepóxido*, um benzodiazepínico. (N. T.)

[18] Trata-se da *imipramina*, um antidepressivo tricíclico. (N. T.)

relação à dinâmica de seus sintomas, por si, por si, geralmente, *não* os remove. Em particular, sempre se distingue se o paciente sofre de uma neurose somatogênica, psicogênica ou noogênica (para usar a diferenciação introduzida por Frankl). Esta última indica uma frustração ou vácuo existencial.

O médico de orientação psicanalítica pode apresentar objeção à crença de que a remoção dos sintomas não significa, necessariamente, que novos sintomas substituirão os antigos. Pode objetar, ainda, contra a forte rejeição deste autor em relação à teoria de que apenas uma análise profunda pode aliviar sintomas e apresentar resultados duradouros. Se, no entanto, a terapia psicanalítica fosse tão eficaz, a Intenção Paradoxal jamais teria sido desenvolvida.

Em muitos casos, a consciência do enfermo em relação a seu conflito subjacente, que remonta a anos, e a própria solução desse conflito (seja por meio do processo psicoterapêutico, seja, talvez, pela remoção do dito conflito por experiências curativas posteriores) não parecem remover os sintomas do paciente.

Como consequência, vemos as muitas terapias psicanalíticas malsucedidas, com persistência de sintomas. A logoterapia, em geral, é uma terapia de curta duração, aplicável ao tratamento de grande número de pacientes, ao contrário da terapia psicanalítica, que se estende por muitos anos e beneficia apenas um número limitado de pacientes.

Curiosamente, há anos, os dois analistas freudianos de formação pertencentes à equipe da clínica de Frankl em Viena não têm utilizado a psicanálise no tratamento de pacientes fóbicos e obsessivo-compulsivos, mas sim a Intenção Paradoxal, com resultados de sucesso.

Quanto ao *folow-up* desses pacientes neuróticos, cremos que, apesar de os sintomas terem sido removidos e antigos padrões neuróticos terem sido modificados por uma total inversão da atitude do paciente ante seus sintomas, hábitos e padrões neuróticos expressos pelo sistema nervoso autônomo tendem a ser retomados, "voltando ao ritmo anterior". É tarefa do logoterapeuta a de ajudar o paciente a aplicar a Intenção Paradoxal logo que ele tenda a cair novamente no círculo vicioso. Uma vez que o paciente obtenha êxito, ele só precisa ser lembrado do fato de que pode utilizar a técnica repetidamente.

É interessante ouvir, depois da recuperação, os comentários dos pacientes com relação ao que eles acreditam ter sido decisivo para a melhora. Nesse ponto, gostaria de citar e sintetizar o que um de meus pacientes (Caso 5) disse: "Se eu tivesse de resumir o que me fez melhorar, diria que (1) a confiança de que essa terapia funciona, depois de você ter me contado alguns relatos de caso e depois de eu ter conversado com um dos seus pacientes em situação pior que a minha, que você curou; (2) suas instruções sobre como aplicar a Intenção Paradoxal em diversas situações; (3) aceitar minha neurose (pertenço ao tipo nervoso), em vez de lutar contra ela; (4) minha mudança de atitude diante de meus sintomas. Dessa forma, utiliza, pude tirá-los, por assim dizer, do meu corpo, colocá-los de lado e rir deles. O humor tem me ajudado muito; (5) a mudança que você ocasionou na atitude de minha esposa". [Pedi a ela que se juntasse a mim no esforço de encorajar o marido a praticar a Intenção Paradoxal. Ela assumiu, assim, uma atitude bem-humorada diante dos sintomas dele, em vez de, ansiosamente, observá-lo, a fim de verificar se ele pioraria.] "(6) Você me incentivou a fazer coisas e me deixou falar sobre meus sintomas. Meus psiquiatras anteriores sempre ficavam bravos quando eu fazia isso. Eles sempre queriam que eu falasse sobre o passado; (7) você reduziu as coisas que tanto me preocupavam e me envergonhavam, coisas que eu considerava horríveis, a experiências naturais; (8) depois de uma sessão, nunca saí de seu consultório confuso porque você não 'interpretava' meus sintomas, dando-me coisas novas com que me preocupar. Saí de muitas consultas feliz e aliviado; (9) com a Intenção Paradoxal, desenvolvi mais confiança em mim mesmo. Eu me curei e aprendi a usar a técnica sempre que precisasse dela. Não me tornei dependente de você, como ocorreu com outros médicos. Se você me ligasse para mudar um horário de sessão, eu não achava que ia 'morrer'; (10) minha disposição para estar doente e dedicar meu sofrimento a Deus me foi de um tremendo alívio." (Nietzsche: "Aquele que tem um *porquê* para viver (ou sofrer) pode suportar quase qualquer *como*".)

Comentários como os relatados acima são feitos com frequência por pacientes que se submeteram à terapia psicanalítica durante anos. Essas observações demonstram que a Intenção Paradoxal é logoterapia em seu verdadeiro sentido.

Minha experiência de quatro anos com a abordagem logoterapêutica e com essa técnica em particular não convencerá todos os leitores a respeito do sucesso dessa terapia e de seus resultados duradouros. Isso apenas o tempo e posteriores estudos de *follow-up* podem fazer.[19] Não obstante, deve-se dar crédito a Frankl, que relata que casos tratados por ele há mais de vinte anos têm permanecido assintomáticos.

É bom ver que a logoterapia e a análise existencial de Frankl,[20] que têm tido tremendo impacto na atual psiquiatria europeia, tenham finalmente encontrado seu caminho até os Estados Unidos, onde as teorias psicanalíticas de Freud têm predominado por mais tempo que em outros países, além de serem aceitas cegamente como a única técnica aceitável.

É compreensível que o psiquiatra com muitos anos de formação psicanalítica tenda a ser preconceituoso e rejeite a técnica frankliana sem ao menos testá-la. Devemos ter a mente aberta com relação a qualquer nova teoria, abordando-a com espírito acadêmico. A logoterapia e a Intenção Paradoxal não buscam suplantar a psicoterapia convencional, mas, simplesmente, complementá-la, ampliando os recursos psicoterapêuticos do psiquiatra.

RESUMO

Vinte e quatro pacientes fóbicos e obsessivo-compulsivos, que vinham sofrendo desses transtornos por um período que ia de duas semanas a mais de vinte e quatro anos, foram tratados com êxito por meio da técnica logoterapêutica frankliana da Intenção Paradoxal. Concluiu-se que esse método psicoterapêutico constitui eficaz terapia não psicanalítica para pacientes fóbicos e obsessivo-compulsivos.

---

[19] O autor relata que, dos 51 pacientes tratados durante um período de seis anos com a técnica logoterapêutica da Intenção Paradoxal, quase 90% deles atingiram remissão ou alcançaram melhora considerável. Ver H. O. Gerz, "Experience with the Logotherapeutic Technique of Paradoxical Intention in the Treatment of Phobic and Obsessive-Compulsive Patients". In: *The American Journal of Psychiatry*, 123: 548, 1966. [Nota do editor da edição original.]

[20] P. Polak, "Frankl's Existential Analysis". In: *American Journal of Psychotherapy*, 3: 517, 1949.

Bibliografia sobre Viktor Frankl em língua portuguesa

A lista de todas as obras de autoria de Viktor Frankl bem como uma bibliografia *on-line* abrangente sobre logoterapia podem ser acessadas no *site* do Instituto Viktor Frankl: www.viktorfrankl.org.

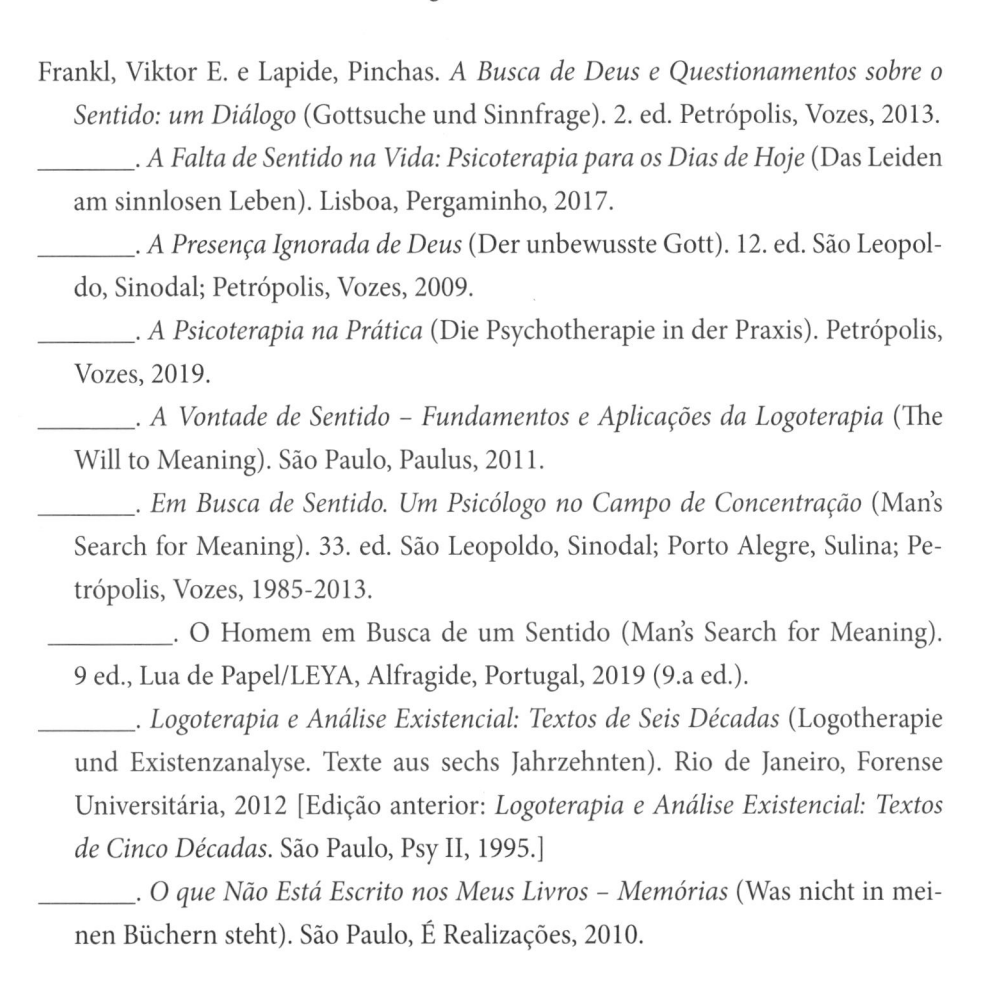

Frankl, Viktor E. e Lapide, Pinchas. *A Busca de Deus e Questionamentos sobre o Sentido: um Diálogo* (Gottsuche und Sinnfrage). 2. ed. Petrópolis, Vozes, 2013.

_____. *A Falta de Sentido na Vida: Psicoterapia para os Dias de Hoje* (Das Leiden am sinnlosen Leben). Lisboa, Pergaminho, 2017.

_____. *A Presença Ignorada de Deus* (Der unbewusste Gott). 12. ed. São Leopoldo, Sinodal; Petrópolis, Vozes, 2009.

_____. *A Psicoterapia na Prática* (Die Psychotherapie in der Praxis). Petrópolis, Vozes, 2019.

_____. *A Vontade de Sentido – Fundamentos e Aplicações da Logoterapia* (The Will to Meaning). São Paulo, Paulus, 2011.

_____. *Em Busca de Sentido. Um Psicólogo no Campo de Concentração* (Man's Search for Meaning). 33. ed. São Leopoldo, Sinodal; Porto Alegre, Sulina; Petrópolis, Vozes, 1985-2013.

_____. O Homem em Busca de um Sentido (Man's Search for Meaning). 9 ed., Lua de Papel/LEYA, Alfragide, Portugal, 2019 (9.a ed.).

_____. *Logoterapia e Análise Existencial: Textos de Seis Décadas* (Logotherapie und Existenzanalyse. Texte aus sechs Jahrzehnten). Rio de Janeiro, Forense Universitária, 2012 [Edição anterior: *Logoterapia e Análise Existencial: Textos de Cinco Décadas*. São Paulo, Psy II, 1995.]

_____. *O que Não Está Escrito nos Meus Livros – Memórias* (Was nicht in meinen Büchern steht). São Paulo, É Realizações, 2010.

_____. *O Sofrimento de uma Vida sem Sentido* (Das Leiden am sinnlosen Leben). São Paulo, É Realizações, 2015.

_____. *O Sofrimento Humano* (Der leidende Mensch). São Paulo, É Realizações, 2019.

_____. *Psicoterapia e Sentido da Vida. Fundamentos da Logoterapia e Análise Existencial* (Ärztliche Seelsorge / The Doctor and the Soul). São Paulo, Quadrante, 1973-2016.

_____. *Psicoterapia para Todos. Uma Psicoterapia Coletiva para Contrapor-se à Neurose Coletiva* (Psychotherapie für den Laien). Petrópolis, Vozes, 1990-1991.

_____. *Sede de Sentido* (Neurotisierung der Menschheit – oder Rehumanisierung der Psychotherapie? Vortrag, Lindenthal-Institut Köln, 9. Juni 1974). São Paulo, Quadrante, 2016.

_____. *Teoria e Terapia das Neuroses* (Theorie und Therapie der Neurosen). São Paulo, É Realizações, 2016.

_____. *Um Sentido para Vida* (The Unheard Cry for Meaning). Aparecida, Ideias e Letras, 2004-2010.

Índice onomástico

A
Adler, Alfred, 11, 87, 135, 146, 241
Agren, Alfred, 194
Allport, Gordon W., 11, 19, 21, 27, 57-58, 159, 172, 196, 233
Angel, Ernest, 68, 83

B
Baeck, Leo, 117
Bailey, Percival, 137
Bazzi, T., 171
Becker, Gerda, 110, 161, 167
Beirnaert, Père, 142
Benda, Clemens E., 105
Berze, Josef, 137
Binswanger, Ludwig, 18, 37, 83, 89, 145, 146, 152, 159
Birnbaum, Ferdinand, 49
Boss, Medard, 146
Brady, 59
Bühler, Charlotte, 57, 64
Bühler, Karl, 96
Burton, Arthur, 104

C
Chambers, J. L., 191
Corsini, R. J., 169
Coué, Émile, 212-13
Cronbach, L. J., 199
Cushing, Harvey, 137

D
Darwin, Charles, 128
David, Jorge Marcelo, 113, 169, 171
Davis, John M., 42, 84
Descartes, René, 95
Dienelt, Karl, 172
Dreikurs, Rudolf, 96
Dubois, Paul, 169-70

E
Ebel, R. L., 193
Einstein, Albert, 108
Elkin, H., 64-65
Ellenberger, Henri F., 68, 83
Erikson, Erik, 29, 234

F
Fabry, Judith e Joseph, 13, 19, 175
Farnsworth, 106
Felder, R. E., 194
Fleischmann, Karl, 116, 131
Frank, Waldo, 143
Freud, Ernst L., 40
Freud, Sigmund, 26-28, 37, 40, 57, 77, 87, 89, 115, 128, 132, 152, 183, 226, 237
Freyhan, 127
Fromm, Erich, 26, 64
Fromm-Reichmann, Frieda, 64
Furst, Paul, 123

G
Gebsattel, V. E. von, 165, 214
Gerbel, Gisa, 122
Glenn, John H., Jr., 37
Goethe, Johann W. von, 32, 36-37, 42, 128, 141
Goldstein, Kurt, 64
Gutheil, Emil, 19, 132, 168-69

H
Heidegger, Martin, 51, 67, 69, 88, 147, 159, 238
Hirschmann, 127
Hölderlin, Friedrich, 175
Horney, Karen, 64
Husserl, Edmund, 22, 89

I
Isenberg, Sidney, 194

J
Jaspers, Karl, 29, 94, 97, 119, 145
Jauregg, Wagner, 123
Johnson, Paul E., 19, 48
Jonas, Rabbi, 116, 131

K
Kaczanowski, Godfryd, 48
Kant, Immanuel, 60, 109, 128
Keen, Ernest, 29
Kierkegaard, Soren, 107
Knickerbocker, J., 57
Kocourek, Kurt, 46, 161, 165, 171, 212
Kotchen, Theodore A., 42, 98, 192, 195
Krantz, Heinrich, 129

L
La Mettrie, Julien Offray de, 136, 156
Lazarsfeld, Paul F., 113

Leibniz, Gottfried W., 58
Lipton, Harry R., 194

M
Maslow, Abraham H., 58, 64, 65, 72
May, Rollo, 68, 83, 94
McCourt, William F., 42, 84
McGregor, D., 57
Meehl, P. E., 199
Meerloo, Joost A. M., 168
Milner, 59
Murelius, O., 57

N
Nardini, J. E., 137
Niebauer, Eva, 162, 165-66, 171, 212
Nietzsche, Friedrich W., 64, 118, 175, 225

O
Olds, 59

P
Pascal, Blaise, 124
Piotrowski, Z. A., 64
Polak, Paul, 83, 145, 165, 170, 172, 226
Putnam, James Jackson, 99

R
Rapaport, 57
Rappaport, Martha, 123
Rogers, Carl R., 64, 94
Rosenberg, Ernst, 123

S
Scheler, Max, 11, 60, 89
Scher, Jordan, M., 83
Schopenhauer, Arthur, 136
Schroeder, Pearl, 42
Schultz, J. H., 117, 165, 171, 178, 183, 214

Schweitzer, Albert, 121
Shivers, Ed, 194
Skobba, Joseph, 194
Solomon, Philip, 42, 84
Spinoza, Baruch, 115
Standal, S. W., 169
Stern, Karl, 131-32
Straus, Erwin, 31, 68, 83

T
Toll, N., 221
Tomás de Aquino, 54, 81
Tweedie, Donald R, Jr., 19, 21, 31, 48, 83

U
Ungersma, Aaron J., 21
Utitz, Emil, 112-13

V
Valéry, Paul, 125
Von Eckartsberg, Rolf, 19, 29
Von Orelli, 129

W
Weinke, 127
Weisskopf-Joelson, Edith, 35, 51, 92-93,
    99, 145, 163-64, 168
Werner, 19, 59
Whitaker, Carl A., 194
Wisser, R., 57
Wolf, Dr., no campo de concentração,
    117, 131
Wolpe, Joseph, 93, 217

Z
Zeisel, 113

Índice remissivo

A
Abordagem
    autoritária do terapeuta, 218
    fenomenológica, 22, 68, 89
    psicométrica das neuroses noogênicas,
        ver Estudo experimental no âmbito
        do existencialismo
Adaptação, 58, 85
Agorafobia, 25, 92
Ajustamento, 58, 64, 85, 201
Allport-Vernon-Lindzey – Escala de
    Valores (A-V-L), 196, 198, 200
Alucinações, durante privação sensorial,
    42, 84
Amor
    e a alteridade dos seres humanos, 146
    por outros seres humanos, 34, 73
Análise
    existencial, 21, 97-98, 143, 145-53, 174,
        227
    fenomenológica, 81, 153
    ontológica, 147
    psicológica, 89
    Animais
        dimensões biológica e psicológica dos,
            148
        segurança instintiva dos, 39, 62
Ansiedade, 95, 127, 174, 224
    antecipatória, 23, 92, 157, 158, 167,
        170, 172-73, 206, 211, 216
    atitude diante da, 48

    sobre envelhecimento e morte, 35
Antagonismo psiconoético, 169, 174
Apercepção tendenciosa, 146
Arbitrariedade, 106
Arquétipos, 133
    do inconsciente coletivo, 82
    motivação, 27
Arrependimento, 141
Aspirações espirituais do homem, 41, 89,
    103
"Assassino em massa do Steinhof",
    história do, 81
Associações livres, 132, 164
Atenção
    excessiva, 157, 172
    forçada, 172
    Atitude
        efêmera diante da vida, 130-31
        fatalista, 37, 131, 177
        moral-espiritual dos prisioneiros do
            campo, 114
Ativismo, 50, 105
Autoacusação, 43, 91
Autoanálise existencial, 143
Autocompreensão, 22, 41
Autoconceito, mudança no, 94
Autoconsciência, 23
Autoconstrução, 79
Autocontrole, da neurose, 177
Autodeterminação, 55, 79
Autodistanciamento, 23, 48, 90, 159, 169,

174
Autoentorpecimento, 138
Autoestimulação, 59
Autoexpressão, 30, 36, 54, 64, 68, 70, 73, 82
Automação, 136-37
Auto-observação, compulsão por, 158, 172
Autopreservação, 58, 112
Autorrealização, 28, 64, 140
Autorreprovação, 23, 129
Autotranscendência, 10, 65, 68, 70, 81, 90, 97, 105, 147, 150

B
Bem-estar mental, 30, 85, 98
Biologismo, 136
Bomba atômica, medo da, 130, 134

C
Campos de concentração, 42, 45, 55, 95, 100, 130-31
  experiências psicoterapêuticas de grupo em um, 111-19
  in memoriam dos heróis que morreram em, 121-25
Caráter autoanulativo, autofrustrante, da intenção direta, 25, 28, 60-61
Caráter de exigência
  da existência, 41
  de sentidos e valores, 82-83
Caráter imperativo
  da realização do sentido, 73
  da vivência da responsabilidade, 82
  dos sentidos e valores, 82
Caráter, reconfiguração do, 79
Causas, compromisso com, 57-58, 73, 98
Choque da admissão na vida do campo de prisioneiros, 111, 117

Ciência e o sofrimento humano, 104, 152
Cientificismo, 104
Claustrofobia, 92, 209
Colapso físico e psíquico dos prisioneiros dos campos, 113-14
Coletivismo, 33, 133-34
Complexos psicológicos, 133, 135, 139, 205
Comportamento
  destinado a impressionar, 139
  e autodeterminação, 55
  e satisfação de necessidades, 57
  e tradições, 62
  imprevisibilidade do, 79
  moral, e estímulo da consciência pesada, 62
  objetivo do, 61
Compromissos existenciais, 66, 99
Compulsões, obsessivas, 159, 174
Computador, e a mente humana, 136
Comunicação existencial, 94
Comunidade, 133
Conceito de homem, 71, 77, 89, 137
Conceito de identidade de Erikson, 29
Conceito de mundo, 73
Condição nervosa, 127
Condicionamento
  e livre escolha, 78-79
  pelas circunstâncias sociais, 71
Condicionamentos
  biológicos da existência, 23
  psicofísicos, erguer-se sobre, 149
  sociológicos da existência, 23
Confiança, básica, no Ser, 75, 169
Conflito moral, e neurose noogênica, 84, 135
Conflitos, 63, 84, 217, 224
  de poder, 133
  em situação conjugal, 217

emocionais, 106
inconscientes, 205
instintivos, 91
morais, 84, 135
Conformismo, 33, 40, 133
Conhecimento (cognição)
dualidade entre sujeito e objeto do, 67, 146
e autoexpressão, 70
e autotranscendência, 70
e subjetivismo, 69
Consciência, 23, 33, 85
boa, 61
interpretação psicodinâmica da, 62
pesada, estímulo de uma, 62
Consolo
como tarefa da psicoterapia, 52
no sofrimento, 34, 106
Constituição psicofísica do homem, 131
Consumo conspícuo, 139
Convicções agnósticas e logoterapia, 33
Criatividade, 34
e doença mental, 175
e o sentido da vida, 33, 43, 74, 140-41
Crise psicológica da aposentadoria, 137
Crises existenciais, 135
Culpa, 34, 43, 50, 74, 91, 103-04, 106, 123-24, 129, 131, 141, 183, 185, 219
coletiva, 124
existencial, 43, 91
sexual, 222

D
Daseinanálise, 145-47
Daseinanalyse, 145
Daseinsgestalten, 146
Decisões
enquanto imposição da realidade, 54
liberdade para, 50, 77-78, 140

sobre a responsabilidade, 32-33
sobre as potencialidades a serem realizadas, 65-66
sobre o modo de existência, 53, 55
tomada de, por parte dos prisioneiros dos campos, 114
Delirium tremens, tratamento do, 214
Depressão
endógena, 40, 43, 91, 148
mascarada, 129
medicação para, 224
neurótica, 43, 148
noogênica, 148
PIL como medida indireta de, 200
psicogênica, 148
psicótica, 91
Derreflexão, 65, 172, 174
Desenhos automáticos dos surrealistas, 178-79
Desespero
consolo no, 106-07
existencial, 85, 107
sentido e, polos do, 47
Desfocar a atenção aos sintomas, 208-09, 218
Despersonalização do homem, 81, 116
Desprazer, evitação do, 60
Destino, atitude diante do, 141
Desvalorização, do neurótico, 131
Determinantes
psíquicos da existência, 23
somáticos da existência, 23
Determinismo, 22
Deus
como imagem paterna, 49, 82, 132
como o Tu último, 119
conceito de, 49
crença em, e a graça divina, 49
crença em, e psicoterapia, 52

relacionamento com, entre prisioneiros dos campos, 115-16
responsabilidade diante de, 32
ver também Religião
Diálogo
o Tu do, 119
socrático, na psicoterapia, 75
Dietilamida do ácido lisérgico (LSD), 22
Diferença ontológica
entre o noético e o psíquico, 90
nas dimensões do ser, 128, 148
Dimensão
biológica, 149, 152
espiritual, 89-90, 214
noética, 23, 63, 81, 89, 148-49, 169
noológica, 23-24, 81, 89-90, 101, 148, 149, 152
psicológica, 89-90, 148
psíquica, 63, 148-49
somática, 149
Dinâmica
da vontade humana, 27
existência interpretada nos termos de uma, 77, 85
existencial, 41
ver também Psicodinâmica
Dinamismo, e mecanismo, 77, 81
Dipsomania, 138
Distanciamento
científico, 156
noopsíquico, 91
senso de, diante de neuroses, 158-59, 169, 174
ver também Autodistanciamento
Distúrbios de sono, 170
Distúrbios psicossexuais durante a infância, 92-93
Doença
atitude do paciente diante da, 99, 106

da esposa do executivo, 138
do arame farpado, 111
do Executivo, 138-39
incurável, 44, 106-10
medo da, 129
Doença incurável, 44
relato de intervenção no caso de, 106-10
Dor, 34, 44, 104, *ver também* Sofrimento
Drogas tranquilizantes, 43, 61, 92, 210
Dualismo cartesiano, 67

E
Ego, 63, 85, 91
Eletroconvulsoterapia (ECT), 42-43, 148, 210, 219
Enfermidades psicológicas, 63
Epidemia psíquica, 120
Epidemias somáticas, 120
Epistemologia caleidoscópica, 69
Equilíbrio
biopsicossocial, 85
interno, 27, 73
manutenção do, 57-58, 64
ver também Homeostase
Escapismo, 35, 39, 66
Escolha livre, 23, 77, 98, 106
ver também Escolhas
Escolhas
livres, 23, 77, 98, 106
na realização de potencialidades, 65-66
no conceito do *role-playing*, 29
o problema de valor nas, 66
quanto ao ser e ao fazer, 70
responsabilidade de, 66
Espírito da época, 129, 132
Espiritualidade do homem, 81
Espiritualismo, 91
Esquizofrenia, 22, 88, 137, 219

Essência
    da existência humana, 33, 55, 62, 82,
        105, 147
    objetiva, dos objetos do mundo, 58
Estresse, 41, 86, 98, 130
Estudo experimental no âmbito do
    existencialismo, 191-204
Estudos de *follow-up* em pacientes
    neuróticos, 93, 217, 226
Existência
    abordagem existencial da, 91
    análise da, 21
    aspectos instintivos da, 103
    autotranscendência da, 10, 68
    bumerangue como símbolo da, 28
    caráter de exigência da, 41
    "Como" e "Por quê" da, 53
    determinantes psíquicos e somáticos
        da, 23
    dos seres humanos, unicidade da, 63
    e a tensão polar entre o eu e o mundo,
        73
    e logoterapia, 71-75
    e manutenção da homeostase, 57
    e o risco do erro, 33
    esclarecimento da, e daseinanálise, 145
    essência da, 33, 50, 63, 83, 90, 97, 105,
        147
    fruto de decisão da, 55
    provisória dos prisioneiros dos
        campos, 113
    ressubjetificação da, 83-84
    sentido da, 40, 63, 74, 85, 88-89, 137,
        172
    subjetividade da, 82-83
    tensão polar entre o que é e o que deve
        ser, 30, 67
    transitoriedade da, 35, 50, 52, 66, 74,
        104-05

    tríade trágica da, 34, 43, 74, 103-04
Existencialismo, 62
    autores no campo do, 88
    definição de, 62
    estudo experimental no âmbito do,
        191-204

F
Falibilidade, como aspecto da finitude,
    50, 52
Falibilidade do homem, 35, 50
Falta de sentido na vida, 37, 47, 52, 84, 98,
    135, 139, 174
Fanatismo, 100, 120
Fatos
    atitude diante dos, 48
    existenciais da vida, 103
    reverência diante dos, consideração de
        Freud acerca da, 27
Felicidade, busca da, enquanto
    autocontraditória, 61, 173
Fenomenologia, definição de, 22
Filosofia
    da logoterapia, 21, 143
    de vida, e o psiquiatra, 89
    existencial, 32, 67, 103, 191
    hedonista, dos epicuristas, 61
    quietista, dos estoicos, 61
    reducionista, 131
Filósofos deterministas, 22
Finitude do homem, 43, 50, 52, 67, 79,
    101
Fobias, 158, 174, 210-11, 222-23
    como impulsos hostis deslocados, 218
    inversão da atitude do paciente com
        relação às, 158
    somatogênicas, 92
Formações reativas, 30, 73, 88
Fracasso

Como aspecto de que irá morrer, 43
e sucesso, dimensão do, 47
Frustrações, 37
    da vontade de sentido, 60, 62, 84-85, 87, 135, 138, 192
    do sentido, 36-37
    existenciais, 36-37, 62-63, 87, 91, 98, 136, 138-39, 142, 191, 193, 200, 204, 214, 224
    sexuais, 135, 138

G
Gagueira, e intenção paradoxal, 161
Gerontopsiquiatria, 137
Graça divina, 49

H
Hidrofobia, 158
Hiperidrose, 158
Hipertireoidismo, 92
Hipnose, 177
Hipocondria, 61, 129
Homeostase, 27, 41, 57-58, 62, 67, 70, 85, 98
    como fenômeno neurótico, 67
Homunculismo, 118, 123, 126, 129
Humor
    como atributo da divindade, 159
    e autodistanciamento, 23, 159
    e sintomas neuróticos, 206, 208

I
Id, 63, 85, 91, 140
Ideais, como matéria-prima da sobrevivência, 37
Ideias delirantes, 129
Imagem paterna e concepções religiosas, 49, 82, 132
Impulsos
    conflitos entre, 63
    instintivos, 71, 73, 82
    na teoria psicanalítica, 25
    objetivo dos, 64
Inconsciente coletivo, 82
Inconsciente, o, 41, 82, 177
In-der-Welt-sein (Heidegger), 147
Industrialização e vazio existencial, 39
Iniciativa, falta de, e neuroses, 39
Insônia, 157, 170-72, 221
Instintos, na teoria psicanalítica, 30
Intelectualização
    neuroses obsessivo-compulsivas, 169-70
Intenção
    direta, 25, 28, 60-61, 72, 157
    excessiva, 157, 172
    forçada, 170, 172
    paradoxal, *ver* intenção paradoxal
Intenção paradoxal, 23-25, 48, 65, 91-92, 155-74, 205-06
    relatos de caso de aplicação da, 23-24, 158-60, 162-64, 207-08, 209-11, 214-16, 218-23
    relatos sobre, na literatura, 171
Interesse egocêntrico, 65
Interesse, perda de, e neurose, 39
Interpretação psicogenética de sentido e valores, 83, 89
Interpretações
    da psicanálise, 131-32, 225
    psicodinâmicas, 30, 81, 83, 89, 103, 152
Inventário Multifásico Minnesota de Personalidade (IMMP), 196, 198, 200, 203-04

L
Liberdade
    da vontade, 22-25

de escolha, 50, 78, 98, 106
dentro de limites, 23, 77
e autodistanciamento, 48
medo da, e fuga da, 134
para assumir uma atitude diante das condições, 45, 78, 81, 90
para escolher, 23, 77, 98
para mudar, 79, 214
torna-se responsabilidade, 32
Libido, 139
Linguagem, teoria da, 96
Lobotomia, 42, 165-66, 210, 223
Logodrama, 53
Logos
  como mundo dos sentidos e valores, 82
  objetividade do, 83
  ocupação da logoterapia para com o, 21
  sentido do, 90
Logoterapia
como terapia não específica, 92
conceito de orientação ao sentido da, 41
e a decisão do paciente sobre sua responsabilidade, 33
e a psicanálise, 31
e a vontade de sentido, *ver* Vontade de sentido
e existência, 71-75
e frustração existencial, 62-63
e liberdade da vontade, 22-25
e psicoterapia, 90-91, 93, 116, 135, 143, 146, 153, 221-22
e sentido da vida, *ver* Sentido da vida
e sofrimento, 99, 103-10
fundamentos filosóficos da, 21-37, 143, 194
orientação terapêutica da, 21, 48
padrões de resposta diante de problemas neuróticos, 173-74
psicogênica, 135
técnica da intenção paradoxal, *ver* Intenção paradoxal
técnicas da, 23-24, 48, 65, 91, 155-74, 206
três pressupostos básicos da, 22
Luta espiritual, e logoterapia, 88, 175

M
Masturbação, sentimento de culpa a respeito de, 219
Materialismo, 47, 91, 128
Mecanismos de defesa, 40, 58, 88
  valores como, 30
Medicação
  ansiolítica, 224
  antidepressiva, 224
Medo
  atitude diante do, 48
  da bomba atômica, 130-31
  da morte, 34, 74, 99
  da pobreza, 129
  de doença, 129
  do envelhecimento, 35, 51, 99
  do sofrimento, 51
  fuga do, 173
  remoção do, 206-07
Meio
  como meio para os fins de autorrealização, 64
  econômico, 130, 136
  posicionar-se acima da influência do, 115
  transcendência do, 147
Ministério Médico, 106, 128-29
"Moda do Miltown", 43, 92
Monadologia, definição de, 58
Monismo, 91, 147-48

Moralidade, e comportamento moral, 62
Mortalidade do homem, 34, 50, 104
Morte, 34, 50, 99-100, 103, 116, 118-19, 141
    como aspecto da finitude, 43
    medo da, 34, 74, 99
    Motivação, 58, 64, 191
    conceito logoterapêutico de, 87-88
    inconsciente, 50
    teorias psicanalíticas da, 25-26
Motorização, 139
Mundo objetivo do sentido e dos valores, 70, 73

N

"Nada mais que" como forma de avaliar o homem, 82, 88, 136, 140, 150
"Nada mais que" dos fenômenos humanos, 88-89
Narcisismo, 128
Necessidade psicoterapêutica, 128
Neurologia, 129, 150
Neurose de desemprego, 137
Neurose iatrogênica, 209
Neuroses, 39, 92, 103, 127-29, 135
    atitude do paciente diante das, 165, 205, 209
    coletivas dos dias atuais, 37, 127-43
    da primeira infância, 164
    de ansiedade, 173
    de desemprego, 137
    de domingo, 138
    e o fatalismo do paciente, 48
    etiologia das, 135, 157
    e trauma, 164
    fóbicas, 164, 173, 208-10, 220, 222
    iatrogênicas, 209
    monossintomáticas, 165
    noogênicas, 63, 84, 91, 135, 191, 215, 224
    objetivação das, 212
    obsessivo-compulsivas, 132, 159, 163, 165-66, 169-70, 173, 218, 221
    psicogênicas, 63, 92, 135, 224
    sexuais, 25, 59, 103, 140, 157, 173
    somatogênicas, 92, 217, 224
    tratamento das, por meio da análise existencial, 147, 192
Neuroses fóbicas, 164, 173, 208-10, 220, 222
    tratamento da, usando a técnica da intenção paradoxal, 205-27
Neuroses noogênicas, 63, 84, 91, 135, 191, 215, 224
    abordagem psicométrica das, 191-204
Neuroses obsessivo-compulsivas, 132, 159, 163, 165-66, 169-70, 173, 218, 221
    tratamento das, utilizando a técnica da intenção paradoxal, 205-06
Niilismo, 131, 134-35, 140, 143
Nível educacional, em relação aos escores do PIL, 201-02
Noodinâmica, 68, 86, 98, 147
Noologismo, 91

O

Objetificação da existência, 83

Objetividade
    do objeto, do conhecimento, 67-68
    do sentido da vida, 64
    em sentidos e valores, 82
Objetividade do sentido, 36, 82
Ontoanálise, 21, 83, 146
Ontologia dimensional, 90, 148-53
Ontos, ocupação da logoterapia com o, 21
Oração, 184, 188

Orgasmo, habilidade para experimentar o, 60, 157, 173
Orientação ao sentido, 32, 36
  conceito logoterapêutico de, 42
  e saúde mental, 42, 67, 85, 98
  efeito prolongador e salvador da vida, 42
  pacificador (*pacemakers*), 31
  ver também Vontade de sentido
Ortodoxia freudiana, ilusões da, 168
Otimismo, 50, 105

P

Pacemakers ("marcapasso"), e orientação ao sentido, 32
Pacientes ateus e a logoterapia, 33
Padre, papel anterior do, 88, 106, 128
Palpitações, e intenção paradoxal, 161-62
Pandeterminismo, 48, 77, 103
Pansexualismo, 77
Parceiros, participação com, 59, 73
Passado, atitude logoterapêutica diante do, 51-52, 99, 104-05, 123
Pastor, papel antigo do, 88, 106, 128
Patologia de nosso tempo, 120, 153
Patologismo, 89
Paz
  da alma, 61
  de espírito, 60
Personalidade
  autorrealização da, 65
  dimensões da, *ver* Dimensão
  e comunidade, 133
  e conformista, 133
  e modos de redução de tensão, 57
  imprevisível da, 79
  mudança na, e terapia, 94
  na massa, 133
  neurótica, 67

Persuasão, na terapia, 170
Pessimista, 51, 103
Pessoas que amenizam conflito (*peacemakers*), e confrontação com o sentido, 32
PIL, *ver* Teste *Purpose in Life* (PIL)
Poder desafiador do espírito humano, 115, 147
Política
  e fanatismo, 133
  e relacionamento de meios e fins, 96
Potência, demonstração de, 60, 157, 173
Potencialidades, 71, 104
  busca de, 72, 85
  desenvolvimento de, 32
  realização de, 50, 65, 104
  relação de sentido e valores para com as, 66
Potencialismo, 65-67
Prazer
  como efeito colateral, 157
  e a realização de uma tarefa, 60
  e realização de sentido, 26
Princípio do prazer, 25-27, 40, 57, 60, 64, 87, 118, 157
Privação sensorial, alucinações durante, 42, 84
Problema psicofísico no ser humano, 149
Problemas espirituais, e neuroses noogênicas, 91, 135
Problemas neuróticos, padrões de resposta diante de
  atividade adequada, 174
  atividade inadequada, 173
  passividade adequada, 174
  passividade inadequada, 173
Procriação, e o sentido da vida, 36-37, 100, 109
Progressismo, 104

Propósito na vida
    definição existencial de, 193, 202
    ver também Sentido na vida
Pseudoneurose tetanoide, 217
Psicanálise, 83, 93, 131, 217
    freudiana, 29, 82, 87, 143, 168, 227
    logoterapia *versus*, 31
    pandeterminismo da, 77
    pansexualismo da, 77
Psicodinâmica
    e a vontade prazer ou poder, 26-27
    e equilíbrio interno, 27
    e intenção paradoxal, 23
    e interpretação religiosa, 53
    interpretações e, 30, 83, 85, 91, 105
    subjacente, 205, 211
Psicodrama, 46
Psicogerontologia, 137
Psico-higiene, 137, 140
Psicologia
    adleriana, 25, 87, 133, 135, 143
    animal, 139
    das alturas, 37, 41
    da vida do campo de concentração, 111-12
    do ego, 29
    individual, 87
    junguiana, 27, 82, 133
    pandeterminismo na, 48
    profunda, 37, 41, 131, 205, 212
Psicologismo, 89, 91, 136
Psicólogos de animais, 139
Psicopatologia, 191, 204
    do campo de prisioneiros, 111
Psicose, 129, 141-42
    artificial, com uso de LSD, 22
    carcerárias, 111
    e daseinanálise, 146
    intenção paradoxal na, 167

    somatogênica, 91
    tóxica, 214
Psicoterapia, 21, 40, 71, 74-75, 95-96, 98, 135, 140, 142-43, 148, 156
Psicoterapia de grupo, 45, 53, 212, 221
    nos campos de concentração, 111-20
Psicoterapias existenciais, 48
    análise profunda em, 224
    de curta duração, 95, 167-68, 171, 174, 225
    de grupo, 53, 111-20, 212, 221
    e logoterapia, 90-93, 118, 135, 143, 145-46, 153, 221, 224-25
    e religião, 52
    ensinada e aprendida da, 155
    existenciais, 48
    na frustração existencial, 63
    objetivo da, 52-53
    orientada psicanaliticamente, 205
    técnicas da, 21, 94, 96, 157
    técnicas logoterapêuticas em, 23-24, 40, 48, 155-74, 206
Psiquiatria, 42, 128
    e a busca humana por sentido, 87-101
    existencial, 21, 103
    impacto da logoterapia na, 227
    objetivo da, 52

Q
Questionário Frankl, 195-96, 198, 204

R
Rabino, papel anterior do, 88, 106, 128
Racionalização, 88
    de impulsos instintivos, valores enquanto, 30
    existenciais, 32
    nas neuroses obsessivo-compulsivas, 169

secundárias, 40, 73, 82
Racionalizações secundárias, 40, 64, 82
Realidade, 27-28, 58, 150
  ambiguidade da, 18
  decisões como uma imposição da, 54
  do ser humano, 153
  princípio da, 27, 87
Realismo, 37
Receptividade, 34
Recursos espirituais, uso terapêutico, uso de, 100, 108
Reducionismo, 88, 153
Reificação, 81, 83
Reinterpretação do ser humano, 71
Relação de transferência, 94, 96
Relação Eu-Tu na terapia, 95-96
Relação terapêutica, 95
Relacionamento de meios e fins, 53, 59, 73, 94, 134
Relacionamento médico-paciente, em terapia, 94, 156
Religião
  e a graça divina, 49
  e liberdade de escolha, 50, 100
  e logoterapia, 33, 99, 108
  e o campo de concentração, 115
  e psicoterapia, 52
  e saúde mental, 52
  enquanto neurose obsessiva, 49-50
  relação entre Deus e imagem paterna, 49
  relato de caso de neurose que envolve, 175-90
  salvação como objetivo da, 52
Reobjetificar do *logos*, 83
Reorientação existencial na intenção paradoxal, 169
Resistência do paciente, 205
Responsabilidade, 32, 36, 50, 79, 90, 105, 140, 192
  do paciente na técnica da intenção paradoxal, 206
  liberdade para assumir a, 82
  medo da, e fuga da, 130
  na escolha das potencialidades a serem realizadas, 66
  para realizar o sentido da existência, 89
  pela autoconstrução, 79
  senso de, 42
Ressubjetificação da existência, 83
Rir de sintomas neuróticos, 159, 206, 209, 225
Role-playing, concepção por trás do, 29
Ruborização
  e ansiedade antecipatória, 206
  medo de, e técnica da intenção paradoxal, 216

S
Satisfação de necessidades, 57-60, 71, 73
Saúde mental
  e a aceitação da finitude, 67
  e conceitos existenciais, 191-203
  e homeostase, 98
  e o conceito de sentido, 98
  e o preenchimento do sentido da existência, 86
  e orientação ao sentido, 41-42, 85
  e religião, 52
  e tensão, 41, 85
Segurança, 39, 62
Self
  concepção junguiana de, 65
  e o mundo, tensão polar entre, 73
  projeção, no mundo, 64
Senso de humor, na técnica da intenção paradoxal, 24, 158-59, 206-07
Sentido

conceito de, e saúde mental, 98-99
confrontação com, 30, 32, 36
e desespero, polaridade entre, 47
esclarecimento do, e análise existencial, 145-47
frustração do, 36-37
no mundo, 64
objetividade do, 36, 82
ocupação da logoterapia com o, 21, 103
preenchimento do, 34, 47, 60
relação com o ser, 30
subjetividade do, 36
último, 53, 99, 107, 119, 135
Sentido da vida, 22, 33-37, 40, 52, 64, 75, 141-42, 187
e criatividade, 34, 44, 74, 140
e procriação, 52, 100, 109
com relação a sentidos e valores, 34, 43
face de um destino, 34
no campo de concentração, 118
objetividade do, 64
Sentimento de inferioridade, 135, 139
Ser
análise do, 21
confiança básica no, 75, 168
esclarecimento do, e daseinanálise, 145
ocupação da logoterapia com, 21
relação do sentido com, 30
sentido do, 73-74
Ser-no-mundo, 64, 73, 146
unidade do, 147
Sintomas
de neurose coletiva, 127-43
desviar a atenção dos, 209-18
fortalecimento do, através da lutará contra, 159, 218
mudança de atitude diante de, 158-59, 163, 209-10, 225-26

persistência dos, em terapias psicanalíticas malsucedidas, 225
responsabilidade pela atitude diante do, 90
Sistema nervoso autônomo, 158, 206, 213, 225
Situação edípica/edipiana, 30, 133, 205
(Complexo de Édipo), 222
Sociologismo, 136
Sofrimento, 34-35, 51, 74, 99, 118, 124, 130
e logoterapia, 97-99, 103-10
e sentido na vida, 40-41, 43, 45, 47, 74, 100, 141
escolha de atitude diante do, 45
finitude do, 43
medo do, 51
Somatoterapia, 74
Sonhos
interpretação dos, 132
uso de, em terapia, histórico de caso, 177-87
Subestrutura
anancástica em sintomas fóbicos, 164
autônomo-endócrina em sintomas fóbicos, 164
Subjetificação do sentido e dos valores, 82-83
Subjetividade do sentido, 36
Subjetivismo, e cognição, 69
Sublimações, 73, 82
Submergir na massa, 133
Sucesso e fracasso, polaridade entre, 47
Sugestão em terapia, 169, 212-13, 219
Suicídio, 43, 91, 129
e a vida no campo de concentração, 111, 118-19
entre estudantes, 37
Superego, 62, 82, 85, 91, 140
Suprassentido, e existência total, 74

T

Tarefa
  conclusão de uma, 106, 137
  realização de uma, e prazer, 60
Técnica
  da derreflexão, 65
  da intenção paradoxal, 23-25, 48, 65, 92, 155-74, 205-27
  de Likert, 195
  de persuasão, 170
  de sugestão, 170, 212, 217-18
  logoterapêuticas, 25-26, 52, 65, 155-74, 209
  psicoterapêuticas, 21, 93, 96, 156
Tédio, 136, 191
Temporalidade
  concepção de, 98
  senso de, 113
Tempo (*Zeitgeist*), patologia do, 120, 153
Tensões, 28-30, 32, 41, 57-58, 64, 67, 73, 85-86, 98, 156
Terapia
  de curta duração, 95, 167-68, 171, 225
  específica, 93
  espiritual, 93
  não específica, 92, 164-65
  sintomática, 165
  teoria subjacente à, 21
Teste *Purpose in Life* (PIL), 194-98
  (*tabela*), 199-204
Tolerância, 100
Tormento espiritual, 85, 88
Totalidade do homem, 85, 90, 148-49
Tradições, comportamento apoiado nas, 62
Transcendência
  como característica da existência, 147
  do mundo, 45, 79
  em direção a algo para além de si mesmo, 31
  ver também Autotranscendência
Transitoriedade da existência, 35, 50, 66, 104
Tratamento
  com eletrochoque, 171
  de choque, 43, 80, 96, 148
  farmacológico, 92, 96, 148
Traumas psíquicos, 136, 163
Treinamento autógeno, uso de, em terapia, 117, 171, 178
Tremor nas mãos, e a técnica da intenção paradoxal, 214
Tríade trágica da existência, 34-35, 74, 103
Tu: do mais íntimo diálogo, 119

U

Unidade
  do homem, 146, 149
  do ser-no-mundo, 146

V

Valores, 30, 75
  colisões entre, 63
  de atitude, 141
  na concepção de *role-playing*, 29
  realização de, 60, 82, 86
Vazio/Vácuo existencial, 39, 41, 62-63, 84-87, 92, 135, 138-39, 142, 174, 192, 214, 224
Velocidade, mania por, 139
Verdade
  e religião, 32
  por meio de uma ilusão, 23
Vida
  sentido da, *ver* Sentido da vida
  valor da, 50
Visão monadológica do homem, 58

Vontade
    de poder, 25-26, 40, 60, 88, 118, 135, 138, 140
    de prazer, 25-26, 60, 87-88, 118, 135, 138, 140
    liberdade da, 22-25
Vontade de sentido, 22, 25-33, 36, 40, 60, 84-85, 87-89, 118, 135, 137-38, 140
    frustração da, 62-63, 84, 87, 135, 138-39, 142, 192

Do mesmo autor, leia também:

O Sofrimento Humano revela a antropologia filosófica que está embutida na logoterapia. Por muito tempo indisponível no Brasil, o livro abarca o conteúdo de duas outras obras, *Homo Patiens* e *O Homem Incondicionado*, e soma a isso vários textos que só estão reunidos aqui. Ele complementa *O Que Não Está Escrito nos Meus Livros* (que narra episódios biográficos de Viktor Frankl, sobrevivente do Holocausto), *O Sofrimento de uma Vida sem Sentido* (que introduz as ideias básicas da análise existencial) e *Teoria e Terapia das Neuroses* (que apresenta a psicopatologia frankliana). No volume são discutidos problemas como o livre-arbítrio, a mortalidade, a relação corpo-alma, o individualismo, o sociologismo e o niilismo. Também são abordados temas como sexo e esportes, além de ser explicitada a visão de Frankl sobre outras tradições psicoterapêuticas. A interação com filósofos contemporâneos é frequente, e assim se vai esboçando a antropologia sustentada pelo autor: movido pela vontade de sentido e pelo inconsciente espiritual, o ser humano – que é biopsicoespiritual – caracteriza-se pelo fato de transcender a si mesmo.

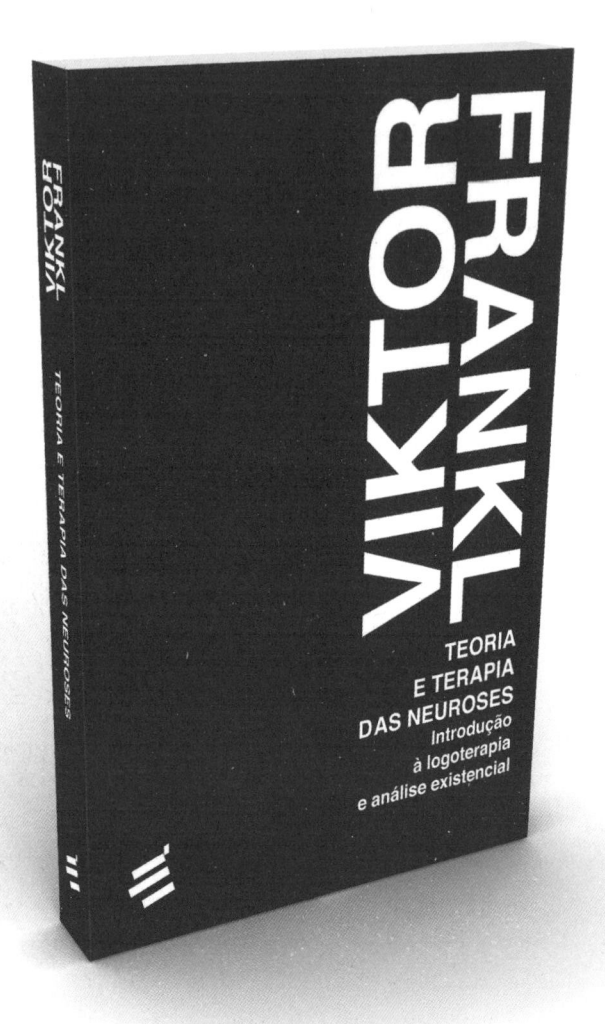

Este livro originou-se das aulas ministradas por Frankl na Universidade de Viena, chamadas "Teoria da neurose e psicoterapia" ou também "Teoria e terapia das neuroses". Elas foram completadas pelos originais de palestras que o autor ministrou em outros lugares. *Teoria e Terapia das Neuroses* permitirá que os leitores brasileiros tenham acesso a esse texto essencial sobre a Logoterapia.

facebook.com/erealizacoeseditora

twitter.com/erealizacoes

instagram.com/erealizacoes

youtube.com/editorae

issuu.com/editora_e

erealizacoes.com.br

atendimento@erealizacoes.com.br